权威·前沿·原创

皮书系列为

“十二五”“十三五”国家重点图书出版规划项目

中国社会科学院创新工程学术出版资助项目

社会心态蓝皮书
BLUE BOOK OF SOCIAL MENTALITY

中国社会心态研究报告（2019）

ANNUAL REPORT ON SOCIAL MENTALITY OF CHINA (2019)

主　编 / 王俊秀
副主编 / 陈满琪

社会科学文献出版社
SOCIAL SCIENCES ACADEMIC PRESS (CHINA)

图书在版编目（CIP）数据

中国社会心态研究报告. 2019／王俊秀主编. -- 北京：社会科学文献出版社，2019. 12

（社会心态蓝皮书）

ISBN 978-7-5201-5838-1

Ⅰ. ①中… Ⅱ. ①王… Ⅲ. ①社会心理-研究报告-中国-2019 Ⅳ. ①C912. 6

中国版本图书馆 CIP 数据核字（2019）第 272280 号

社会心态蓝皮书

中国社会心态研究报告（2019）

主　　编／王俊秀

副 主 编／陈满琪

出 版 人／谢寿光

责任编辑／张　媛

出　　版／社会科学文献出版社 · 皮书出版分社（010）59367127

地址：北京市北三环中路甲 29 号院华龙大厦　邮编：100029

网址：www. ssap. com. cn

发　　行／市场营销中心（010）59367081　59367083

印　　装／天津千鹤文化传播有限公司

规　　格／开　本：787mm×1092mm　1/16

印　张：16. 5　字　数：243 千字

版　　次／2019 年 12 月第 1 版　2019 年 12 月第 1 次印刷

书　　号／ISBN 978-7-5201-5838-1

定　　价／168. 00 元

本书如有印装质量问题，请与读者服务中心（010-59367028）联系

本年度社会心态蓝皮书
战略合作单位

中国社会科学院－上海市人民政府上海研究院

智媒云图

本书是国家社会科学基金重大项目
“社会心理建设：社会治理的心理学路径”
（项目批准号 16ZDA231）资助成果

本书为上海研究院“上海市民美好
生活需要、获得感和幸福感研究：社会心
理服务体系建设的视角”研究成果

社会心态蓝皮书编委会

应小萍（中国社会科学院）
赵德雷（哈尔滨工程大学）
赵志裕（香港中文大学）
郑淑杰（鲁东大学）

本书作者

（按文序排列）

王俊秀　刘晓柳　刘洋洋　谭旭运　豆雪姣　武朋卓
陈满琪　李　原　毕重增　周　婷　张　舒　李卉茵
何蕴欢　梁剑锋　吕小康　王　晖　汪新建　姚淑娟
高文珺　应小萍

主要编撰者简介

王俊秀 中国社会科学院研究生院发展社会学博士，中国社会科学院社会学研究所社会心理学研究室主任、社会心理学研究中心主任，研究员，博士生导师，国家社会科学基金重大项目“社会心理建设：社会治理的心理学路径”（项目批准号 16ZDA231）首席专家。中国社会科学院国家治理智库研究员，中国社会科学院新媒体研究中心特聘研究员。中国社会心理学会副会长、环境心理学专业委员会副主任、应用心理学专业委员会副主任、大数据网络心理学专业委员会主任；中国社会学会犯罪社会学专业委员会副会长；北京市社会心理学会副理事长。2008～2009 年美国加州大学洛杉矶分校社会学系访问学者。主要研究领域：①社会心态，在《社会学研究》《社会》《社会学评论》《新华文摘》《中国社会科学文摘》《江苏社会科学》《社会科学战线》《光明日报》等学术报刊发表《社会心态：转型社会的社会心理研究》《社会心态的结构和指标体系》《作为社会心态能量的社会情绪》等 20 多篇社会心态的论文和研究报告，出版了专著《社会心态理论：一种宏观社会心理学范式》（2014）、合著《当代中国社会心态研究》（2013）；②监控社会，出版了专著《监控社会与个人隐私》（2007）；③风险社会，主要关注风险的社会认知、个人与社会视角下的风险防范，完成了中国社会科学院国情调研重点课题“风险认知与风险行为策略——民众风险心态测量与调查”，主持 2010 年度国家社科基金项目“个人与社会关系视角下的公共风险规避与应对”；④汽车社会，主编了汽车社会蓝皮书《中国汽车社会发展报告（2011）》《中国汽车社会发展报告（2012～2013）》。

陈满琪　首都师范大学心理学系博士，中国社会科学院社会学研究所社会心理学研究中心副主任，副研究员，硕士生导师，中国社会心理学会理事。2017 年斯坦福大学社会学系访问学者。主持完成了中国社会科学院国情调研课题 1 项。曾参与中国社会科学院重大课题、中国与挪威合作课题等多个项目，在《亚洲社会心理学》《心理科学》等国内外核心期刊外发表论文 20 余篇。主要研究领域：①社会心态，包含情感分层和道德情绪，代表作为《情感分层的初步探讨》；②情绪心理学，包含群体情绪、社会情绪和情绪对决策的影响，代表作为“Priming Modernity and Work Experiences Strengthens the Association between Fairness/Harm Concerns and Anger”以及《群体情绪及其测量》。

摘　要

本书是中国社会科学院社会学研究所社会心理学研究中心“社会心态蓝皮书课题组”年度研究成果《中国社会心态研究报告》的第八本。参与本书撰写的专家来自中国社会科学院、西南大学、澳门科技大学、南开大学等科研机构和高等院校。本书分为总报告、美好生活需要与幸福感、专题调查、社会问题与社会心态四大部分。

在美好生活需要与幸福感部分，本书指出民众的获得感会提升美好生活需要，感知到自身的社会经济地位越高，民众的生活满意度越高。自己或家庭收入、自己或家人就业是影响主观幸福感最重要的压力因素。书中提出美好生活需要的满足与幸福感、获得感和安全感的提升相互促进，要切实提升民众的美好生活体验，不仅需从物质层面提高居民收入和促进就业，还应从社会心理层面优化民众对获得的认知评价，减轻生活压力成为满足美好生活需要的努力方向，通过提升民众的获得感增进美好生活需要和美好生活体验，传递幸福感。

专题调查部分，涉及了民众心理健康、隐私与个人信息保护、澳门公众社会心态三个方面。本书所调查样本的心理健康状况良好，心理健康的积极方面体现在个体具有较高的个人成长和积极关系得分，消极方面体现在压力感较高。澳门公众普遍看好澳门和内地的发展前景，有较高的安全感、幸福感、信任感和满意度，弱势感和被剥夺感有所缓和。多数民众对个人信息表示担忧，关注网络隐私并注重隐私保护，多数民众倾向于认同分享个人信息，数字风险行为增加，对个人信息保护的满意度偏低。

在社会问题与社会心态部分，本书指出涉医的框架在运用得当的情况下可有效提升患方对医方的信任水平，视频和文本新闻报道宜采用陈述型标题，单篇报道较之连续报道更能提高医患信任水平，文本新闻中宜采用倒叙报道。本书所调查对象的社会公平感整体不强，机会公平感最弱，主观社会阶层认同处于中上阶层的调查对象社会公平感最强，底层认同的调查对象社会公平感最弱。创业心态报告指出外地人比本地人在长三角城市群和京津冀城市群有更高的创业倾向，在珠三角城市群能感受到更好的创业环境和创业机会。书中提出让民众感受到社会公平正义是提升民众美好生活需要的前提。

关键词： 社会心态　安全感　获得感　幸福感　社会认知

目 录

Ⅰ 总报告

Ⅱ 美好生活需要与幸福感

Ⅲ 专题调查

皮书数据库阅读**使用指南**

总 报 告

General Report

B.1
关注社会心态动向，满足民众美好生活需要

——2019年民众美好生活需要调查报告

王俊秀　刘晓柳　刘洋洋*

摘　要： 本报告研究发现民众美好生活需要的结构分为三个维度，分别是个人物质层面的维度、家庭和人际关系维度以及国家和社会环境维度，且家庭和人际关系及国家和社会环境维度的重要性更高。美好生活需要与获得感、安全感和幸福感均有

* 王俊秀，博士，中国社会科学院社会学研究所研究员，博士生导师，中国社会科学院社会学研究所社会心理学研究室主任，中国社会科学院社会学研究所社会心理学研究中心主任，中国社会科学院社会心理与行为实验室研究员，研究方向为社会心态、风险社会等；刘晓柳，中国社会科学院社会学研究所博士后，博士，助理研究员，中国社会科学院社会学研究所社会心理学研究中心助理研究员，中国社会科学院社会心理与行为实验室助理研究员，研究方向为心理健康、幸福感、社会心态；刘洋洋，中国社会科学院社会学研究所在读博士，研究方向为社会心态。

较高相关性。通过十多年来调查数据中安全感、幸福感、获得感、公平感、生活压力等社会心态指标的变化，本报告分析了美好生活需要满足的影响因素、变化趋势，并提出了这些结果对美好生活需要满足的启示和政策建议。

关键词： 美好生活需要　社会心态　安全感　获得感　幸福感

党的十九大报告明确指出，“中国特色社会主义进入新时代，我国社会主要矛盾已经转化为人民日益增长的美好生活需要和不平衡不充分的发展之间的矛盾”，不平衡不充分的发展带来了阶层分化、贫富差距等，也带来了社会不公，社会治理必须重视这些社会心态问题，而这些问题需要通过社会治理来解决。

民众对美好生活需要的满足程度可以用经济学、社会学等学科的方法来测度和评价，但民众对美好生活需要满足状况的评价常常是主观的，而这一主观评价往往更为重要，因此，通过研究社会心态来了解民众美好生活需要的满足状况及其变化具有重要意义。民众美好生活需要是一种特定的需要，需要是重要的心理学概念，心理学有着广泛的研究和丰富的理论，需要也是社会心态的重要指标之一，因此，我们把美好生活需要作为一种社会心态来研究。本研究将了解民众美好生活需要结构、民众向往的美好生活，以及对美好生活现状的评价，并分析影响满足民众美好生活需要的主要因素。

习近平总书记指出，“不断满足人民日益增长的美好生活需要，促进社会公平正义，形成有效的社会治理、良好的社会秩序，使人民获得感、幸福感、安全感更加充实、更有保障、更可持续”。这一论断说明，美好生活需要的满足与社会公平正义、有效社会治理、良好社会秩序，以及获得感、幸福感和安全感都密切相关。本研究将通过十多年来社会心态指标，如安全感、幸福感、获得感、公平感、生活压力等的变化，来分析美好生活需要影响因素和变化趋势。

本报告采用的数据包括中国社会科学院社会学研究所社会心理学研究中心 2019 年美好生活需要调查数据和 2018 年获得感调查数据、中国社会科学院社会学研究所全国社会调查（CSS）历年数据等。

一 民众美好生活需要的内容和现状

2018 年中国社会科学院社会学研究所社会心理学研究中心历时半年多进行了美好生活需要的研究，于 2019 年 3 月发布了《美好生活需要研究报告》。这是一个系列研究，包括四个阶段的子研究，每个研究以前一子研究的结果为依据。子研究一为词汇联想任务，收集民众关于“美好生活”和“美好生活需要”自由联想的词汇，累计得到词频 14122 个，其中有效词汇共计 1816 个。子研究一通过智媒云图“问卷宝”App 向在线样本库的全国用户（共约 110 万人，覆盖全国 346 个地级城市）推送问卷，共有 4028 人参与。子研究二为词汇分类，根据子研究一中得到的前 100 个高频词，由 382 名大学生和研究生进行不限类别数、不限词汇数分类，使用 python 统计每两个词汇被分为一类的频次，制作共词矩阵，使用相关矩阵在 UCINET 软件中进行子群分析。子研究三是量表编制，通过词汇所在分类编写量表条目，经过两轮测量得到《美好生活体验量表》和《美好生活需要量表》。子研究三通过智媒云图“问卷宝”App 进行，第一轮共有 827 人参与，第二轮共有 1026 人参与。子研究四是美好生活需要调查，使用两个量表在全国范围内进行美好生活调查。子研究四依然通过智媒云图“问卷宝”App 进行调查，共收回全部作答问卷 10359 份，经筛选最终得到成人有效问卷为 8560 份。以下为这一系列研究的部分结果。

（一）美好生活需要的结构

研究发现美好生活需要的结构分为三个维度，分别是个人物质层面的维度、家庭和人际关系维度以及国家和社会环境维度。也就是说，民众对美好生活的理解不仅包含个人物质层面，也包含家庭和人际关系以及国家和社会环境层面，而且，家庭和人际关系及国家和社会环境维度的重要性更高。其中，国家和社会环境维度包括：世界和平、社会和谐、社会稳定、司法公正、社会文明、民主制度、国家富强和安全的生活环境；家庭和人际关系维度包括：家人团圆、家庭温馨、相亲相爱的家人、亲密爱人、爱情甜蜜；个人物质层面维度包括：有钱花、得到享受、富足的物质生活、去旅游、满意的收入（王俊秀、刘晓柳，2019）。

（二）美好生活需要现状

通过《美好生活体验量表》和《美好生活需要量表》的测量可以得到对美好生活各个维度现状的评价和美好生活各维度的理想状况。《美好生活体验量表》采用7点量表计分，调查结果显示，总均分上78.3%的人选择了4以上的评分，表明大多数个体在总体的美好生活体验上评价较高。具体的，在国家和社会环境层面，超过84.2%的人得分在4以上；在个人物质层面，超过67.2%的人得分在4以上；在家庭和人际关系层面，超过83%的人得分在4以上。

《美好生活需要量表》为11点计分，从美好生活需要总均分来看，选择8～11分的占绝大多数，占89.5%，这一比例表明大多数个体对总体的美好生活需要的标准非常高。具体的，在国家和社会环境层面，90.1%的人得分在8～11；在个人物质层面，84.4%的人得分在8～11；在家庭和人际关系层面，90.7%的人得分在8～11。

对比《美好生活体验量表》和《美好生活需要量表》得分，在个人物质层面二者的差距较大，也就是说，民众对美好生活需要现状的评价与想象之间差距最大。

（三）美好生活需要与获得感、幸福感和安全感

本研究采用自编的获得感量表、安全感量表和Diener等人（1985）编制的生活满意度量表（Satisfaction With Life Scale，SWLS）来考察美好生活需要与获得感、安全感和幸福感之间的关系，从相关分析的结果可以看出，美好

生活体验、美好生活需要与获得感、安全感和幸福感的相关性都达到了统计学上的显著水平，美好生活体验的国家和社会环境、个人物质层面及家庭和人际关系维度与获得感、安全感和幸福感均呈较高相关性。其中，美好生活体验与获得感的相关性中，与国家和社会环境维度的相关系数最高，为0.76，其次是与家庭和人际关系维度，相关系数为0.68，与个人物质层面相关系数最低，为0.54；美好生活体验与安全感的相关性中，国家和社会环境维度相关系数最高，为0.76，与个人物质层面的相关系数为0.62，家庭和人际关系维度最低，相关系数为0.53；与幸福感的相关性中，与个人物质层面的相关系数最高，为0.76，其次是国家和社会环境维度，为0.62，家庭和人际关系维度相关系数最低，为0.59。美好生活需要与获得感、安全感和幸福感的相关性均低于美好生活体验，为中等程度的相关。美好生活需要与获得感的相关性最高，且国家和社会环境维度、家庭和人际关系维度的相关系数分别为0.57和0.55，个人物质层面略低，为0.41。美好生活需要三个维度与安全感的相关性中，国家和社会环境维度最高，为0.40，其次是个人物质层面，为0.34，家庭和人际关系维度最低，为0.33。美好生活需要与幸福感的相关性中，个人物质层面相关系数最高，为0.34，国家和社会环境维度与家庭和人际关系维度相关系数一样，都为0.28（见表1）。

表1　美好生活需要各维度与获得感、安全感和幸福感的相关分析

类别	美好生活体验			美好生活需要		
	国家和社会环境	个人物质层面	家庭和人际关系	国家和社会环境	个人物质层面	家庭和人际关系
获得感	0.76**	0.54**	0.68**	0.57**	0.41**	0.55**
安全感	0.76**	0.62**	0.53**	0.40**	0.34**	0.33**
幸福感	0.62**	0.76**	0.59**	0.28**	0.34**	0.28**

注：** $p<0.01$。

进一步考察获得感量表的获得内容、获得环境、获得途径、获得体验和获得共享五个维度与美好生活需要的关系发现，获得内容、获得环境、获得途径、获得体验和获得共享五个维度均对总体美好生活需要有显著的正向预测作用，也就是各维度的获得感得分越高，民众对美好生活需要的重要性评价就越高，获得环境和总体美好生活需要的关联更为紧密。分别考察获得感与美好生活需要各维度间的关系发现，除获得体验维度外，获得内容、获得环境、获得途径和获得共享对国家和社会环境层面的美好生活需要均具有显著的正向预测作用，其中，获得环境与国家和社会环境层面美好生活需要的关联更为紧密。除获得共享维度外，获得内容、获得环境、获得途径和获得体验对个人物质层面的美好生活需要均具有显著的正向预测作用，获得体验和个人物质层面美好生活需要的关联更为紧密。获得感的五个维度均对家庭和人际关系维度的美好生活需要有显著的正向预测作用，获得内容与家庭和人际关系层面美好生活需要的关联更为紧密，其次是获得共享（谭旭运、豆雪姣、武朋卓，2019）。

中国社会科学院全国社会调查（CSS）多年来连续进行安全感调查，表2为历年安全感调查结果。这个调查采用的是4点量表计分，可以看到属于社会治安范畴的人身安全和财产安全得分是缓慢提高的，而且其安全感的得分较高；交通安全和医疗安全得分比人身安全和财产安全低，在经历了微弱波动后2015年和2017年都有所上升；劳动安全得分在2006年和2008年较高，之后有所下降，2015年和2017年又有所回升；食品安全得分多年来一直是调查的各项安全感中最低的，2006年、2008年和2013年呈下降趋势，到2015年开始出现回升趋势，但依然很低；生态环境安全得分较低，但表现为缓慢上升；信息隐私安全得分从2006年开始呈下降趋势。

表2　全国社会调查（CSS）中历年安全感的平均值

类别	2006年	2008年	2013年	2015年	2017年
财产安全	2.95	2.98	3.05	3.07	3.16
人身安全	3.02	3.04	3.06	3.08	3.14
交通安全	2.74	2.74	2.69	2.74	2.79
医疗安全	2.73	2.84	2.84	2.86	2.93
食品安全	2.68	2.76	2.35	2.40	2.42
劳动安全	2.98	2.97	2.83	2.90	2.91
信息隐私安全	3.09	3.02	2.70	2.71	2.62
生态环境安全	—	—	2.71	2.81	2.84

民众的安全感来自各个方面，从表1中的结果看到，安全感与美好生活体验中的国家和社会环境、个人物质层面、家庭和人际关系维度都有很高的相关性，与前二者的相关性更高。因此，食品安全、劳动安全、信息隐私安全依然是社会治理中的重点，尤其是信息隐私安全。我们的调查发现，九成的民众对个人信息被记录和保存表示担忧，对第三方保存个人信息“非常有信心”的民众不足一成。民众对“政府部门”、“户籍管理部门”以及“银行”这些具有较高社会信用的组织和机构倾向于有信心（“非常有信心”与“比较有信心”之和）的比例也不超过七成。民众对个人信息保护现状满意率只有52.9%，不满意率为33.8%（王俊秀、张舒，2019）。

二　社会心态视角下的美好生活需要满足

下面从社会心态的特点和变化来分析美好生活需要满足的状况和存在的问题。

（一）美好生活需要与心理健康

在美好生活需要的词汇分析时，许多人给出了描述美好的词汇，这些词汇中包括健康、快乐、愉悦等，也就是说个人的身心健康是美好生活的重要内容，在心理学的一般认识中，健康是个人的一种基本需要。中国社会科学院社会学研究所社会心理学研究中心进行的心理健康调查，通过全国范围内大样本的调查，了解不同群体的心理健康状况。这次调查的心理健康指标分为积极方面和消极方面，积极方面包括个体的自主性、环境控制、个人成长、积极关系、人生目标和自我接纳六个部分，消极方面包括抑郁、焦虑和压力三种状态。结果显示，心理健康指标积极部分表现良好，均值在6点量表中的3.6～4.0，其中，个人成长和积极关系接近4，大多数个体认为自己在不断成长和发展的过程中，对新鲜事物保持好奇，并且拥有较好的人际关系，能够从身边的朋友、亲人中获得温暖的感受。在心理健康指标的消极方面，均值为4点量表中的2.1～2.3，大部分被调查者心理健康指标的消极方面得分较低。其中，压力部分的得分最高，为 2.27，焦虑的得分最低，为 2.17（刘晓柳、王俊秀，2019）。

（二）美好生活需要与生活压力

生活压力感是个人面临生活各方面所感受到的心理压力，包括住房、交通、医疗、物价、自己或家庭收入、工作或学业、自己或家人健康、自己或家人就业、赡养老人、子女教育、家庭成员关系、邻里/同学/同事关系、婚姻/恋爱等方面。研究发现，生活压力感对个体幸福感有显著影响。中国的城市化率不断提高，越来越多的人生活在城市中，大城市和中小城市居民面对不同的压力。对不同等级城市居民生活压力分析可以看到，越是大城市，住房的压力感越大。十多年来，北京、上海和深圳的房价不断上涨，房价已经超出了多数人的经济承受能力，二、三线甚至更小的城镇的房价也上涨不少，中小城市居民的收入相对更低，因此也有很大的压力，基本上居民住房压力感在 7 点量表中的 4 左右。交通压力也同样如此，大城市虽然有更好的交通设施，但由于人口众多、空间跨度大，人们感受到的压力也更大。赡养老人的压力感也表现出大城市高于中小城市的现象。而家庭收入、医疗、子女教育和就业的压力则是各等级城市差距不大，压力都比较大，相对来说，子女教育和家庭收入是这其中压力最大的（陈满琪，2019）。

（三）美好生活需要与公平感

美好生活需要的结构中，国家和社会环境维度中社会公平正义是一个重要的内容，而社会公平正义反映的是社会公平感，可以从个体维度和社会维度来分析。个体维度的社会公平感是指人们如何看待自己所处境遇，通过把自己的付出与回报相比来主观评价公平性。研究结果显示，超过三成的人认为自己的收入和自己的教育背景、工作能力等相匹配，四成的人认为自己的生活水平现状与自己的努力相比是公平的；同时，也有 32.0% 的人认为自己的收入与自己的能力不相匹配，28.9% 的人认为自己的生活水平与自己的付出相比并不公平。调查对象对于自己的收入、生活水平与付出相比公平性的判断并不高，略高于中立立场（高文珺，2019）。社会公平感的社会维度则是评价社会制度和社会环境的公平程度，中国社会科学院全国社会调查在2008年、2013年、2015年和2017年对社会公平感的调查数据显示，被调查居民对社会公平感的总体评价得分分别为4点量表中的2.75、2.62、2.71和2.75，接近于比较公平水平。分别考察高考制度、政治权利、司法与执法、公共医疗、工作与就业、财富分配、养老等保障和城乡权利几个方面，如图1所示，在这些不同的社会领域中，民众认为高考制度的公平性最高，其次是政治权利、司法与执法、养老等保障、公共医疗、工作与就业等，处于中间水平，财富分配和城乡权利则相对较低。从公平感的变化趋势看，从2013年开始，社会公平感的各方面都出现了不同程度的上升。

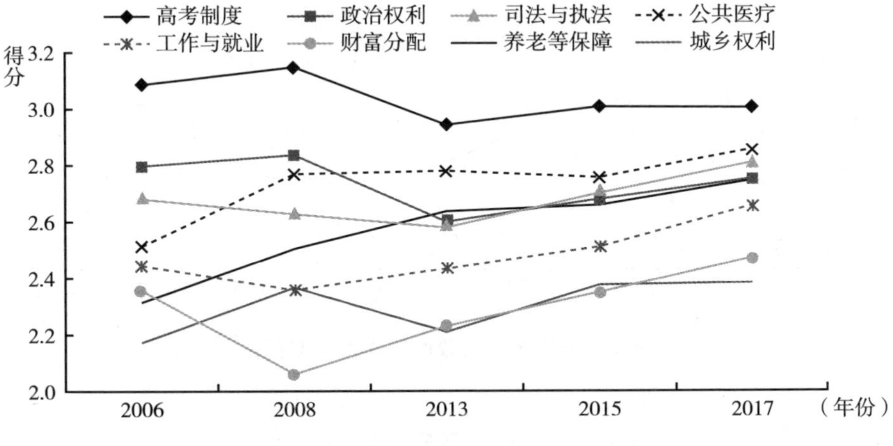

图1　不同社会领域的公平感平均值

（四）美好生活需要与社会治理环境

民众理解的美好生活中国家和社会环境占据着重要地位，因此，政府在社会治理中的各项工作直接关系着民众美好生活需要的提升和满足。从民众对政府工作的满意度中可以看出政府工作与民众需要在生活的哪些方面存在差距。中国社会科学院社会学研究所全国社会调查中从2006年到2017年连续调查政府工作满意度，从图2可以看出民众对政府工作满意度的变化趋势，表3中可以看到具体的数值。由图2可以看到，医疗卫生、社会保障、环境保护、维护社会治安、依法办事和执法公平、发展经济、扩大就业和信息公开与透明度方面变化的形式不同，但表现出的共同特点是从2013年起满意度都有不同的上升趋势。但是也要看到在各项工作中，民众对政府工作的满意度评价在4点量表上的得分在2.38和2.92之间，从各年平均得分看，民众对政府在维护社会治安、医疗卫生和社会保障方面的满意度最高，而在信息公开与透明度、扩大就业及依法办事和执法公平方面满意度较低。

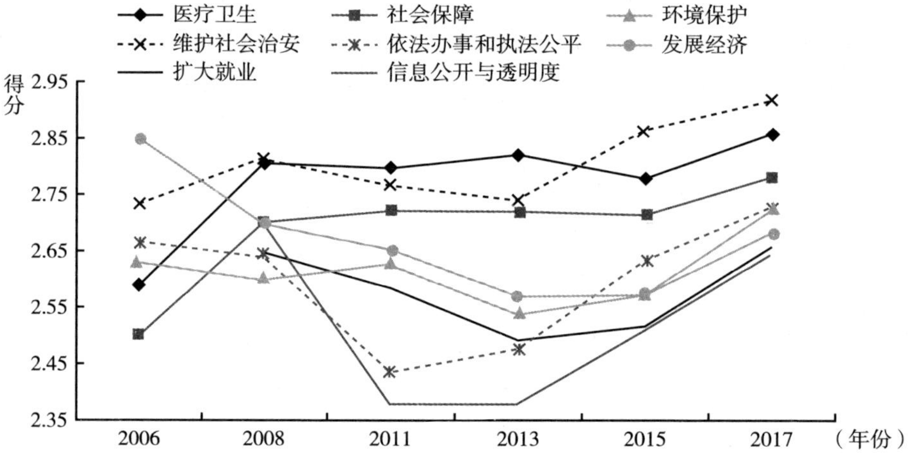

图2　不同领域的政府工作满意度变化

表3　不同领域的政府工作满意度变化

年份	医疗卫生	社会保障	环境保护	维护社会治安	依法办事和执法公平	发展经济	扩大就业	信息公开与透明度
2006	2.59	2.50	2.63	2.73	2.67	2.85	—	—
2008	2.81	2.70	2.60	2.81	2.64	2.70	2.65	2.71
2011	2.80	2.72	2.63	2.77	2.44	2.65	2.59	2.38
2013	2.82	2.72	2.54	2.74	2.48	2.57	2.49	2.38
2015	2.78	2.72	2.58	2.86	2.64	2.57	2.52	2.51
2017	2.86	2.78	2.72	2.92	2.73	2.68	2.66	2.65
平均	2.78	2.69	2.62	2.81	2.60	2.67	2.58	2.53

三　研究启示与政策建议

（一）美好生活需要的内容

民众对“美好生活”与“美好生活需要”两个概念内涵的理解较为一致。“美好生活”和“美好生活需要”联想词频最高的 10 个词分别是：幸福、快乐、健康、和谐、美满、开心、美好、自由、富裕和家庭。对前 100 个高频词分类和聚类分析发现，民众理解的“美好生活”和“美好生活需要”的内涵分为三个层面，包括个人物质层面、家庭和人际关系层面及国家和社会环境层面。从民众对“美好生活”与“美好生活需要”的理解来看，民众对美好生活的需要是全方位的，不仅有个人物质层面，还有国家和社会环境、家庭和人际关系层面。这一研究结果对我们的启示是，应从更为宽泛的层面来理解人民美好生活需要的满足，政府部门在制定社会政策时要考虑到民众对美好生活的理解与一般想象的差异，首先满足民众最关切的需要，除了关注民生的需要外，家庭关系和社会环境也是民众的重要需要，要在社会治理中努力营造美好的家庭和社会环境。

民众目前对新时代美好生活的体验总体较好，但对美好生活需要的要求更高，反映了民众日益增长的美好生活需要与需要满足之间的距离，尤其是个人物质层面，差距相对较大。虽然我国已成为世界第二大经济体，但民众所享有的基本公共服务与发达国家仍存在一定的差距，需要各部门协力合作，补齐短板，挖掘内在发展潜力，实现美好生活需要的全面提高。

（二）美好生活需要的满足与幸福感、获得感和安全感的提升相互促进

美好生活体验和美好生活需要与获得感、安全感和幸福感都密切相关，满足美好生活需要可以提升民众获得感、安全感和幸福感；获得感、安全感与美好生活体验的国家和社会环境层面呈现高相关性，在政府工作中，更应

重视营造民主、法治、公平、正义、安全的国家和社会环境，提升民众的获得感与安全感，满足民众的美好生活需要。

我们关于民众获得感、幸福感和安全感的研究（王俊秀、刘晓柳，2019）发现，民众理解的获得感内容不仅包括基本的民生方面，也包括自我发展、成长和向上流动的需要，以及“荣誉”、“成功”和“成就”等，对于“后小康”时代，民众的美好生活需要是差异化的、不断提高的，政府部门要不断满足这种差异化的需要，才能从整体上提升民众获得感。安全感的提升满足的是底线需要，是提升获得感和幸福感的基础，幸福感来自不断累积的获得感，是持续幸福感的保证。从关注民众美好生活需要出发，不断满足民众日益增长的美好生活需要是一个长期艰难的过程，但只有在这个过程中不断达成新的目标，民众的安全感才能不断提升，民众的获得感才能不断积累，才可能不断提升民众幸福感。

（三）心理健康是美好生活的前提

促进民众心理健康、提升百姓幸福感一直是党和国家关注的重点与努力的方向。党的十八届五中全会部署制定了《“健康中国 2030”规划纲要》，以期推进健康中国建设，提高人民健康水平。党的十九大报告，从社会治理的角度提出“加强社会心理服务体系建设，培育自尊自信、理性平和、积极向上的社会心态”（刘晓柳、王俊秀，2019）。中央文件中与社会心理服务相关的表述有两个脉络，一个是“社会心态”的脉络，另一个是“心理健康”的脉络。党的十八大报告和十九大报告强调社会心态培育，从“十五”计划开始，政府五年规划中连续出现“心理健康”的内容，到 2016 年的“十三五”规划，同时出现了“心理健康服务”和“健全社会心理服务体系”。2016 年 12 月 30 日，国家卫计委等 22 个部门联合印发的《关于加强心理健康服务的指导意见》提出了“加强心理健康服务、健全社会心理服务体系”，强调了个体心理健康与社会心态培育之间的内在关联（王俊秀，2019）。社会心理服务体系建设应该包含宏观、中观和微观三个层次，宏观层次营造健康社会，微观层次则是在个体、人际、群体和群际层面培育个体心理健康、人际关系、群体与群际和谐，中观层次是健康社区、行业和领域的培育与塑造，是社会心态的培育（王俊秀，2019）。因此从微观层面出发，注重民众心理健康是满足民众美好生活需要的基础，通过心理健康教育、心理咨询和心理辅导等手段，优化民众心理健康状况，才能迈向健康、幸福的社会。

（四）减轻生活压力是满足美好生活需要的努力方向

人们对美好生活的描述是愉快的、轻松的，压力大的生活很难称得上美好生活，因此，减轻人们生活压力是政府工作的重点和难点。目前，民众实际感受到的各方面生活需要的满足程度均低于民众认为美好生活应有的状态，特别是个人物质层面，要根据民众需要确立政府工作的目标。要关注那些美好生活需要体验低的群体，政府部门和社会各方面一起努力，关注民众生活的压力，了解民众生活的难点和痛点，作为重点来改善，努力减轻民众过重的生活压力，最大限度地改善他们的生活状况，满足他们基本的生活需要。政府部门在制定社会政策时要充分考虑民众对美好生活的理解，首先满足民众最关切的需要，特别是那些民生相关的基本需要，不断满足家庭关系和社会环境中民众较为迫切的需要，满足民众高品质、高质量、高层次的美好生活需要。

（五）让民众感受到社会公平正义是提升民众美好生活需要的前提

党和政府对社会公平一直高度重视，强调要建设对保障社会公平正义具有重大作用的制度，逐步建立以权利公平、机会公平、规则公平为主要内容的社会公平保障体系，努力营造公平的社会环境，保证人民平等参与、平等发展权利（高文珺，2019）。根据调查结果，个体维度上，有三成左右的调查对象认为自己的收获和付出相比并不公平；在社会维度方面，人们认为财政税收政策公平和不公平的比例相近，对于党政干部选拔规则更多人倾向于认为不公平，对于工作就业机会、财富分配、不同地区间待遇和城乡间待遇大多数被调查者认为不公平，调查对象对于社会整体的判断也更倾向于不公平。尽管个体的公平感并不代表实际的社会公平正义状况，但民众的公平感知也是反映民众美好生活需要的一个角度，民众认为不公平的方面也就是社会治理需要极大改善的方面，时刻关注民众公平感状况，查找政府工作的不足，通过制度建设，切实改善社会环境，使得权利公平、机会公平、规则公平都有明显的、民众总可感知的提升。

（六）提高政府工作满意度，营造提升美好生活需要的社会环境

在美好生活需要方面，国家和社会环境层面的高频词汇包括：稳定、小康、国泰民安、安居乐业、公平、和平、社会保障、安全、丰衣足食等，这些是民众心目中对美好生活与美好社会的期望。

经过多年的努力，社会治理取得了巨大的成就，从前面全国社会调查数据看，2013 年以来，在医疗卫生、社会保障、环境保护、维护社会治安、依法办事和执法公平、发展经济、扩大就业和信息公开与透明度方面政府工作满意度都出现了上升的趋势，但也要看到民众对政府工作的满意度评价得分还有很大的提升空间，民众对社会治理中政府在维护社会治安、医疗卫生和社会保障方面的努力是能够感受到的，给出了较高的评价，在以后的社会治理中要在民众反映突出的信息公开与透明度、扩大就业及依法办事和执法公平等方面加倍努力，把满足民众美好生活需要作为突破口，通过制度创新从根本上改善社会治理环境，让民众感受到社会安全、社会公平、社会稳定有序，形成民众安居乐业、国泰民安的社会环境。

（七）新时代的美好生活需要引导

要重视新媒体对于民众美好生活方式的引导作用，重视其对于美好生活体验的传播作用，满足那些积极健康的生活需要。过上美好生活是每个人的愿望，但人们对于美好生活的理解存在差异，在发挥广播、电视和报刊等传统媒体作用的同时，更要重视民众喜闻乐见的新媒体在引导和传播美好生活理念与美好生活方式上的作用。随着移动互联网的普及，短视频已经成为人们日常生活中重要的文化、休闲和娱乐活动，努力打造美好生活内容生态

链，通过优质内容的生产和传播，引导积极的美好生活时尚和美好生活方式。为民众提供个人美好生活体验分享和传播的平台，营造美好的生活氛围和社会环境，落实党中央不断提高人民群众美好生活需要的重要举措。

参考文献

陈满琪：《不同分级城市压力感对主观幸福感的影响》，本书。

高文珺：《个体和社会维度的社会公平感研究》，本书。

刘晓柳、王俊秀：《民众心理健康调查》，本书。

谭旭运、豆雪姣、武朋卓：《获得感与美好生活需要的关系研究》，本书。

王俊秀：《多重整合的社会心理服务体系：政策逻辑、建构策略与基本内核》，《心理科学进展》2019 年（待出版）。

王俊秀：《从心理健康到幸福社会：社会心理服务体系建设的路径》，《光明日报》2019 年 1 月 18 日，理论版。

王俊秀、刘晓柳：《现状、变化和相互关系：安全感、获得感与幸福感及其提升路径》，《江苏社会科学》2019 年第 1 期。

王俊秀、张舒：《隐私与个人信息保护调查报告》，本书。

Diener, E., Emmons, R. A., Larsen, R. J., & Griffin, S., "The Satisfaction with Life Scale", *Journal of Personality Assessment*, 49 (1985).

美好生活需要与幸福感

Needs for a Better Life and Sense of Happiness

B.2
获得感与美好生活需要的关系研究*

谭旭运　豆雪姣　武朋卓**

摘　要： 本报告以民众对获得感、美好生活需要概念的心理表征为基础，基于2019年中国社会科学院——智媒云图数据中心美好生活状况调查（Better Life Survey 2019）的大样本抽样调查数据，通过考察民众当前获得感和美好生活需要及其各维度的现实状况，分析民众获得感和美好生活需要在性别、年龄、受教育程度、收入等人口学变量上的差异，并进一步探讨获得感各维度对民众美好生活需要及其各维度的影响。结果显

* 本报告是国家社会科学基金青年项目（项目编号17CSH040）和中国社会科学院青年科研启动项目（项目编号2020YQNQD0098）的资助成果。

** 谭旭运，心理学博士，中国社会科学院社会心理与行为实验室助理研究员，中国社会科学院社会学研究所社会心理学研究中心助理研究员，研究方向为社会心态、主观社会阶层与流动感知、获得感、社会参与；豆雪姣，曲阜师范大学教育学院心理学硕士，研究方向为社会阶层与决策、社会参与；武朋卓，上海大学社会学院统计学硕士研究生。

示：民众的总体获得感和美好生活需要得分均较高，并且在人口学变量上存在显著的差异；同时获得感各维度和美好生活需要各维度存在显著的相关性。进一步研究发现，获得感各维度对总体美好生活需要具有显著的正向预测作用；具体来看，获得内容、获得环境、获得途径三维度对各层面的美好生活需要都具有显著的正向预测作用，但是获得共享和获得体验的影响却有所不同。

关键词： 获得感 美好生活需要 美好生活 社会阶层

一 引言

党的十九大报告指出，“要不断满足人民日益增长的美好生活需要，不断促进社会公平正义，形成有效的社会治理、良好的社会秩序，使人民获得感、幸福感、安全感更加充实、更有保障、更可持续”。民众获得感、安全感和幸福感的提升，是人民美好生活状况的直接反映，是有效回应、化解社会主义新时代主要矛盾“人民日益增长的美好生活需要和不平衡不充分的发展之间的矛盾”的科学工具。心理学家马斯洛提出，人们的需要是有层次的，底层需要的满足是高级需要产生的基础。随着社会改革发展的不断推进，人民群众的获得感逐步提升，美好生活需要的内涵也日益广泛，不仅对物质文化生活提出了更高要求，而且在民主、法治、公平、正义、安全、环境等方面的要求日益增长。因此通过对民众获得感与其美好生活需要状况的了解，并在此基础上探讨获得感提升对美好生活需要的影响，有助于明确当前社会改革发展、保障民众生活质量的主要任务和有效途径。

为了解当前民众对获得感、美好生活需要的理解，中国社会科学院社会学研究所社会心理学研究中心课题组，基于社会心理学中有关社会概念研究的科学范式，经过多个阶段的系列研究，系统探讨了民众获得感和美好生活需求的维度结构。研究发现，获得感内涵结构应包含以下五个方面的内容：一是对个体不同需求内容的客观获得和主观认知，即获得内容；二是个体需求得以满足的主客观社会环境条件，即获得环境；三是个体的自主能动性在需求满足过程中的路径作用，即获得途径；四是伴随需求满足的过程和结果而产生的情绪体验，即获得体验；五是个体需求满足认知和情绪体验基础上产生致力于自我实现的共享性行为，即获得共享（豆雪姣、董洪杰、谭旭运，2018）。而美好生活需要的内涵结构则包括以下三个方面：一是国家社会方面，包括世界和平、社会和谐、国泰民安、社会稳定、司法公正、社会文明、人人平等；二是个人物质方面，包括有钱花、得到享受、富足的物质生活、生活富裕、去旅游、无忧无虑、满意的收入等；三是家庭关系方面，包括家人团圆、家庭温馨、幸福的生活、相亲相爱的家人、亲密爱人、爱情甜蜜等。

研究者以此概念结构框架为依据，分别编制了获得感量表和美好生活需要量表，并应用到本次美好生活状况调查（2019）中。本报告即利用本次大样本抽样调查数据，通过考察民众当前获得感和美好生活需要及其各维度的现实状况，分析民众获得感和美好生活需要在性别、年龄、受教育程度、收入等人口学变量上的差异，并进一步探讨获得感各维度对民众美好生活需要及其各维度的影响。

二　研究方法

（一）数据来源

本研究数据来源于由中国社会科学院（CASS）和智媒云图联合发布的2019年美好生活状况调查（Better Life Survey 2019）的大样本抽样调查数据。该调查问卷由中国社会科学院社会学研究所社会心理学研究中心编制，于2019年1月通过数相科技研发的问卷调研App“问卷宝”，向在线样本库的全国用户（共约 110 万人，覆盖全国 346 个地级城市）推送问卷。问卷回收后，利用测谎题和答题完成情况等对问卷进行筛选后共得到有效问卷 9130 份。有效样本的具体情况详见表 1。

表 1　调查对象的基本情况（N = 9130）

单位：人，%

变量	类别	计数(N)	百分比
性别	女性	2887	31.6
	男性	6243	68.4
年龄	00 后	919	10.1
	90 后	3445	37.7
	80 后	3598	39.4
	70 后	705	7.7
	60 后	268	2.9
	59 前	194	2.1
	系统缺失	1	0.1
户籍状况	城市	5092	55.8
	农村	4038	44.2
城市发展水平	一线城市	1381	15.1
	新一线城市	2087	22.9
	二线城市	1925	21.1
	三线城市	1615	17.7
	四线城市	1424	15.6
	五线城市	653	7.2
	其他	45	0.4

（二）研究变量

1. 获得感

采用 28 道题目的获得感量表（豆雪姣、董洪杰、谭旭运，2018）测量民众的获得感。该量表共分为五个维度。其中，获得内容包括 6 个测量题目，获得体验包括 6 个测量题目，获得环境包括 6 个测量题目，获得途径包括 5 个测量题目，获得共享包括 5 个测量题目。所有题目采用李克特量表 7

点评分，1 表示完全不同意，7 表示完全同意。将 28 道题目的平均分作为总体获得感得分，得分越高说明民众的总体获得感越高；将每个维度上所有题目的平均分作为各维度得分，得分越高代表民众在该维度上的获得感越高。该量表的内部一致性良好（Cronbach's α = 0.97），各维度的 Cronbach's α 系数在 0.89 ~ 0.92。

2. 美好生活需要

采用 18 道题目的美好生活需要量表测量民众的美好生活需求。其中，国家社会层面包括世界和平、社会和谐、社会稳定、司法公正、社会文明、民主制度、国家富强、安全的生活环境 8 个测量题目，Cronbach's α 系数为 0.95；个人物质层面包括有钱花、得到享受、富足的物质生活、去旅游、满意的收入 5 个测量题目，Cronbach's α 系数为 0.89；家庭关系层面包括家人团圆、家庭温馨、相亲相爱的家人、亲密爱人、爱情甜蜜 5 个测量题目，Cronbach's α 系数为 0.90。所有题目均采用 11 点评分，评分越高说明该题目所指内容在民众心中越重要。求出每个层面的平均分，得分越高，代表民众在该层面的重要性评价越高。该量表的内部一致性良好，Cronbach's α = 0.96。

3. 社会阶层

（1）客观社会阶层

结合社会学中对社会阶层指标的研究成果，本研究采用受教育程度和经济收入对民众的客观社会阶层进行测量。具体题目包括："请问您的受教育程度：①小学毕业及以下，②初中毕业，③高中（技校、职高、中专）毕业，④大专（含在读），⑤大学本科（含在读），⑥研究生（含在读）及以上"。"您的月收入（包括工资收入、补贴、投资、兼职等）平均大约是：①1000 元及以下，②1001 ~ 3000 元，③3001 ~ 5000 元，④5001 ~ 7000 元，⑤7001 ~ 1 万元，⑤1 万 ~ 1.5 万元，⑦1.5 万 ~ 3 万元，⑧3 万 ~ 5 万元，⑨5 万 ~ 10 万元，⑩10 万元以上"。

（2）主观社会阶层

采用国内外研究中常用的阶梯量表（Adler et al.，2000）测量民众的主观社会阶层。如图1所示，这是一个十级的阶梯图片，自下而上标记1～10十个数字，10分代表处于社会最顶层，1分代表处于社会最底层。具体题目：“您认为您自己目前在哪个等级上”。要求在其中选择一个数字，表示自己目前所在的阶层，所选数字越大，表明调查对象感知到自己现在的社会阶层越高。由于原数据库记录得分由上至下分别记为1～10，因此反向计分后，将其作为调查对象的主观社会阶层。

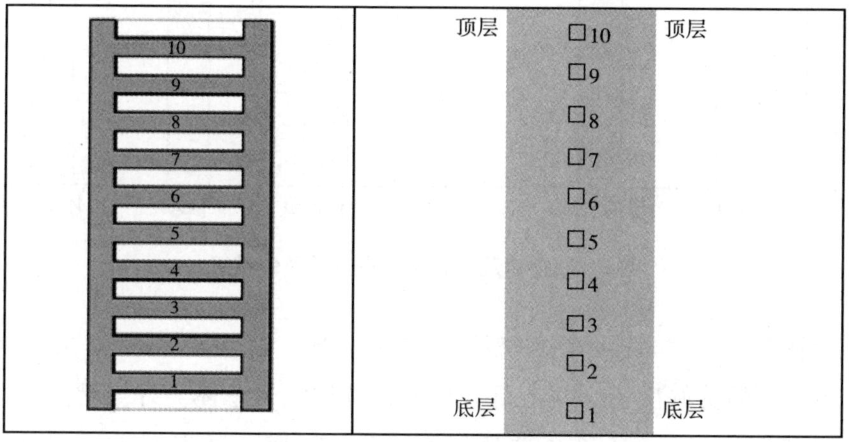

图1　主观社会阶层测量题目

（三）数据处理

使用统计分析软件SPSS 20.0对数据进行描述性统计分析、差异性分析、相关分析，并进一步做回归分析。

三　研究结果

（一）获得感和美好生活需要的描述性分析

由图2可知，民众在获得内容（M＝5.61）维度上得分最高，其次是获得共享（M = 5.58）、获得途径（M = 5.40），且均大于总体获得感得分（M =5.36）。而民众在获得环境（M =5.25）和获得体验（M =5.00）上得分较低，且均小于总体获得感得分，其中获得体验得分最低。

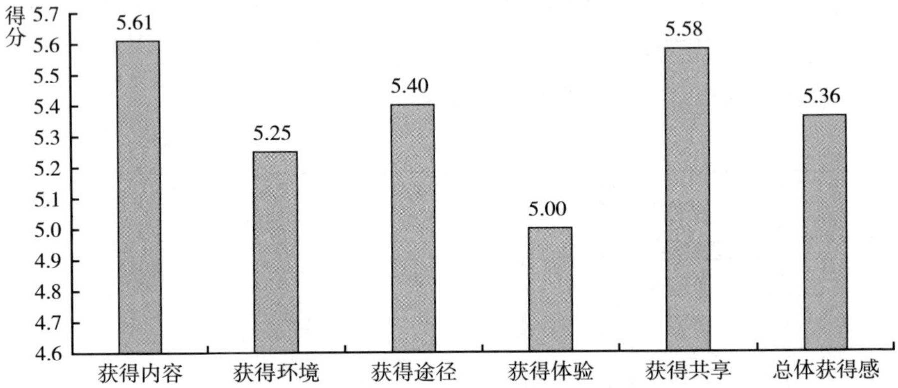

图 2　获得感及其各维度得分的总体情况

由图 3 可知，民众在国家社会层面（M = 9.70）和家庭关系层面（M =9.69）的美好生活需要上得分最高，且均大于总体美好生活需要得分（M =9.54）。而民众在个人物质层面（M =9.15）的美好生活需要得分最低。

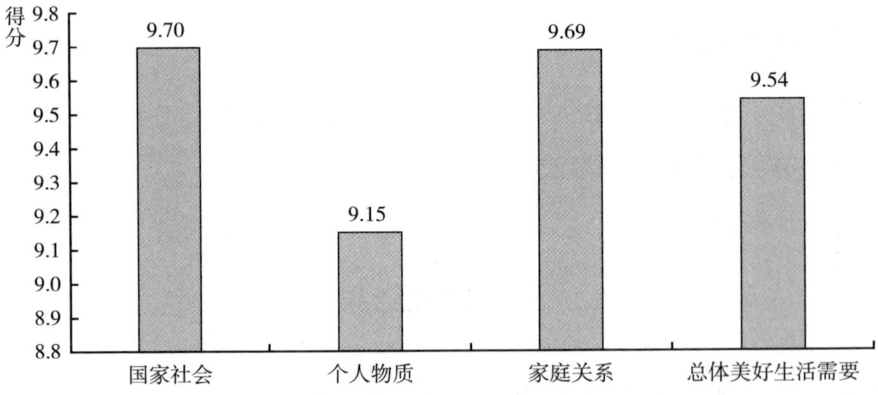

图 3　美好生活需要及其不同层面得分的总体情况

（二）不同变量上民众获得感和美好生活需要的差异性分析

1. 获得感和美好生活需要的性别差异

如表 2 所示，获得感及其各维度和不同层面的美好生活需要均存在显著的性别差异（*ps* <0.001），且女性得分均显著高于男性。

表 2　获得感和美好生活需要的性别差异（N =9130）

类别	性别	样本(人)	均值	标准差	*t* 值
获得内容	男	6243	5.52	1.05	-13.157 ***
	女	2887	5.80	0.89	
获得环境	男	6243	5.19	1.13	-7.578 ***
	女	2887	5.37	1.01	
获得途径	男	6243	5.35	1.07	-6.685 ***
	女	2887	5.50	0.94	
获得体验	男	6243	4.96	1.15	-5.125 ***
	女	2887	5.09	1.16	
获得共享	男	6243	5.50	1.10	-12.048 ***
	女	2887	5.77	0.94	
总体获得感	男	6243	5.30	0.99	-9.929 ***
	女	2887	5.50	0.86	
美好生活需要 - 国家社会	男	6243	9.62	1.34	-7.473 ***
	女	2887	9.85	1.39	
美好生活需要 - 个人物质	男	6243	9.08	1.52	-6.915 ***
	女	2887	9.31	1.52	
美好生活需要 - 家庭关系	男	6243	9.62	1.36	-6.528 ***
	女	2887	9.82	1.33	
总体美好生活需要	男	6243	9.47	1.28	-7.640 ***
	女	2887	9.69	1.30	

注：* $p<0.05$，** $p<0.01$，*** $p<0.001$，下同。

2. 获得感和美好生活需要的年龄差异

如表 3 及表 4 所示，获得感及其各维度和不同层面的美好生活需要均存在显著的年龄差异（*ps* <0.001）。从获得感各维度的得分来看，“00 后”得

分最高，“80 后”得分最低。从美好生活需要的得分来看，国家社会层面、家庭关系层面以及总体情况，“00 后”得分最高，“59 前”得分最低，即随着年龄的增加，民众对国家社会层面和家庭关系层面的美好生活需要的重要性评价出现下降的趋势。而在个人物质层面，“00 后”（M = 9.00）、“70 后”（M = 8.96）和“59 前”（M = 8.99）的得分相对较低。

表 3　获得感及各维度的年龄差异（N = 9129）

年龄	获得内容	获得环境	获得途径	获得体验	获得共享	总体获得感
00 后(n = 919)	6.04 ± 0.83	5.65 ± 1.07	5.75 ± 0.98	5.29 ± 1.23	5.97 ± 0.94	5.73 ± 0.87
90 后(n = 3445)	5.90 ± 0.84	5.51 ± 1.00	5.64 ± 0.93	5.15 ± 1.15	5.85 ± 0.89	5.60 ± 0.82
80 后(n = 3598)	5.26 ± 1.07	4.92 ± 1.10	5.11 ± 1.05	4.80 ± 1.09	5.23 ± 1.12	5.06 ± 0.99
70 后(n = 705)	5.55 ± 1.03	5.12 ± 1.13	5.34 ± 1.04	4.88 ± 1.22	5.63 ± 1.09	5.29 ± 0.98
60 后(n = 268)	5.54 ± 0.98	5.21 ± 1.00	5.33 ± 0.94	4.97 ± 1.09	5.58 ± 1.03	5.32 ± 0.90
59 前(n = 194)	5.25 ± 1.17	5.15 ± 1.13	5.19 ± 1.17	4.98 ± 1.21	5.30 ± 1.21	5.17 ± 1.08
F 值	203.361***	137.963***	123.320***	48.041***	161.740***	158.434***

表 4　美好生活需要及各维度的年龄差异（N = 9129）

年龄	美好生活需要 - 国家社会	美好生活需要 - 个人物质	美好生活需要 - 家庭关系	总体美好生活需要
00 后(n = 919)	10.09 ± 1.23	9.00 ± 1.71	9.91 ± 1.40	9.74 ± 1.24
90 后(n = 3445)	9.90 ± 1.31	9.31 ± 1.52	9.84 ± 1.36	9.72 ± 1.27
80 后(n = 3598)	9.45 ± 1.29	9.09 ± 1.38	9.52 ± 1.24	9.37 ± 1.21
70 后(n = 705)	9.55 ± 1.53	8.96 ± 1.67	9.63 ± 1.45	9.41 ± 1.44
60 后(n = 268)	9.63 ± 1.63	9.11 ± 1.76	9.61 ± 1.57	9.48 ± 1.56
59 前(n = 194)	9.36 ± 1.85	8.99 ± 1.85	9.31 ± 1.82	9.24 ± 1.77
F 值	61.158***	13.037***	28.805***	34.501***

3. 获得感和美好生活需要的城乡差异

如表 5 所示，除获得体验（$p > 0.05$）之外，获得感其他各维度和不同层面的美好生活需要均存在显著的城乡差异（$ps < 0.001$）。从获得感各维度的得分来看，农村居民在获得内容、获得环境、获得途径和获得共享以及总体获得感得分上均显著高于城市居民。从美好生活需要的得分来看，农村居民在

国家社会层面和家庭关系层面以及总体美好生活需要得分上均显著高于城市居民，而城市居民在个人物质层面的美好生活需要得分显著高于农村居民。

表 5　获得感和美好生活需要的城乡差异（N =9130）

类别	户口	样本(人)	均值	标准差	t 值
获得内容	城市	5092	5.49	1.03	-13.242***
	农村	4038	5.77	0.97	
获得环境	城市	5092	5.15	1.10	-9.677***
	农村	4038	5.37	1.09	
获得途径	城市	5092	5.31	1.03	-9.671***
	农村	4038	5.52	1.02	
获得体验	城市	5092	4.98	1.12	-1.466
	农村	4038	5.02	1.20	
获得共享	城市	5092	5.48	1.08	-10.712***
	农村	4038	5.71	1.03	
总体获得感	城市	5092	5.27	0.96	-9.757***
	农村	4038	5.47	0.93	
美好生活需要 - 国家社会	城市	5092	9.63	1.29	-5.061***
	农村	4038	9.78	1.44	
美好生活需要 - 个人物质	城市	5092	9.19	1.40	2.748**
	农村	4038	9.10	1.66	
美好生活需要 - 家庭关系	城市	5092	9.63	1.29	-4.113***
	农村	4038	9.75	1.43	
总体美好生活需要	城市	5092	9.51	1.22	-2.652**
	农村	4038	9.58	1.38	

4. 获得感和美好生活需要的城市发展水平差异

如表 6 及表 7 所示，不同城市发展水平的民众在获得感及其各维度和不同层面的美好生活需要得分上均存在显著性差异（$ps<0.001$）。从获得感的得分来看，新一线城市和二线城市的得分最低，而三线、四线以及五线城市的得分最高，一线城市得分居于中间水平。从美好生活需要的得分来看，二线城市在国家社会、个人物质、家庭关系以及总体上的美好生活需要得分最低，而五线城市的得分最高。

表 6 获得感及各维度的城市发展水平差异（N = 9085）

城市发展水平	获得内容	获得环境	获得途径	获得体验	获得分享	总体获得感
一线城市（n = 1381）	5.61 ± 0.94	5.20 ± 1.01	5.36 ± 0.97	4.93 ± 1.09	5.56 ± 1.00	5.32 ± 0.88
新一线城市（n = 2087）	5.31 ± 1.06	4.96 ± 1.09	5.13 ± 1.05	4.80 ± 1.07	5.28 ± 1.10	5.09 ± 0.97
二线城市（n = 1925）	5.33 ± 1.11	4.99 ± 1.15	5.14 ± 1.10	4.80 ± 1.15	5.31 ± 1.17	5.11 ± 1.03
三线城市（n = 1615）	5.92 ± 0.88	5.57 ± 1.04	5.70 ± 0.94	5.25 ± 1.20	5.89 ± 0.92	5.66 ± 0.88
四线城市（n = 1424）	5.92 ± 0.82	5.53 ± 1.01	5.69 ± 0.90	5.22 ± 1.16	5.88 ± 0.89	5.64 ± 0.82
五线城市（n = 653）	5.98 ± 0.80	5.54 ± 1.03	5.72 ± 0.93	5.25 ± 1.18	5.94 ± 0.89	5.68 ± 0.83
F 值	154.44***	111.537***	121.977***	56.59***	131.131***	139.86***

表 7 美好生活需要及各维度的城市发展水平差异（N = 9085）

城市发展水平	美好生活需要 - 国家社会	美好生活需要 - 个人物质	美好生活需要 - 家庭关系	总体美好生活需要
一线城市（n = 1381）	9.67 ± 1.41	9.18 ± 1.49	9.67 ± 1.44	9.54 ± 1.35
新一线城市（n = 2087）	9.60 ± 1.12	9.20 ± 1.26	9.59 ± 1.18	9.49 ± 1.08
二线城市（n = 1925）	9.39 ± 1.56	8.94 ± 1.59	9.44 ± 1.43	9.28 ± 1.42
三线城市（n = 1615）	9.95 ± 1.30	9.26 ± 1.60	9.89 ± 1.34	9.74 ± 1.27
四线城市（n = 1424）	9.84 ± 1.34	9.14 ± 1.66	9.80 ± 1.38	9.64 ± 1.32
五线城市（n = 653）	10.02 ± 1.26	9.29 ± 1.56	10.00 ± 1.24	9.81 ± 1.20
F 值	44.799***	10.841***	32.207***	32.337***

5. 获得感和美好生活需要的学历差异

如表 8 及表 9 所示，不同受教育程度的民众在获得感及其各维度和不同层面的美好生活需要得分上均存在显著性差异（$ps < 0.001$）。从获得感的得分来看，具有高中学历的居民在获得内容、获得环境、获得途径、获得共享和总体获得感得分上均是最低的，在获得体验上得分最低的是小学毕业及以下受教育程度的居民，其次是高中学历的居民。从美好生活需要的得分来看，高中学历的居民在国家社会层面、家庭关系层面和总体情况下得分最

低，而在个人物质层面，民众对美好生活需要的重要性评价随着学历的增加呈上升趋势。

表 8　获得感及各维度的学历差异（N = 9130）

受教育程度	获得内容	获得环境	获得途径	获得体验	获得共享	总体获得感
小学毕业及以下（n = 107）	5.40 ± 1.25	5.13 ± 1.28	5.23 ± 1.22	4.70 ± 1.39	5.44 ± 1.30	5.17 ± 1.14
初中毕业（n = 491）	5.75 ± 1.01	5.32 ± 1.14	5.48 ± 1.06	4.98 ± 1.26	5.73 ± 1.07	5.44 ± 0.97
高中（技校、职高、中专）毕业（n = 2941）	5.21 ± 1.13	4.88 ± 1.16	5.05 ± 1.12	4.75 ± 1.12	5.17 ± 1.18	5.00 ± 1.04
大专（含在读）（n = 2026）	5.74 ± 0.96	5.33 ± 1.07	5.49 ± 0.99	5.01 ± 1.18	5.69 ± 1.01	5.44 ± 0.91
大学本科（含在读）（n = 3166）	5.86 ± 0.81	5.51 ± 0.96	5.64 ± 0.87	5.21 ± 1.10	5.85 ± 0.84	5.61 ± 0.79
研究生（含在读）及以上（n = 399）	5.80 ± 0.88	5.38 ± 1.01	5.65 ± 0.92	5.19 ± 1.11	5.80 ± 0.95	5.55 ± 0.86
F 值	153.941***	114.866***	118.91***	55.144***	153.428***	142.542***

表 9　美好生活需要及各维度的学历差异（N = 9130）

受教育程度	美好生活需要 - 国家社会	美好生活需要 - 个人物质	美好生活需要 - 家庭关系	总体美好生活需要
小学毕业及以下（n = 107）	9.53 ± 1.77	8.88 ± 1.97	9.50 ± 1.68	9.34 ± 1.66
初中毕业（n = 491）	9.76 ± 1.63	8.87 ± 1.93	9.66 ± 1.73	9.49 ± 1.61
高中（技校、职高、中专）毕业（n = 2941）	9.45 ± 1.31	8.95 ± 1.42	9.42 ± 1.31	9.31 ± 1.22
大专（含在读）（n = 2026）	9.72 ± 1.47	9.13 ± 1.65	9.76 ± 1.39	9.57 ± 1.38
大学本科（含在读）（n = 3166）	9.90 ± 1.22	9.37 ± 1.40	9.88 ± 1.25	9.75 ± 1.18
研究生（含在读）及以上（n = 399）	9.72 ± 1.43	9.33 ± 1.48	9.80 ± 1.35	9.64 ± 1.33
F 值	33.774***	28.929***	37.707***	37.279***

6. 获得感和美好生活需要的收入差异

如表 10 及表 11 所示，不同收入的民众在获得感及其各维度和不同层面的美好生活需要得分上均存在显著性差异（$ps<0.001$）。从获得感的得分来看，个人月收入在 5001～7000 元和 5 万元以上的民众，他们在获得内容、获得环境、获得途径和获得共享四个维度的得分上均处于最低状态，在获得体验上，月收入在 1001～7000 元的民众得分相对较低，而且他们占本次调查人数的 65.8%。从美好生活需要的得分来看，月收入在 5 万元以上的民众，他们在国家社会层面、家庭关系层面和总体得分上均是最低的；而月收入 1000 元及以下的民众在个人物质层面的得分最低。由此可见，虽然优质的月收入并不能提升民众对国家社会和家庭关系方面的美好生活需要，但是收入作为每个人物质基础的重要保障依然是必不可少的。

表 10　获得感及各维度的收入差异（N＝9130）

收入状况	获得内容	获得环境	获得途径	获得体验	获得共享	总体获得感
1000 元及以下（n＝1261）	5.98±0.82	5.55±1.04	5.62±0.97	5.11±1.20	5.92±0.93	5.63±0.84
1001～3000 元（n＝1085）	5.91±0.83	5.34±1.09	5.53±0.95	4.93±1.30	5.84±0.89	5.50±0.85
3001～5000 元（n＝2555）	5.49±1.07	5.11±1.11	5.29±1.04	4.87±1.13	5.46±1.11	5.23±0.98
5001～7000 元（n＝2369）	5.34±1.09	5.06±1.13	5.20±1.10	4.92±1.11	5.32±1.13	5.16±1.02
7001～1 万元（n＝1045）	5.68±0.92	5.40±1.00	5.56±0.95	5.18±1.07	5.70±0.95	5.50±0.87
1 万～1.5 万元（n＝542）	5.75±0.86	5.43±1.04	5.66±0.87	5.31±1.06	5.75±0.93	5.57±0.84
1.5 万～3 万元（n＝179）	5.75±0.89	5.50±0.99	5.74±0.93	5.38±1.11	5.80±0.98	5.62±0.88
3 万～5 万元（n＝48）	5.92±0.85	5.75±0.82	5.82±0.96	5.53±0.90	5.81±1.00	5.76±0.83
5 万元以上（n＝46）	5.28±1.33	5.11±1.44	5.16±1.42	4.99±1.54	5.13±1.38	5.13±1.36
F 值	64.447***	34.756***	36.981***	19.773***	54.305***	44.191***

表 11　美好生活需要及各维度的收入差异（N =9130）

收入状况	美好生活需要 - 国家社会	美好生活需要 - 个人物质	美好生活需要 - 家庭关系	总体美好生活需要
1000 元及以下(n =1261)	9. 97 ±1. 35	8. 94 ±1. 78	9. 77 ±1. 49	9. 63 ±1. 35
1001 ~3000 元(n =1085)	9. 89 ±1. 43	9. 11 ±1. 80	9. 83 ±1. 44	9. 66 ±1. 39
3001 ~5000 元(n =2555)	9. 66 ±1. 31	9. 15 ±1. 45	9. 65 ±1. 28	9. 52 ±1. 23
5001 ~7000 元(n =2369)	9. 51 ±1. 33	9. 15 ±1. 36	9. 52 ±1. 31	9. 41 ±1. 25
7001 ~1 万元(n =1045)	9. 74 ±1. 28	9. 33 ±1. 37	9. 83 ±1. 26	9. 65 ±1. 22
1 万 ~1. 5 万元(n =542)	9. 64 ±1. 49	9. 29 ±1. 47	9. 74 ±1. 42	9. 57 ±1. 39
1. 5 万 ~3 万元(n =179)	9. 73 ±1. 34	9. 37 ±1. 29	9. 90 ±1. 23	9. 68 ±1. 22
3 万 ~5 万元(n =48)	9. 76 ±1. 47	9. 15 ±1. 60	9. 83 ±1. 62	9. 61 ±1. 40
5 万元以上(n =46)	9. 05 ±2. 35	9. 08 ±2. 02	9. 23 ±2. 07	9. 11 ±2. 15
F 值	17. 091 ***	6. 281 ***	9. 539 ***	6. 718 ***

7. 获得感和美好生活需要的主观社会阶层差异

如表 12 及表 13 所示，不同主观社会阶层的民众在获得感及其各维度和不同层面的美好生活需要得分上均存在显著性差异（*ps* <0. 001）。从获得感的得分来看，在获得内容、获得途径和获得共享维度上，主观社会阶层在 6 等级上的民众得分最低，在获得环境和总体获得感上，阶层为 1 的民众得分最低，其次是阶层为 6 的民众；而民众的获得体验得分基本上随主观社会阶层的上升而呈增加趋势。从美好生活需要的得分来看，那些认为自己目前处于社会最底层的民众在各层面以及总体美好生活需要的得分上均是最低的。

表 12　获得感及各维度的主观社会阶层差异（N =9130）

主观社会阶层	获得内容	获得环境	获得途径	获得体验	获得共享	总体获得感
1 最底层(n =214)	5. 56 ±1. 27	4. 66 ±1. 48	5. 17 ±1. 46	4. 02 ±1. 53	5. 48 ±1. 43	4. 95 ±1. 22
2(n =368)	5. 74 ±0. 95	4. 96 ±1. 17	5. 35 ±1. 01	4. 38 ±1. 33	5. 66 ±1. 03	5. 20 ±0. 90
3(n =936)	5. 83 ±0. 86	5. 13 ±1. 06	5. 42 ±0. 93	4. 51 ±1. 24	5. 74 ±0. 93	5. 31 ±0. 81
4(n =1394)	5. 81 ±0. 84	5. 30 ±0. 98	5. 49 ±0. 89	4. 85 ±1. 10	5. 77 ±0. 87	5. 43 ±0. 79
5(n =2117)	5. 78 ±0. 94	5. 45 ±1. 01	5. 54 ±0. 98	5. 21 ±1. 06	5. 74 ±0. 99	5. 54 ±0. 89
6(n =2507)	5. 16 ±1. 07	4. 90 ±1. 08	5. 04 ±1. 04	4. 87 ±0. 98	5. 14 ±1. 11	5. 02 ±0. 99

续表

主观社会阶层	获得内容	获得环境	获得途径	获得体验	获得共享	总体获得感
7(n=929)	5.79±0.92	5.65±1.00	5.70±0.95	5.56±0.99	5.81±0.99	5.70±0.90
8(n=477)	5.82±0.98	5.77±1.04	5.79±1.03	5.73±1.03	5.86±1.03	5.79±0.97
9(n=110)	5.70±1.18	5.65±1.12	5.74±1.10	5.53±1.23	5.69±1.20	5.66±1.10
10 最顶层(n=78)	5.65±1.47	5.65±1.48	5.67±1.52	5.57±1.55	5.63±1.55	5.63±1.43
F 值	86.212***	81.068***	62.43***	125.725***	73.116***	82.488***

表 13　美好生活需要及各维度的主观社会阶层差异（N=9130）

主观社会阶层	美好生活需要－国家社会	美好生活需要－个人物质	美好生活需要－家庭关系	总体美好生活需要
1 最底层(n=214)	9.10±2.32	8.09±2.71	8.93±2.31	8.77±2.21
2(n=368)	9.36±1.91	8.57±2.10	9.34±1.75	9.13±1.76
3(n=936)	9.67±1.56	8.83±1.91	9.67±1.54	9.44±1.51
4(n=1394)	9.76±1.42	8.95±1.65	9.67±1.48	9.51±1.37
5(n=2117)	9.84±1.30	9.25±1.47	9.85±1.29	9.68±1.24
6(n=2507)	9.45±1.11	9.15±1.05	9.46±1.10	9.37±1.02
7(n=929)	9.95±1.14	9.51±1.22	9.97±1.12	9.83±1.07
8(n=477)	10.08±1.13	9.82±1.15	10.12±1.12	10.02±1.07
9(n=110)	10.11±1.13	10.00±1.12	10.09±1.18	10.08±1.10
10 最顶层(n=78)	10.13±1.60	9.84±1.71	10.15±1.57	10.05±1.57
F 值	29.554***	50.289***	34.653***	38.084***

（三）获得感和美好生活需要的相关分析

如表 14 所示，获得感及其各维度与美好生活需要均具有显著正相关关系（$ps<0.001$）。为了明确获得感各维度和美好生活需要之间的关系，研究做了进一步的回归分析。

表 14　获得感及其各维度与美好生活需要的相关关系

类别	1	2	3	4	5	6	7	8	9
1 获得内容	1								
2 获得环境	0.74***	1							

续表

类别	1	2	3	4	5	6	7	8	9
3 获得途径	0.82***	0.80***	1						
4 获得体验	0.56***	0.79***	0.67***	1					
5 获得共享	0.86***	0.78***	0.83***	0.59***	1				
6 总体获得感	0.89***	0.93***	0.92***	0.83***	0.90***	1			
7 国家社会	0.50***	0.55***	0.51***	0.43***	0.53***	0.56***	1		
8 个人物质	0.31***	0.37***	0.35***	0.38***	0.30***	0.39***	0.74***	1	
9 家庭关系	0.50***	0.48***	0.50***	0.42***	0.50***	0.53***	0.81***	0.74***	1
10 总体美好生活需要	0.48***	0.52***	0.49***	0.45***	0.49***	0.55***	0.95***	0.89***	0.91***

（四）获得感和美好生活需要的回归分析

1. 总体美好生活需要与获得感

为控制性别、年龄、户籍、城市发展水平、受教育程度、个人月收入以及主观社会阶层等变量的影响，分析获得感对美好生活需要的独立作用，以上述变量为自变量，以总体美好生活需要为因变量，进行多重线性回归分析。自变量采用层次进入的方式，考察每层中增加的变量对回归方程解释力度的影响，从而判定增加的变量是否和因变量独立关联。具体而言，第一层进入性别、年龄等人口学变量，其中女性、农村户籍和五线及以下城市为参照组；第二层进入主客观社会阶层；第三层进入获得感各维度。每层变量采用全部进入（ENTER）方式，结果如表 15 所示。

三步回归之后的方程可在一定程度上解释总体美好生活需要的变化。在控制了人口学变量的影响之后，第二步和第三步进入的主客观社会阶层和获得感都显著增加了回归方程的解释力。相比之下，获得感各维度对总体美好生活需要具有更大的解释力。回归方程累计解释了总体美好生活需要 31.4% 的变异。在最终的回归方程中，获得内容、获得环境、获得途径、获得体验和获得共享对总体美好生活需要均具有显著的正向预测作用，即各维度的获得感得分越高，民众对美好生活需要的重要性评价就越高。从回归系数大小看，获得环境和总体美好生活需要的关联更为紧密。

表 15　总体美好生活需要对获得感的回归分析结果

变量	第一层标准化系数β	第二层标准化系数β	第三层标准化系数β
性别(女性=0)	-0.088***	-0.077***	-0.028**
年龄	-0.116***	-0.098***	-0.013
户籍(农村=0)	0.005	-0.040***	0.014
一线城市	-0.064***	-0.059***	0.008
新一线城市	-0.079***	-0.082***	0.038*
二线城市	-0.141***	-0.142***	-0.034*
三线城市	-0.014	-0.019	-0.018
四线城市	-0.042*	-0.040*	-0.037**
受教育程度		0.103***	0.000
个人月收入		-0.062***	-0.042***
主观社会阶层		0.174***	0.113***
获得内容			0.132***
获得环境			0.198***
获得途径			0.084***
获得体验			0.065***
获得共享			0.119***
R^2	0.036	0.070	0.314
$\triangle R^2$	0.036	0.034	0.244
△F	42.130	112.128	648.324

2. 国家社会层面美好生活需要与获得感

采用相同的步骤，以国家社会层面的美好生活需要为因变量进行多重线性回归分析，结果如表 16 所示。三步回归之后的方程可在一定程度上解释国家社会层面美好生活需要的变化。在控制了人口学变量的影响之后，第二步和第三步进入的主客观社会阶层和获得感都显著增加了回归方程的解释力，相比之下，获得感各维度对国家社会层面美好生活需要具有更大的解释力。回归方程累计解释了国家社会层面美好生活需要 34.3% 的变异。在最终的回归方程中，获得内容、获得环境、获得途径和获得共享对国家社会层面的美好生活需要均具有显著的正向预测作用，而获得体验并不能显著预测民众对国家社会层面的美好生活需要。此外，从回归系数大小看，获得环境和国家社会层面美好生活需要的关联更为紧密。

表 16　国家社会层面美好生活需要对获得感的回归分析结果

变量	第一层标准化系数β	第二层标准化系数β	第三层标准化系数β
性别(女性 =0)	-0.088 ***	-0.075 ***	-0.025 **
年龄	-0.145 ***	-0.117 ***	-0.032 ***
户籍(农村 =0)	-0.012	-0.043 ***	0.015
一线城市	-0.073 ***	-0.057 ***	0.011
新一线城市	-0.094 ***	-0.090 ***	0.033 *
二线城市	-0.154 ***	-0.151 ***	-0.041 **
三线城市	-0.011	-0.015	-0.015
四线城市	-0.037 *	-0.035 *	-0.033 *
受教育程度		0.096 ***	-0.015
个人月收入		-0.099 ***	-0.074 ***
主观社会阶层		0.137 ***	0.086 ***
获得内容			0.070 ***
获得环境			0.312 ***
获得途径			0.047 *
获得体验			-0.025
获得共享			0.200 ***
R^2	0.050	0.073	0.343
$\triangle R^2$	0.050	0.023	0.269
△F	59.973	76.167	746.623

3. 个人物质层面美好生活需要与获得感

采用相同的步骤，以个人物质层面的美好生活需要为因变量进行多重线性回归分析，结果如表 17 所示。三步回归之后的方程可在一定程度上解释个人物质层面美好生活需要的变化。在控制了人口学变量的影响之后，第二步和第三步进入的主客观社会阶层和获得感都显著增加了回归方程的解释力，相比之下，获得感各维度对个人物质层面美好生活需要具有更大的解释力。回归方程累计解释了个人物质层面美好生活需要 19.4% 的变异。在最终的回归方程中，获得内容、获得环境、获得途径和获得体验对个人物质层面的美好生活需要均具有显著的正向预测作用，而获得共享显著负向预测民众对个人物质层面的美好生活需要。此外，从回归系数大小看，获得体验和个人物质层面美好生活需要的关联更为紧密。

表 17　个人物质层面美好生活需要对获得感的回归分析结果

变量	第一层标准化系数β	第二层标准化系数β	第三层标准化系数β
性别(女性 =0)	-0.077***	-0.071***	-0.041***
年龄	-0.057***	-0.057***	0.006
户籍(农村 =0)	0.043***	-0.014	0.021*
一线城市	-0.024	-0.029	0.017
新一线城市	-0.014	-0.028	0.055***
二线城市	-0.082***	-0.090***	-0.015
三线城市	-0.003	-0.011	-0.010
四线城市	-0.033*	-0.032	-0.031*
受教育程度		0.088***	0.024*
个人月收入		-0.012	-0.004
主观社会阶层		0.214***	0.139***
获得内容			0.130***
获得环境			0.104***
获得途径			0.099***
获得体验			0.166***
获得共享			-0.062**
R^2	0.015	0.066	0.194
$\triangle R^2$	0.015	0.051	0.128
△F	17.117	165.766	290.532

4. 家庭关系层面美好生活需要与获得感

采用相同的步骤，以家庭关系层面的美好生活需要为因变量进行多重线性回归分析，结果如表 18 所示。三步回归之后的方程可在一定程度上解释家庭关系层面美好生活需要的变化。在控制了人口学变量的影响之后，第二步和第三步进入的主客观社会阶层和获得感都显著增加了回归方程的解释力，相比之下，获得感各维度对家庭关系层面美好生活需要具有更大的解释力。回归方程累计解释了家庭关系层面美好生活需要 29.8% 的变异。在最终的回归方程中，获得内容、获得环境、获得途径、获得体验以及获得共享对家庭关系层面的美好生活需要均具有显著的正向预测作用。此外，从回归系数大小看，获得内容和家庭关系层面美好生活需要的关联更为紧密，其次是获得共享。

表 18　家庭关系层面美好生活需要对获得感的回归分析结果

变量	第一层标准化系数β	第二层标准化系数β	第三层标准化系数β
性别(女性=0)	-0.074***	-0.063***	-0.011
年龄	-0.102***	-0.084***	0.000
户籍(农村=0)	-0.012	-0.053***	-0.001
一线城市	-0.077***	-0.077***	-0.008
新一线城市	-0.105***	-0.108***	0.014
二线城市	-0.146***	-0.147***	-0.036*
三线城市	-0.027	-0.031	-0.027
四线城市	-0.047**	-0.046**	-0.041**
受教育程度		0.103***	-0.002
个人月收入		-0.042***	-0.022*
主观社会阶层		0.136***	0.094***
获得内容			0.196***
获得环境			0.062***
获得途径			0.103***
获得体验			0.079***
获得共享			0.157***
R^2	0.032	0.057	0.298
$\triangle R^2$	0.032	0.025	0.241
△F	37.540	80.446	627.056

四　分析讨论

本研究基于2019年中国社会科学院——智媒云图数据中心美好生活状况调查（Better Life Survey 2019）的大样本抽样调查数据，描述和探讨了民众获得感及各维度和美好生活需要的现状及关系，研究结果如下。

1. 民众的总体获得感及美好生活需要得分较高，并在各维度上存在显著的人口学差异

总体来看，民众的获得感较高，总的美好生活需要得分也较高。但是相比较而言，具体的获得体验和获得环境却低于总体获得感；个人物质层面的需求评价也低于总体美好生活需求评价。民众的美好生活需要评价和获得感

会因性别、年龄、城乡、城市发展水平、学历、收入和主观社会阶层等基础变量的不同而存在显著差异。

民众个体的获得体验得分较低，尤其是对于“80 后”的男性来说，有些学历较低，收入不理想，处于社会底层，并且由于新一线、二线城市的快节奏生活压力，无形中给他们的身心造成困扰，导致生活和工作中负面情绪的存在。而且民众个体的个人物质层面的需要也较低，美好生活需要更是在新时代呈现升级态势（马语晨，2018），民众在物质文化生活满足的基础上产生了其他方面的更高追求。农村地区发展相对落后，生活水平较低，更高的物质要求相对得不到保障。类似的，处于社会底层的低学历群众，他们收入相对较低，得不到较好的物质保障，更不会提高国家社会层面的美好生活需要。因此在提高民众获得感和美好生活需要时，既要补齐短板（获得体验和个人物质层面）又要保持或持续提高美好生活的其他方面。同时要注意获得感维度和美好生活需要的结合，“美好生活”是人民在价值感知和情感体验上对“当下”物质生活水平及生存境况自觉形成的“美好”评价（张卫伟、王建新，2018），应从各个方面入手全面把握民众日益增长的美好生活需要。

2. 获得感及其各维度对总体及各层面的美好生活需要都具有显著的影响作用

就总体美好生活需要来说，首先，获得内容、获得环境、获得途径、获得体验和获得共享对其均具有显著的正向预测作用，即各维度的获得感得分越高，民众对美好生活需要的重要性评价就越高。获得感五维度对美好生活需要具有一定的解释力。对“美好生活”的向往就是对物质和精神、国家和社会环境、个体品质、情绪体验及与人共建共享等方面的获得。党的十九大报告也指出“使人民获得感、幸福感、安全感更加充实、更有保障、更可持续”，这是人民群众向往美好生活的整体揭示，同时获得感是基础，幸福感和安全感是表现形式（石晶，2017）。其次，主观社会阶层的提高也有助于提高美好生活需要。最后，收入是美好生活的基础保障，但不能满足对更高层次的需要。因此要确保社会阶层的流动畅通及收入分配公平，解决社会底层群体的收入及温饱问题，使社会更加公平发展，使他们有努力向上的积极参与的希望，这样才能实现“人人共享、普遍受益”的全面建成小康社会的新目标，“一个不少，一个不落”（孙芳，2017）。

从具体层面来看，获得内容、获得环境、获得途径三维度对各层面的美好生活需要都具有显著的正向预测作用，但是获得共享和获得体验的影响却有所不同。获得共享对国家社会和家庭关系层面的美好生活需要具有显著的正向预测作用，对个人物质层面的美好生活需要具有负向作用；获得体验对家庭关系和个人物质层面的美好生活需要具有显著的正向影响，但并不能显著预测民众对国家社会层面的美好生活需要。人们在追求个人利益的同时，也会为集体利益做出贡献，注重利他、互惠等正向社会价值，促进社会公平的实现（刘长江、郝芳，2015）。与陌生人或家庭成员共享的同时，会感受到国家社会及家庭层面“共享”生活的美好，但也会牺牲自己物质或其他方面的利益。个体需求得到满足时会在工作或生活中产生积极的情绪体验，从而更有利于自己在物质层面的满足，同时促进自己与家庭成员的关系进一步升华。但是个体的微观情绪体验对宏观的美好生活需要的提高并没有显著影响。文中获得体验没有区分积极情绪和消极情绪体验，这值得进一步探究。

参考文献

豆雪姣、董洪杰、谭旭运：《客观社会地位对民众获得感的影响》，载王俊秀主编《中国社会心态研究报告（2018）》，社会科学文献出版社，2018。

张卫伟、王建新：《美好生活的多重价值内涵及其现实构建》，《思想理论教育》2018 年第 4 期。

刘长江、郝芳：《不对称社会困境中的决策：行为的双重模式》，《心理科学进展》2015 年第 1 期。

石晶：《新的美好生活，新的感受期盼——当前公众获得感幸福感安全感状况及影响因素调查报告》，《国家治理》2017 年第 44 期。

马语晨：《正确认识人民对美好生活需要的具体内涵》，《湖北日报》2018 年 6 月 24 日。

孙芳：《深刻把握“美好生活需要”的本质内涵》，求是网，http：//www.qstheory.cn/wp/2017－11/03/c1121903769.htm，2017 年 11 月 3 日。

B.3
不同分级城市压力感对主观幸福感的影响*

陈满琪**

摘　要： 本研究表明，一线城市、新一线和二线城市的男性承受着较大的压力，一线城市女性的压力感较大；个人月收入 7000 元以下的个体在一线城市将承受着较大的压力；自己或家庭收入是影响所有城市主观幸福感最重要的压力因素，自己或家人就业是影响主观幸福感的另一个重要的压力因素。不同分级城市压力感对主观幸福感的影响有共性也有特性，这些压力感是在城镇化过程中需特别注意的。

关键词： 分级城市　压力感　主观幸福感

一　引言

"健康中国 2030"指出，要加大全民心理健康科普宣传力度，提升心理健康素养，并且要加强对抑郁症、焦虑症等常见精神障碍和心理行为问题的干预。在研究抑郁症与焦虑症等精神障碍之前，有必要了解个体在日常生

* 本报告受国家社会科学基金重大项目"社会心理建设：社会治理的心理学路径"（项目批准号16ZDA231）资助。数据来源：中国社会科学院创新工程重大社会调查项目"社会心态调查"。

** 陈满琪，博士，中国社会科学院社会学研究所副研究员，硕士生导师，中国社会科学院社会学研究所社会心理学研究中心副主任，中国社会科学院社会心理与行为实验室副研究员，研究方向为社会心理学。

活过程中所面临和承受的压力。压力是广泛存在于民众日常行为之中影响心理健康的主要因素之一。适当的压力对个体有促进作用，而过度的压力如应对不当则将危害心理健康，严重的甚至可能导致心理疾病。随着社会改革的推进，社会保障制度改革快速地完成了国家职能在个体生产和生活中从“全包”到“不包”的急剧转变（冯莉，2014），在中国当代环境下，大部分脆弱家庭面临的压力都和时代背景有关，是社会政策变化或结构性调整的一部分（刘汶蓉、徐安琪，2008）。在社会发展过程中，城市作为经济与文化发展的一个巨大孵化器，城市生活的压力更可能会增加罹患精神分裂症或其他精神健康疾病的风险，城市生活、压力和心理健康之间确实存在着一定的联系（秦雪，2013）。以求职、上学、就医、购房等为主的经济压力成为目前我国城市脆弱家庭中普遍、持续的焦虑源，影响着家庭总体压力的性质和程度（刘汶蓉、徐安琪，2008）。不同类型的城市有着不同的发展进程，使得身处其中的个体体验着与城市类型相对应的各种压力，不同类型城市的个体正在体验的压力有哪些？这些压力受哪些人口学特征的影响？

主观幸福感是个体按自身的标准对其生活质量的整体性评估，是衡量个体生活质量的重要综合性指标。压力对主观幸福感的影响已有较多的研究积累，研究较为一致地发现不同类型的压力对不同人群的主观幸福感具有负向影响（陈霖霖，2014；郭美红，2018；袁殷红，2018；张兴贵、郭杨，2011；姜晓文等，2018；李大凤等，2018），如张兴贵、郭杨（2011）的研究发现，工作压力、学历和工作类别直接影响主观幸福感，性别、年龄和学历还通过工作压力间接影响主观幸福感。姜晓文等（2018）研究发现，在控制人口学变量后，压力对主观幸福感有显著的负向预测作用。身处不同分级城市的个体，压力感会对其主观幸福感产生何种影响？哪些压力感对主观幸福感的影响更大？

本文聚集于人口学变量、不同分级城市如何交互影响个体的压力感，并且这种压力感又如何影响个体的主观幸福感。应小萍（2016）对于不同城市分级的压力感做了概览，本研究侧重于城市分级与其他因素如何交互影响个体的压力感，以及不同分级城市个体的压力感对其主观幸福感的影响是否有差异，哪些压力感会显著地影响个体的主观幸福感，哪些压力感并不会显著降低个体的主观幸福感?

二 研究方法

（一）调查对象

本报告使用的数据库是中国社会科学院—智媒云图联合发布的2017年社会心态调查（CASS-IntellVision Social Mentality Survey 2017）。该调查问卷由中国社会科学院社会学研究所社会心理学研究中心编制，于2016年8月到2017年4月，通过数相科技研发的问卷调研App“问卷宝”，向在线样本库的全国用户（共约110万人，覆盖全国346个地级城市）推送问卷，再通过用户分享问卷的方式进行滚雪球式发放。目前，问卷宝在问卷质量控制方面能够实现定制化调查和精准的问卷推送，依照调查目的向特定的用户群推送问卷，参与调查者需要经过系统认证，系统能够检测用户在问卷填写过程的特征，对乱填乱写的用户进行剔除并列入黑名单，从而确保数据的可靠性。问卷收回后，课题组进一步依据陷阱题、答题完成情况、逻辑检验等对问卷进行筛选。CASS-IntellVision SMS 2017数据库覆盖全国31个省、区、市（不含港澳台），调查最初共收回全部作答问卷24364份，经筛选最终得到有效成人问卷22669份，问卷有效率为93.04%。

SMS 2017数据库中，男性样本11840人，占52.2%，女性样本10829人，占47.8%，性别比例与第六次全国人口普查数据（男性人口占51.27%，女性人口占48.73%）相比，男性比例略高，但没有显著差别。年龄范围是18~70岁，平均年龄27.38±8.28岁。受互联网用户年龄分布特点影响，样本库中青年人（18~45岁）比例相对更大，受教育程度也比全国人口普查情况更高。本研究将调查对象所处的城市纳入分析之中，参照以往研究（应小萍，2016），并根据第一财经、新一线城市研究所2018年发布的《中国城市商业魅力排行榜》将全国338个地级以上城市依据商业资源集聚度、城市枢纽性、城市人活跃度、生活方式多样性和未来可塑性五大指标划分为一线城市、新一线城市、二线城市、三线城市、四线城市和五线及以下城市。具体样本情况见表1。

表1　样本基本情况（N = 22669）

单位：人，%

属性	类别	人数	百分比
性别	男	11840	52.2
	女	10829	47.8
受教育程度	小学及以下	366	1.6
	初中	1915	8.4
	高中（技校、职高、中专）	6573	29.0
	大专（含在读）	5550	24.5
	本科（含在读）	7248	32.0
	研究生（含在读）及以上	1017	4.5
职业	国家机关、党群组织、企业、事业单位负责人	851	3.8
	专业技术人员	4752	21.0
	办事人员和有关人员	1631	7.2
	商业、服务业人员	3334	14.7
	农、林、牧、渔、水利业生产人员	976	4.3
	生产、运输设备操作人员及有关人员	1889	8.3
	军人	87	0.4
	其他	9149	40.4
个人月收入	1000元及以下	5189	22.9
	1001～3000元	5537	24.4
	3001～5000元	6010	26.5
	5001～7000元	2769	12.2
	7001～1万元	1660	7.3
	1万～1.5万元	518	2.3
	1.5万～3万元	363	1.6
	3万～5万元	255	1.1
	5万～10万元	196	0.9
	10万元以上	172	0.8

续表

属性	类别	人数	百分比
城市类别	一线城市	3031	13.4
	新一线城市	4005	17.7
	二线城市	3900	17.2
	三线城市	4499	19.8
	四线城市	4562	20.1
	五线及以下城市	2672	11.8

（二）测量工具

1. 压力感

本调查中生活压力感涉及的是个人生活中面临的问题，询问被调查者来自住房、交通、医疗、物价、自己或家庭收入、工作或学业、自己或家人健康、自己或家人就业、赡养老人、子女教育、家庭成员关系、邻里/同学/同事关系、婚姻/恋爱等方面的压力，采用李克特式7级量表，从非常不严重到非常严重进行评价。分数越高，表明个体面对这些方面的问题时体验到的压力感越高。在本研究中，该量表内部一致性信度为0.90，具有良好的信度。

2. 主观幸福感

主观幸福感的测量采用了 Diener 等人（1985）编制的生活满意度量表（Satisfaction With Life Scale，SWLS），该量表采用5道题目来测量个体对其生活满意度的整体评价。测量采用李克特式7点计分，要求被试根据自己的感受评价（1＝非常不同意，7＝非常同意）。样题包括："我的生活大致符合我的理想"和"我满意自己的生活"。在本研究中，该量表内部一致性信度为0.86，具有良好的信度。

（三）数据处理

使用 SPSS 21.0 统计分析软件对数据进行分析。主要运用的统计方法有描述性统计、方差分析和回归分析。

三　研究结果

（一）城市分级与人口学变量对压力感的交互影响分析

因不同城市分级背景下人口学变量对压力感的影响在应小萍（2016）的研究中已有阐述，本文侧重于分析城市分级与人口学变量存在显著交互效应的压力感，因此这一部分仅列出城市分级与人口学变量存在显著交互效应的压力感均值和交互效应图。

1. 城市分级与性别对压力感的影响

将城市分级和性别纳入对压力感的影响因子中进行多因素方差分析，结果表明性别和城市分级对住房、交通、医疗、自己或家庭收入、赡养老人、子女教育、自己或家人就业的压力感具有显著的交互效应。不同城市分级条件下不同性别的压力感见表2、表3和图1。

表2　不同城市分级、不同性别的压力感得分

城市分级	性别	住房	交通	医疗	自己或家庭收入	赡养老人	子女教育	自己或家人就业
1	男性	4.23	4.16	4.02	4.25	4.07	4.10	3.89
	女性	4.10	4.19	4.05	4.19	4.04	4.11	3.78
2	男性	4.03	4.10	3.97	4.14	3.95	3.95	3.84
	女性	3.81	3.99	3.87	4.10	3.80	3.84	3.80
3	男性	4.04	4.11	3.98	4.18	3.95	3.97	3.89
	女性	3.76	3.87	3.84	4.07	3.83	3.88	3.90
4	男性	3.96	3.99	4.02	4.17	3.90	4.01	3.87
	女性	3.65	3.73	3.87	4.03	3.73	3.90	3.87
5	男性	3.88	3.91	3.91	4.10	3.88	3.94	3.86
	女性	3.75	3.80	3.91	4.15	3.88	4.03	3.99
6	男性	3.93	3.96	4.02	4.20	3.95	3.98	4.00
	女性	3.78	3.85	3.99	4.15	3.88	4.00	4.00

表 3　城市分级和性别对压力感的交互性影响

影响因子	F值					
	住房	交通	医疗	自己或家庭收入	赡养老人	子女教育
城市分级	28.370***	28.751***	4.856***	3.647*	10.279***	7.473***
性别	106.259***	50.741***	11.650**	10.122**	19.095***	2.126
性别 * 城市分级	3.059**	5.271***	2.691*	2.575*	2.318*	2.993*
影响因子	自己或家人健康	家庭成员关系	邻里/同学/同事关系	婚姻/恋爱	工作或学业	自己或家人就业
城市分级	1.110	4.830***	6.997***	5.614***	2.400*	5.187***
性别	0.190	11.350**	29.787***	35.658***	5.151*	0.000
性别 * 城市分级	1.314	1.050	2.048	0.949	1.906	2.393*

进一步的简单效应分析发现，就男性来说，一线城市男性的住房压力感显著高于其他城市群，四线城市的男性住房压力感显著低于一线、新一线和二线城市；一线、新一线和二线城市男性的交通压力感显著高于四线及以下城市，三线城市的男性交通压力感只显著小于一线城市，与其他城市群无显著差异；一线城市的男性在自己或家庭收入的压力感上显著高于四线城市；一线城市男性赡养老人的压力感显著高于三、四线城市；一线城市男性在子女教育的压力感上显著高于新一线、四线城市；新一线城市男性在自己或家人就业的压力感上显著低于五线及以下城市。

而就女性来说，一线城市女性的住房压力感显著高于其他城市群，三线城市的女性住房压力感显著低于一线和新一线城市；一线城市女性的交通压力感显著高于其他分级城市，三线城市女性的交通压力感显著低于一线、新一线和二线城市；一线城市女性的医疗压力感显著高于新一线、二线和三线城市；一线城市女性在自己或家庭收入的压力感显著高于三线城市；一线城市女性赡养老人的压力感显著高于四线以上一线以下城市，四线城市女性则显著高于三线城市；一线城市女性在子女教育的压力感上显著高于新一线、二线和三线城市，四线城市的女性又显著高于新一线和二线城市；一线城市女性在自己或家人就业的压力感上显著低于四线和五线及以下城市。

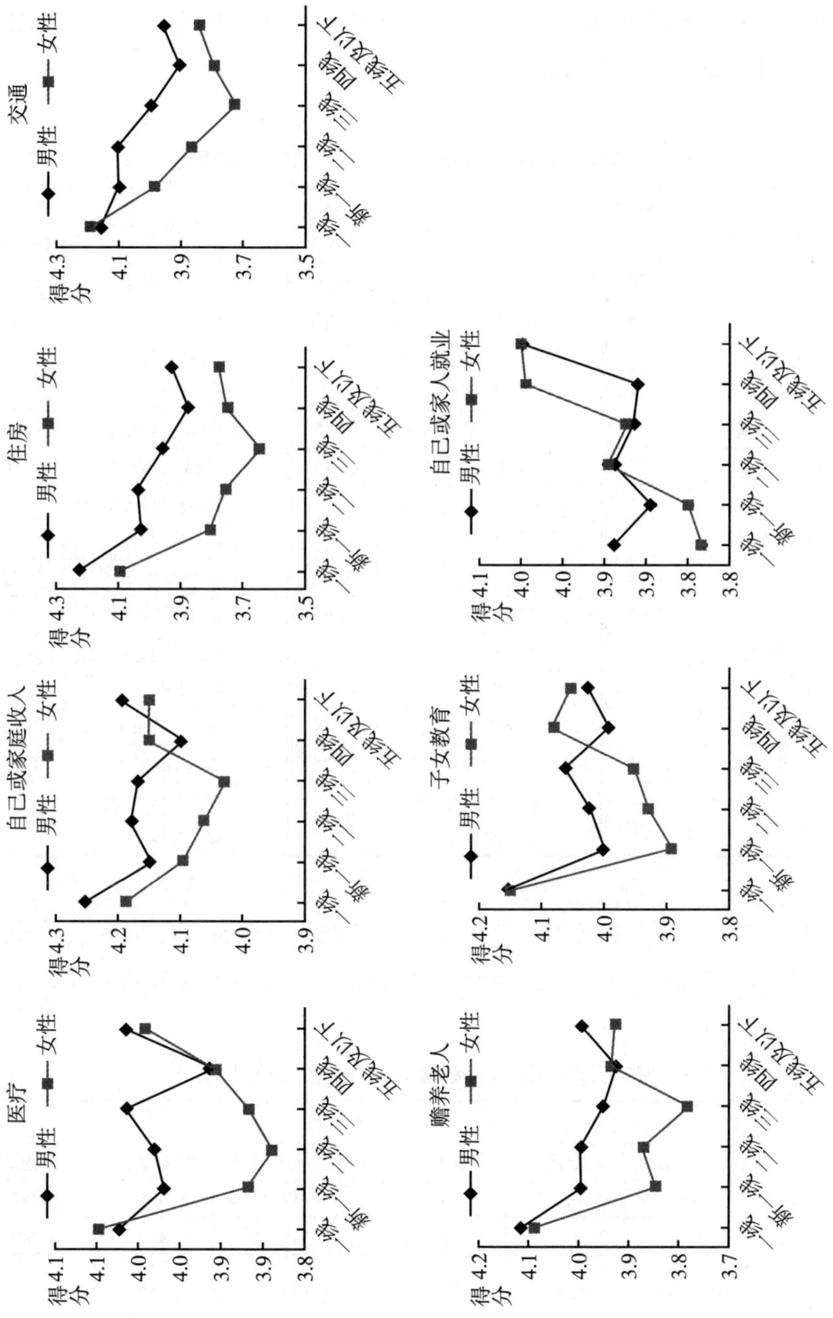

图1　城市分级和性别对压力感各项的交互影响

2. 城市分级与受教育程度对压力感的影响

将城市分级和受教育程度纳入对压力感的影响因子中进行多因素方差分析，统计结果见表4、表5和图2。

表4　不同城市分级、不同受教育程度的压力感得分

城市分级	受教育程度	家庭成员关系	城市分级	受教育程度	家庭成员关系	城市分级	受教育程度	家庭成员关系
1	小学及以下	3.50	3	小学及以下	3.96	5	小学及以下	3.55
	初中	3.73		初中	3.61		初中	3.62
	高中（技校、职高、中专）	3.66		高中（技校、职高、中专）	3.58		高中（技校、职高、中专）	3.47
	大专（含在读）	3.45		大专（含在读）	3.35		大专（含在读）	3.33
	本科（含在读）	3.29		本科（含在读）	3.19		本科（含在读）	3.16
	研究生（含在读）及以上	2.95		研究生（含在读）及以上	3.25		研究生（含在读）及以上	3.56
2	小学及以下	3.75	4	小学及以下	3.72	6	小学及以下	3.72
	初中	3.65		初中	3.63		初中	3.46
	高中（技校、职高、中专）	3.39		高中（技校、职高、中专）	3.41		高中（技校、职高、中专）	3.61
	大专（含在读）	3.32		大专（含在读）	3.34		大专（含在读）	3.42
	本科（含在读）	3.05		本科（含在读）	3.26		本科（含在读）	3.12
	研究生（含在读）及以上	3.24		研究生（含在读）及以上	3.25		研究生（含在读）及以上	3.37

多因素方差分析结果表明，受教育程度和城市分级仅在家庭成员关系的压力感上具有显著的交互效应，而对其他各项压力感均无显著的交互效应。

表5　城市分级和受教育程度对压力感的交互性影响

影响因子	F值					
	住房	交通	医疗	自己或家庭收入	赡养老人	子女教育
城市分级	11.311^{***}	9.681^{***}	2.432^{*}	3.747^{**}	2.925^{*}	2.057
受教育程度	1.006	2.306^{*}	2.736^{*}	21.385^{***}	7.872^{***}	23.729^{***}
受教育程度 * 城市分级	0.734	1.334	0.709	0.835	1.186	1.145

续表

影响因子	F 值						
	自己或家人健康	家庭成员关系	邻里/同学/同事关系	婚姻/恋爱	工作或学业	自己或家人就业	物价
城市分级	0.545	0.399	0.884	0.578	2.783 *	0.904	9.825 ***
受教育程度	14.698 ***	40.378 ***	35.316 ***	23.292 ***	30.583 ***	26.878 ***	6.167 *
受教育程度 * 城市分级	0.911	1.743 *	1.381	1.477	1.071	1.013	1.790

进一步的简单效应分析发现，对于受教育程度为高中学历的个体而言，一线城市的个体在家庭成员关系的压力感上显著高于新一线城市和三线城市，新一线城市的个体在家庭成员关系的压力感上显著低于五线及以下城市；对于受教育程度为本科学历的个体而言，新一线城市的个体在家庭成员关系的压力感上显著低于一线和三线城市；对于受教育程度为研究生学历的个体而言，一线城市的个体在家庭成员关系的压力感上显著低于四线城市。

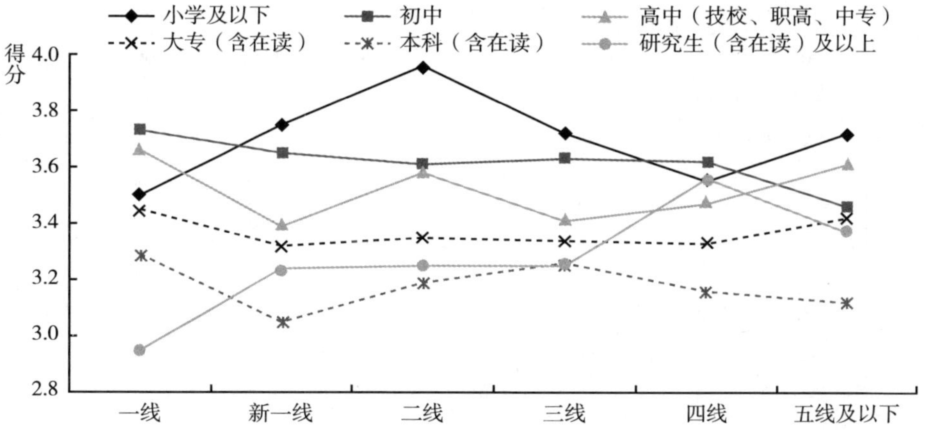

图 2　城市分级和受教育程度对家庭成员关系压力感的交互影响

3. 城市分级与个人月收入对压力感的影响

将城市分级和个人月收入纳入对压力感的影响因子中进行多因素方差分析，统计结果见表 6、表 7 和图 3。

表6　不同城市分级、不同个人月收入的压力感得分

城市分级	个人月收入	住房	交通	赡养老人	邻里/同学/同事关系	工作或学业	自己或家人就业
1	3000元及以下	4.19	4.24	4.11	3.43	4.03	4.14
	3001~7000元	4.24	4.19	4.09	3.44	3.81	3.81
	7001~1.5万元	4.05	4.07	4.02	3.34	3.66	3.66
	1.5万元以上	4.00	4.15	3.72	3.40	3.60	3.49
2	3000元及以下	4.03	4.11	3.98	3.25	3.87	4.03
	3001~7000元	3.89	3.99	3.85	3.21	3.63	3.74
	7001~1.5万元	3.76	4.07	3.65	3.20	3.30	3.39
	1.5万元以上	3.88	4.01	3.85	3.28	3.66	3.66
3	3000元及以下	4.00	4.09	3.98	3.38	3.93	4.13
	3001~7000元	3.88	3.90	3.87	3.21	3.65	3.75
	7001~1.5万元	3.69	4.14	3.65	3.37	3.58	3.56
	1.5万元以上	3.84	3.82	3.77	3.23	3.48	3.52
4	3000元及以下	3.87	3.89	3.89	3.27	3.88	4.05
	3001~7000元	3.76	3.84	3.74	3.30	3.60	3.66
	7001~1.5万元	3.71	3.95	3.85	3.37	3.66	3.74
	1.5万元以上	3.94	3.92	3.77	3.45	3.69	3.56
5	3000元及以下	3.87	3.87	3.97	3.34	3.87	4.09
	3001~7000元	3.73	3.80	3.75	3.28	3.56	3.67
	7001~1.5万元	3.95	4.06	3.88	3.39	3.42	3.71
	1.5万元以上	3.81	3.90	3.70	3.40	3.67	3.75
6	3000元及以下	3.93	3.95	4.02	3.42	3.88	4.18
	3001~7000元	3.81	3.89	3.85	3.34	3.70	3.78
	7001~1.5万元	3.87	3.95	3.63	3.33	3.60	3.72
	1.5万元以上	3.33	3.30	3.42	2.93	3.12	3.34

多因素方差分析结果表明，个人月收入和城市分级在住房、交通、赡养老人、邻里/同学/同事关系、工作或学业以及自己或家人就业的压力感上具有显著的交互效应，而在医疗、自己或家庭收入、子女教育、自己或家人健康、家庭成员关系、婚姻/恋爱、物价的压力感上无显著的交互效应。

表 7　城市分级和个人月收入对压力感的交互性影响

影响因子	F 值					
	住房	交通	医疗	自己或家庭收入	赡养老人	子女教育
城市分级	12.529***	12.716***	1.283	4.700***	4.723***	4.116**
个人月收入	11.854***	9.832***	1.457	125.392***	23.481***	11.751***
个人月收入 * 城市分级	2.543***	2.612**	1.165	1.083	2.177**	1.523

影响因子	自己或家人健康	家庭成员关系	邻里/同学/同事关系	婚姻/恋爱	工作或学业	自己或家人就业	物价
城市分级	2.955*	2.608*	2.869*	4.309**	3.009**	.758	9.548***
个人月收入	30.390***	6.769***	1.960	25.341***	56.917***	111.604***	41.453***
个人月收入 * 城市分级	1.180	1.195	1.683*	1.513	1.714*	1.678*	1.414

进一步的简单效应分析发现，对于个人月收入为 3000 元及以下的个体来说，一线城市个体的住房压力感显著高于二线、三线、四线、五线及以下城市；一线城市、新一线城市个体的交通压力感显著高于三线、四线、五线及以下城市；一线城市个体的赡养老人压力感显著高于三线城市；新一线城市个体的邻里/同学/同事关系压力感显著低于五线及以下城市。

对于个人月收入为 3001～7000 元的个体来说，一线城市个体的住房压力感显著高于新一线、二线、三线、四线、五线及以下城市；一线城市个体的交通压力感显著高于新一线、二线、三线、四线、五线及以下城市，新一线城市个体的交通压力感显著高于三线和四线城市；一线城市个体的赡养老人压力感显著高于新一线、二线、三线、四线、五线及以下城市；一线城市个体的邻里/同学/同事关系压力感显著高于新一线、二线和四线城市；一线城市个体的工作或学业压力感显著高于新一线、三线和四线城市。

对于个人月收入为 7001～1.5 万元的个体来说，一线城市个体的住房压力感显著高于新一线、二线、三线城市；一线城市个体的赡养老人压力感显著高于新一线、二线和五线及以下城市；新一线城市个体的工作或学业压力感显著低于一线和三线城市；新一线城市个体的自己或家人就业压力感显著低于三线城市。

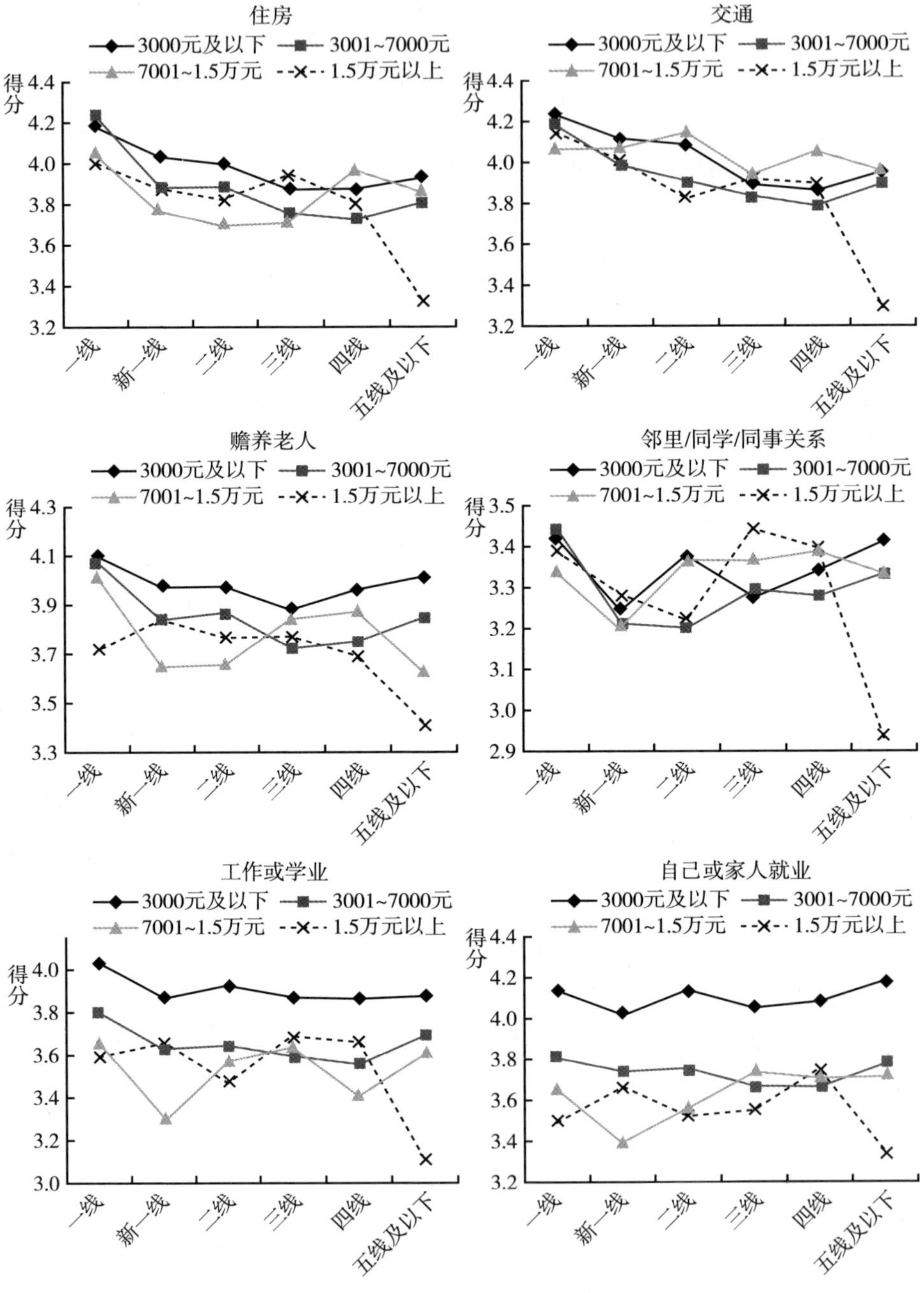

图3　城市分级和个人月收入对各项压力感的交互影响

对于个人月收入为1.5万元以上的个体来说，五线及以下城市个体的住房压力感显著低于一线、新一线和三线城市；五线及以下城市个体的交通压力感显著低于一线、新一线、三线和四线城市。

（二）不同城市分级压力感对主观幸福感的影响分析

如上所述，不同城市分级面临的压力不尽相同。对于不同分级城市，不同压力感对个体主观幸福感的影响大小如何？采用回归分析的方法探讨人口学变量（性别、受教育程度、个人月收入）、各项压力感对不同城市分级个体主观幸福感的影响。

从表8的结果可以看到，在控制了基本人口学变量之后，处于一线城市的个体的交通和邻里/同学/同事关系压力感对主观幸福感有显著正向影响，而自己或家庭收入、婚姻/恋爱、工作或学业、自己或家人就业的压力感对主观幸福感有显著负向影响。加入压力感之后的模型2对主观幸福感的影响效应显著高于模型1，模型2可以解释主观幸福感变量总变异的9.2%。标准化后回归系数Beta的比较表明一线城市中，自己或家庭收入的压力感对主观幸福感的影响最大，其次是交通，再次是邻里/同学/同事关系、婚姻/恋爱、自己或家人就业，最后是工作或学业。

表8　一线城市压力感对主观幸福感的影响

模型	类别	未标准化系数B	标准误	标准化系数Beta	t	$\triangle R^2$	△F
1	(Constant)	7.096	5.613		1.264	0.015	11.488***
	个人月收入	0.084	0.027	0.062	3.143**		
	性别	0.125	0.041	0.055	3.055**		
	出生年份	-0.002	0.003	-0.012	-.623		
	受教育程度	0.074	0.019	0.073	3.868***		
2	(Constant)	4.476	5.449		0.821	0.077	19.778***
	个人月收入	0.037	0.026	0.028	1.442		
	性别	0.095	0.040	0.042	2.399*		

续表

模型	类别	未标准化系数 B	标准误	标准化系数 Beta	t	△R^2	△F
2	出生年份	0.00	0.003	0.000	0.022	0.077	19.778***
	受教育程度	0.064	0.019	0.064	3.468**		
	住房	-0.013	0.016	-0.017	-0.791		
	交通	0.084	0.017	0.107	4.979***		
	医疗	-0.005	0.018	-0.006	-0.280		
	自己或家庭收入	-0.135	0.020	-0.160	-6.909***		
	赡养老人	-0.032	0.019	-0.040	-1.704		
	子女教育	0.005	0.018	0.007	0.279		
	自己或家人健康	0.005	0.017	0.007	0.303		
	家庭成员关系	0.012	0.018	0.017	0.660		
	邻里/同学/同事关系	0.067	0.020	0.087	3.315**		
	婚姻/恋爱	-0.057	0.016	-0.085	-3.501***		
	工作或学业	-0.043	0.020	-0.060	-2.204*		
	自己或家人就业	-0.060	0.019	-0.083	-3.151**		
	物价	-0.027	0.016	-0.034	-1.687		

从表9的结果可以看到，在控制了基本人口学变量之后，处于新一线城市的个体的邻里/同学/同事关系压力感对主观幸福感有显著正向影响，而自己或家庭收入、婚姻/恋爱、工作或学业、自己或家人就业、物价的压力感对主观幸福感有显著负向影响。加入压力感之后的模型2对主观幸福感的影响效应显著高于模型1，模型2可以解释主观幸福感变量总变异的11.1%。标准化后回归系数Beta的比较表明新一线城市中，自己或家庭收入的压力感对主观幸福感的影响最大，其次是邻里/同学/同事关系，再次是婚姻/恋爱、自己或家人就业、物价，最后是工作或学业。

表 9　新一线城市压力感对主观幸福感的影响

模型	类别	未标准化系数 B	标准误	标准化系数 Beta	t	$\triangle R^2$	△F
1	(Constant)	0.712	4.458		0.160	0.022	22.274***
	个人月收入	0.158	0.023	0.113	6.713***		
	性别	0.117	0.036	0.051	3.240**		
	出生年份	0.001	0.002	0.011	0.638		
	受教育程度	0.072	0.017	0.069	4.337***		
2	(Constant)	-1.502	4.304		-0.349	0.089	30.808***
	个人月收入	0.099	0.023	0.071	4.333***		
	性别	0.106	0.035	0.047	3.074**		
	出生年份	0.003	0.002	0.023	1.474		
	受教育程度	0.054	0.016	0.052	3.368**		
	住房	-0.002	0.014	-0.002	-0.130		
	交通	0.015	0.015	0.018	0.959		
	医疗	0.007	0.016	0.009	0.438		
	自己或家庭收入	-0.137	0.017	-0.162	-7.828***		
	赡养老人	0.001	0.017	0.002	0.076		
	子女教育	0.007	0.015	0.010	0.481		
	自己或家人健康	-0.020	0.015	-0.027	-1.364		
	家庭成员关系	-0.004	0.017	-0.006	-0.258		
	邻里/同学/同事关系	0.089	0.018	0.116	4.941***		
	婚姻/恋爱	-0.071	0.015	-0.105	-4.748***		
	工作或学业	-0.036	0.017	-0.050	-2.140*		
	自己或家人就业	-0.054	0.017	-0.075	-3.199**		
	物价	-0.058	0.014	-0.075	-4.208***		

从表 10 的结果可以看到，在控制了基本人口学变量之后，处于二线城市的个体的交通、家庭成员关系、邻里/同学/同事关系压力感对主观幸福感有显著正向影响，而自己或家庭收入、婚姻/恋爱、工作或学业、自己或家人就业、物价的压力感对主观幸福感有显著负向影响。加入压力感之后的模型 2 对主观幸福感的影响效应显著高于模型 1，模型 2 可以解释主观幸福感变量总变异的 12%。标准化后回归系数 Beta 的比较表明二线城市中，自己或家庭收入的压力感对主观幸福感的影响最大，其次是工作或学业，再次是

物价、婚姻/恋爱、家庭成员关系、邻里/同学/同事关系、自己或家人就业，最后是交通。

表 10　二线城市压力感对主观幸福感的影响

模型	类别	未标准化系数 B	标准误	标准化系数 Beta	t	$\triangle R^2$	△F
1	(Constant)	-4.819	4.837		-0.996	0.025	25.044***
	个人月收入	0.191	0.025	0.130	7.600***		
	性别	0.161	0.038	0.068	4.260***		
	出生年份	0.004	0.002	0.029	1.722		
	受教育程度	0.064	0.017	0.061	3.778***		
2	(Constant)	-2.509	4.655		-0.539	0.095	32.176***
	个人月收入	0.127	0.024	0.087	5.267***		
	性别	0.135	0.036	0.057	3.713***		
	出生年份	0.004	0.002	0.026	1.588		
	受教育程度	0.044	0.016	0.042	2.716**		
	住房	-0.005	0.015	-0.006	-0.339		
	交通	0.036	0.016	0.043	2.239*		
	医疗	-0.030	0.017	-0.036	-1.788		
	自己或家庭收入	-0.154	0.018	-0.179	-8.546***		
	赡养老人	0.001	0.017	0.001	0.065		
	子女教育	0.013	0.016	0.017	0.842		
	自己或家人健康	-0.010	0.015	-0.014	-0.652		
	家庭成员关系	0.042	0.017	0.060	2.397*		
	邻里/同学/同事关系	0.044	0.019	0.056	2.313*		
	婚姻/恋爱	-0.044	0.015	-0.066	-2.889**		
	工作或学业	-0.074	0.018	-0.100	-4.049***		
	自己或家人就业	-0.038	0.018	-0.051	-2.127*		
	物价	-0.059	0.015	-0.074	-4.102***		

从表 11 的结果可以看到，在控制了基本人口学变量之后，处于三线城市的个体的交通、邻里/同学/同事关系压力感对主观幸福感有显著正向影响，而自己或家庭收入、自己或家人就业、物价的压力感对主观幸福感有显著负向影响。加入压力感之后的模型 2 对主观幸福感的影响效应显著高于模

型 1，模型 2 可以解释主观幸福感变量总变异的 9.6%。标准化后回归系数 Beta 的比较表明三线城市中，自己或家庭收入的压力感对主观幸福感的影响最大，其次是自己或家人就业，再次是邻里/同学/同事关系、交通，最后是物价。

表 11　三线城市压力感对主观幸福感的影响

模型	类别	未标准化系数 B	标准误	标准化系数 Beta	t	$\triangle R^2$	△F
1	(Constant)	-3.682	4.175		-0.882	0.017	19.093***
	个人月收入	0.152	0.023	0.102	6.571***		
	性别	0.198	0.035	0.084	5.623***		
	出生年份	0.004	0.002	0.027	1.781		
	受教育程度	0.030	0.016	0.029	1.926		
2	(Constant)	-2.897	4.050		-0.715	0.079	30.174***
	个人月收入	0.092	0.023	0.062	4.074***		
	性别	0.188	0.034	0.080	5.523***		
	出生年份	0.004	0.002	0.028	1.906		
	受教育程度	0.018	0.015	0.017	1.177		
	住房	-0.003	0.015	-0.004	-0.198		
	交通	0.072	0.016	0.086	4.583***		
	医疗	-0.011	0.015	-0.013	-0.684		
	自己或家庭收入	-0.154	0.016	-0.182	-9.677***		
	赡养老人	0.012	0.016	0.016	0.793		
	子女教育	-0.017	0.015	-0.023	-1.134		
	自己或家人健康	-0.009	0.015	-0.012	-0.587		
	家庭成员关系	0.006	0.016	0.009	0.371		
	邻里/同学/同事关系	0.068	0.018	0.088	3.822***		
	婚姻/恋爱	-0.025	0.015	-0.036	-1.692		
	工作或学业	-0.025	0.017	-0.035	-1.504		
	自己或家人就业	-0.083	0.016	-0.115	-5.128***		
	物价	-0.047	0.014	-0.059	-3.472**		

从表 12 的结果可以看到，在控制了基本人口学变量之后，处于四线城市的个体的交通、邻里/同学/同事关系压力感对主观幸福感有显著正向影

响，而自己或家庭收入、婚姻/恋爱、自己或家人就业、物价的压力感对主观幸福感有显著负向影响。加入压力感之后的模型 2 对主观幸福感的影响效应显著高于模型 1，模型 2 可以解释主观幸福感变量总变异的 8.5%。标准化后回归系数 Beta 的比较表明四线城市中，自己或家庭收入的压力感对主观幸福感的影响最大，其次是自己或家人就业，再次是交通、婚姻/恋爱、邻里/同学/同事关系，最后是物价。

表 12　四线城市压力感对主观幸福感的影响

模型	类别	未标准化系数 B	标准误	标准化系数 Beta	t	$\triangle R^2$	△F
1	(Constant)	6.652	4.315		1.542	0.017	20.157***
	个人月收入	0.148	0.024	0.098	6.179***		
	性别	0.153	0.036	0.064	4.297***		
	出生年份	-0.001	0.002	-0.010	-0.677		
	受教育程度	0.043	0.016	0.041	2.712**		
2	(Constant)	6.416	4.191		1.531	0.068	26.115***
	个人月收入	0.094	0.023	0.062	3.996***		
	性别	0.180	0.034	0.075	5.204***		
	出生年份	-0.001	0.002	-0.006	-0.390		
	受教育程度	0.031	0.015	0.029	1.990*		
	住房	0.000	0.015	-0.001	-0.029		
	交通	0.068	0.015	0.080	4.386***		
	医疗	-0.022	0.016	-0.026	-1.398		
	自己或家庭收入	-0.113	0.016	-0.131	-6.855***		
	赡养老人	-0.002	0.016	-0.003	-0.137		
	子女教育	-0.026	0.015	-0.035	-1.745		
	自己或家人健康	-0.010	0.014	-0.014	-0.732		
	家庭成员关系	0.004	0.016	0.006	0.266		
	邻里/同学/同事关系	0.037	0.018	0.049	2.117*		
	婚姻/恋爱	-0.034	0.015	-0.051	-2.341*		
	工作或学业	-0.015	0.017	-0.021	-0.922		
	自己或家人就业	-0.081	0.016	-0.112	-5.029***		
	物价	-0.029	0.014	-0.037	-2.143*		

从表 13 的结果可以看到，在控制了基本人口学变量之后，处于五线及以下城市的个体的自己或家庭收入、工作或学业压力感对主观幸福感有显著负向影响。加入压力感之后的模型 2 对主观幸福感的影响效应显著高于模型 1，模型 2 可以解释观幸福感变量总变异的 6.7%。标准化后回归系数 Beta 的比较表明五线城市中，工作或学业的压力感对主观幸福感的影响最大，其次是自己或家庭收入。

表 13　五线城市压力感对主观幸福感的影响

模型	类别	未标准化系数 B	标准误	标准化系数 Beta	t	$\triangle R^2$	△F
1	(Constant)	0.524	5.619		0.093	0.014	9.372***
	个人月收入	0.179	0.032	0.114	5.519***		
	性别	0.059	0.048	0.024	1.231		
	出生年份	0.002	0.003	0.012	0.587		
	受教育程度	0.022	0.022	0.020	1.012		
2	(Constant)	1.434	5.539		0.259	0.053	11.568***
	个人月收入	0.132	0.032	0.084	4.108***		
	性别	0.063	0.047	0.026	1.346		
	出生年份	0.002	0.003	0.012	0.587		
	受教育程度	0.011	0.021	0.010	0.532		
	住房	0.017	0.020	0.020	0.839		
	交通	0.023	0.021	0.027	1.115		
	医疗	0.010	0.021	0.012	0.475		
	自己或家庭收入	-0.107	0.021	-0.126	-5.056***		
	赡养老人	0.017	0.021	0.021	0.781		
	子女教育	0.023	0.020	0.030	1.150		
	自己或家人健康	-0.036	0.019	-0.049	-1.923		
	家庭成员关系	-0.002	0.021	-0.002	-0.073		
	邻里/同学/同事关系	0.041	0.024	0.051	1.717		
	婚姻/恋爱	0.000	0.019	0.000	0.011		
	工作或学业	-0.111	0.022	-0.149	-5.112***		
	自己或家人就业	-0.031	0.021	-0.042	-1.475		
	物价	-0.023	0.018	-0.029	-1.260		

四　讨论与结论

总体上一线城市的男性在住房、交通、自己或家庭收入、赡养老人、子女教育、自己或家人就业的压力感上显著高于三、四线城市的男性，新一线和二线城市的男性也承受了较大的压力，但与三、四线城市间的压力感差异并不是特别突出。与男性一致，总体上一线城市女性的压力感较大，然而与男性较不一致的是，除一线城市外，其他城市分级间虽有些差异但并非特别突出，且女性对于医疗的压力感更为凸显。受教育程度有显著的主效应，但与城市分级的交互效应不显著，表明拥有同一受教育程度的个体，不管身处何种分级的城市，均具有较相似的压力感。个人月收入7000元及以下的个体在一线城市将承受较大的压力，个人月收入7001～1.5万元的个体在一线城市承受着较大的压力，一线城市的压力来自住房和赡养老人，个人月收入1.5万元以上的个体，在五线及以下城市压力感最小。

从压力感对不同分级城市主观幸福感的影响情况来看，压力感主要集中于自己或家庭收入、交通、邻里/同学/同事关系、婚姻/恋爱、工作或学业、自己或家人就业、物价，但每个分级城市在压力感对主观幸福感的影响方面除有共性外，也有着自身特性。就共性来说，除五线及以下城市外，自己或家庭收入均位居分级城市影响主观幸福感的最重要压力因素。除五线及以下城市外，自己或家人就业成为影响主观幸福感另一个重要的压力因素。因此要切实提高居民的美好生活体验，还需要从提高个体或家庭收入、增加居民就业入手。交通、邻里/同学/同事关系对主观幸福感具有显著正向影响，除五线及以下城市外，邻里/同学/同事关系在所有城市中均对主观幸福感有着积极的影响，表明并非所有的压力感都会对主观幸福感造成负向的影响，有些类型的压力感如交通、邻里/同学/同事关系可能反映的是个体处于某种较为积极向上的生活状态。冯一丹等（2017）研究发现，工作压力对主观幸福感的影响呈倒U形关系，存在最佳工作时间压力水平，此时个体主观幸福感最高，低于或者高于最佳工作时间压力水平，个体的主观幸福感都远离最佳主观幸福感水平。

就特性来看，不同城市分级压力感对主观幸福感的影响大小不同，突出的特点也不尽相同。对于二线及以上城市，婚姻/恋爱压力感对主观幸福感的影响还是比较突出的，这也可能与本轮调查样本量较年轻有关。工作或学业压力对主观幸福感的影响主要集中在两端的城市，也就是二线及以上城市和五线及以下城市，而对城市分级中间的三线和四线城市并不明显。物价对主观幸福感的影响主要集中在新一线、二线、三线和四线等中间段的城市，对于两端的城市影响并不明显。

一线城市压力感对主观幸福感的影响中较为突出的表现是交通压力感，新一线城市压力感对主观幸福感的影响中较突出表现是邻里/同事/同学关系的压力感，二线城市压力感对主观幸福感的影响中较突出表现是家庭成员关系的压力感，三线和四线城市压力感对主观幸福感的影响中较突出表现是自己或家人就业的压力感，五线及以下城市压力感对主观幸福感的影响中较突出表现是工作或学业的压力感。

综上所述，未来应重点关注一线城市个体，尤其是男性的压力，特别关注低收入群体所面临的压力。自己或家庭收入、婚姻/恋爱、工作或学业、自己或家人就业、物价是将来应特别注意排解的压力源，这些压力感的排解有助于提高个体的主观幸福感，从而增加人们美好生活的体验。

参考文献

陈霖霖：《工作压力对员工主观幸福感的影响机制研究》，硕士学位论文，厦门大学，2014。

冯莉：《个体化时代城市青年的社会压力及其应对》，《中国青年研究》2014 年第 2 期。

冯一丹、李爱梅、颜亮、王笑天：《工作时间压力对主观幸福感的倒 u 型影响——基本心理需求满足的中介作用》，《中国人力资源开发》2017 年第 8 期。

郭美红：《工作压力对员工主观幸福感的影响》，硕士学位论文，四川师范大学，

2018。

姜晓文、姜媛、田丽、方平：《青少年压力与主观幸福感的关系：一个有中介的调节模型》，《心理与行为研究》2018 年第 3 期。

李大凤、袁作芝、周秋荣、宋丽君：《手术室护士工作压力、心理弹性与主观幸福感的关系研究》，《全科护理》2018 年第 1 期。

刘汶蓉、徐安琪：《城市家庭经济压力：一个社会脉动的视角》，《社会科学》2008 年第 2 期。

秦雪：《城市生活压力与精神健康》，《世界科学》2013 年第 1 期。

应小萍：《居民生活压力感：城市比较研究》，载王俊秀主编《中国社会心态研究报告（2016）》，社会科学文献出版社，2016。

袁殷红：《高校教师工作压力与主观幸福感的关系研究——心理资本的中介作用》，《高教学刊》2018 年第 18 期。

张兴贵、郭杨：《企业员工人口学变量 、工作特征与主观幸福感的关系：工作压力的作用》，《心理科学》2011 年第 5 期。

Diener, E., Emmons, R. A., Larsen, R. J., & Griffin, S., "The Satisfaction With Life Scale", *Journal of Personality Assessment*, 49 (1985).

B.4

婚姻满意度的影响因素分析*

李　原**

摘　要： 本研究分析了性别、年龄、所在地域、个人的社会经济因素、个人价值观（家庭价值观、物质主义价值观）对于婚姻满意度的影响。研究发现，我国民众婚姻满意度为 5.37 ± 1.24。婚姻满意度存在显著性别差异，总体表现为男性高于女性；相比50岁以下的男性，50岁以上男性的婚姻满意度有提升趋势。一线城市的男性婚姻满意度最低，新一线和三线城市的男性婚姻满意度最高。女性的婚姻满意度在不同城市类型之间无显著差异；社会经济地位因素与婚姻满意度总体呈现正向关系。重视家庭的价值观正向影响婚姻满意度；看重物质追求的价值观负向影响婚姻满意度。

关键词： 婚姻满意度　价值观　性别

一　引言

婚姻生活是幸福人生的重要组成部分，有关婚姻满意度的研究随着

---

* 本报告受国家社会科学基金重大项目“社会心理建设：社会治理的心理学路径”（项目批准号16ZDA231）资助。数据来源：中国社会科学院创新工程重大社会调查项目“社会心态调查”。

** 李原，博士，硕士生导师，中国社会科学院社会学研究所副研究员，中国社会科学院社会学研究所社会心理学研究室副主任，中国社会科学院社会学研究所社会心理学研究中心副研究员，中国社会科学院社会心理与行为实验室副研究员，研究方向为价值观与道德判断、工作家庭平衡、精神健康服务。

1929 年社会学家 G. Hamilton《婚姻研究》的出版而逐渐开展（连东琴、史慧颖、范玲霞，2014）。20 世纪 60 年代开始，西方社会不断攀升的离婚率引起社会各界的广泛关注，婚姻质量的研究也成为十分活跃的主题。大量研究报告了美满婚姻会有效提高主观幸福感（Carr et al.，2014；郑振华、彭希哲，2019），研究者甚至还用微观计量学方法计算出，和睦的婚姻给人们带来的幸福价值约为 10 万美元/年（Blanchflower & Oswald，2000）。人们也越来越认识到，婚姻质量不仅直接影响夫妻双方的身心健康，关系到下一代的成长和幸福，还会对社会的和谐与有序造成一系列影响。

婚姻质量（marital quality）是对婚姻整体状态的综合评定（Glenn，1975），婚姻满意度是其中一项重要的构成指标。例如，Marcaurelle 等人（2003）提出，婚姻质量由婚姻满意度、婚姻调适、婚姻冲突等几个方面来体现；Johnson 等人（Johnson et al.，1986）提出了一个婚姻质量测量模型（JWEB），认为需从婚姻满意度、婚姻互动、婚姻冲突、婚姻问题、离异倾向 5 个维度分析；我国学者崔丽娟（1995）认为婚姻质量体现在两个方面：婚姻满意度及婚姻冲突的程度；徐安琪和叶文振（1998）认为婚姻质量主要由婚姻满意度、夫妻交流、婚姻冲突几个方面决定。也有不少学者仅用婚姻满意度来反映婚姻质量，主要评价夫妻双方对婚姻关系多个层面的满意程度（Norton，1983；Glenn，1998）。

从以上看法中可以概括出来，婚姻质量包括客观和主观两个主要指标。客观指标更为看重婚姻调适（marital adjustment），即关注婚姻关系本身，强调婚姻质量的客观性，认为婚姻质量就是夫妻关系的客观调适质量，是一个多维度的概念，经常以夫妻双方互动的模式、冲突的数量、交流状况以及夫妻之间关系的结构特征等为测量指标，研究者可以按照社会或文化标准对这些指标进行客观评价；主观指标更强调婚姻满意度（marital satisfaction），关注个体对婚姻的感性认知和体会，认为对婚姻的满意与否是一个主观的、单一维度的概念，是个体的内在层面对婚姻关系的整体感觉。关注婚姻满意度的研究者多采用单一维度测量，典型的测量方式就是请受访者对婚姻关系中自己感受到的快乐或满意程度进行主观的评价（袁立敏等，2007）。本研究主要探讨婚姻质量的主观指标——婚姻满意度。

国内关于婚姻满意度的研究起步较晚，但取得了不少成果（例如，李银河，1996；徐安琪、叶文振、程灶火等，2004）。同时研究比较分散，调查在不同地域中进行，样本量相对不大，探讨的影响因素主要集中在经济与人口学因素以及夫妻互动的客观指标，对于自己的主观及心理因素（例如，个人价值观、人格特点）的探讨不够充分。

本研究使用2017年社会心态全国调查数据，初步探讨以下几个问题：①婚姻满意度是否存在性别差异；②生命周期的不同阶段婚姻满意度是否存在差异；③个人的社会经济地位因素是否影响婚姻满意度；④个人价值观（家庭价值观、物质主义价值观）对于婚姻满意感有什么样的影响。

二　研究方法

（一）数据来源

研究数据来源于2017年社会心态调查。社会心态调查（CASS-IntellVision Social Mentality Survey 2017）由中国社会科学院社会学研究所社会心理学研究中心组织，于2016年8月到2017年4月，通过智媒云图研发的问卷调研App“问卷宝”，向在线样本库的全国用户（共约110万人，覆盖全国346个地级城市）推送问卷，随后依靠用户分享问卷的方式来进行滚雪球式发放。问卷收回后，利用测谎题、答题完成情况等对问卷进行筛选。调查最初共收回全部作答问卷24364份，筛选后最终得到有效成人问卷22154份。本研究针对已婚或同居人群，故选取其中有效样本8951人，年龄在20~69岁。

（二）测量工具

1. 婚姻满意度测量

婚姻满意度问卷包括3个题目，采用7点计分（1＝非常不同意，7＝非常同意）。题目："您对您夫妻之间关系的满意程度有多少"。数据分析表明，量表的 KMO =0.76，Bartlett 球形检验结果显著（$p<0.01$），说明该样本适合做主成分分析。采用最大方差法进行主成分分析，取特征根大于 1，得到单因子结构，该模型可以解释总变异的 88.55%（见表 1）。该量表的内部一致性系数为 0.94。

表 1　婚姻满意度的因子分析结果

类别	因子 1
您对配偶的满意程度	0.95
您对夫妻关系的满意程度	0.95
您对婚姻的满意程度	0.93

2. 个人价值观测量

物质主义价值观：Richins & Dawson 指出，物质追求价值观是一种强调人生中最重要的事情是物质拥有和财富积累的价值观。高物质主义者有三个主要特点：认为物质拥有和财富获得是生活的核心内容；相信通过物质拥有和财富获得能收获快乐；用一个人拥有物质和财富的数量与质量来界定个人成功（Richins & Dawson，1992）。Kesser & Ryan 进一步扩展了物质主义的内涵，把赢得外部奖赏或社会认可、获得荣耀，追求功成名就作为目标追求的价值观，视为物质主义价值观。高物质主义者看重的是金钱、名誉、声望、自我形象等，这些人的自我价值需要通过外在标签显示出来。（Kesser & Ryan，1996）。

物质主义价值观问卷选自 Kasser & Ryan（1996）编制的目标追求指数（Aspiration Index，AI）问卷。该量表中物质主义价值观（外在追求价值观）分问卷包括 14 个题目，考察一些特定的生活目标对个体的重要程度，包括财富成功（financial success）、社会认可（social recognition）、形象出众（appealing appearance）等三项核心内容（李原，2018）。量表采用 7 点计分（1 = 非常不重要，7 = 非常重要），得分越高，表明个体对此目标越看重。题目："在经济上获得成功（财富成功）""被众人钦佩和羡慕（社会认可)”“对自己的外在形象感到满意（外形出众)”。根据量表结构计算出物质主义三个成分的分数，进一步对三个成分进行探索性因子分析，可以看到稳定的单一结构。各成分在相应的因子上载荷均高于 0.80，可以解释72.24%的总变异。问卷的内部一致性系数为0.86，符合测量学要求。

看重家庭价值观：看重家庭价值观问卷选自 Kasser & Ryan（1996）编制的目标追求指数（Aspiration Index，AI）问卷，在亲密关系价值观测量中选择3个与看重家庭亲密和情感专一有关的题目，题目：“与自己所爱的人共度一生”“婚姻从始而终”。量表采用 7 点计分（1 = 非常不重要，7 = 非常重要)，得分越高，表明个体对此目标越看重。对三个题目进行探索性因子分析，可以看到稳定的单一结构。各题目在相应的因子上载荷均高于0.85，可以解释76.24%的总变异。问卷的内部一致性系数为0.86，符合测量学要求。

3. 主观社会阶层测量

采用国内外研究中通常的阶梯量表，给受访者呈现标注了1到10数字的阶梯图形，1代表处于社会的最底层，10代表处于社会的最上层，让他们报告自己目前处于哪个等级（高文珺，2017）。本文在原始数据的基础上，进一步将主观社会阶层概括为五级：下层（得分为1～2)、中下层（得分为3～4)、中层（得分为5～6)、中上层（得分为7～8）和上层（得分为9～10)。

表2　变量的基本特征描述

变量名称	均值	标准差	说明
婚姻满意度	5.19	1.24	最小值1分,最大值7分,分数越高,婚姻满意度越高
个人基本价值观:重视家庭	5.81	1.16	最小值1分,最大值7分,分数越高,越看重相应价值观
个人基本价值观:物质追求	4.35	0.83	最小值1分,最大值7分,分数越高,越看重相应价值观
性别	0.49	0.50	女=0,男=1
年龄	33.26	8.23	

续表

变量名称		均值	标准差	说明
户口所在地		0.50	0.50	农村户口 =0,城镇户口 =1
城市发展水平	一线城市	0.16	0.36	非一线城市 =0,一线城市 =1
	新一线城市	0.18	0.38	非新一线城市 =0,新一线城市 =1
	二线城市	0.17	0.38	非二线城市 =0,二线城市 =1
	三线城市	0.19	0.40	非三线城市 =0,三线城市 =1
	四线及以下	0.19	0.40	非四线城市 =0,四线(及以下)城市 =1
职业层级		1.63	0.58	基础层级 =1,中间层级 =2,优势层级 =3
家庭收入		2.59	0.83	低收入 =1,中低收入 =2,中等收入 =3,中高收入 =4,高收入 =5
受教育程度		2.49	0.80	初中及以下 =1,高中 =2,大专及本科 =3,研究生及以上 =4
主观社会分层		4.62	1.74	最小值 1 分,最大值 10 分,分数越高,主观社会分层越高

三　数据分析结果

（一）婚姻满意度基本描述

数据结果表明，我国已婚人群的婚姻满意度得分为 5.37 ± 1.24，高于测量的中间值 4 分（测量得分在 1 到 7 分之间：1 代表非常不满意，2 代表不满意，3 代表不太满意，4 代表中立，5 代表比较满意，6 代表满意，7 代表非常满意），说明我国民众的婚姻满意度较高。

不过婚姻满意度在不同的社会人群中有所分化。以下从基本人口学因素（性别、年龄）、地域因素（户口所在地、城市发展水平）、社会分层因素（职业层级、家庭收入、受教育程度、主观社会分层）、个人价值观（看重家庭价值观、物质主义价值观）几个方面来具体探讨。

（二）基本人口学因素

1. 性别

婚姻满意度存在性别差异，男性显著高于女性（$t = 6.88$，$p < 0.01$）（见表3、图1）。已有研究也指出，男性和女性的家庭期待显著不同，对家庭角色和家庭分工有着不同的要求，婚姻满意度上常常表现出明显的性别差异。因此以下探讨中始终把性别因素纳入分析框架中。

表3　不同性别的婚姻满意度

性别	N	M	SD
女	4582	5.10	1.26
男	4369	5.28	1.21
t	6.88**		

注：N，样本数；M，平均数；SD，标准差。
$^{*}p < 0.05$；$^{**}p < 0.01$。下同。

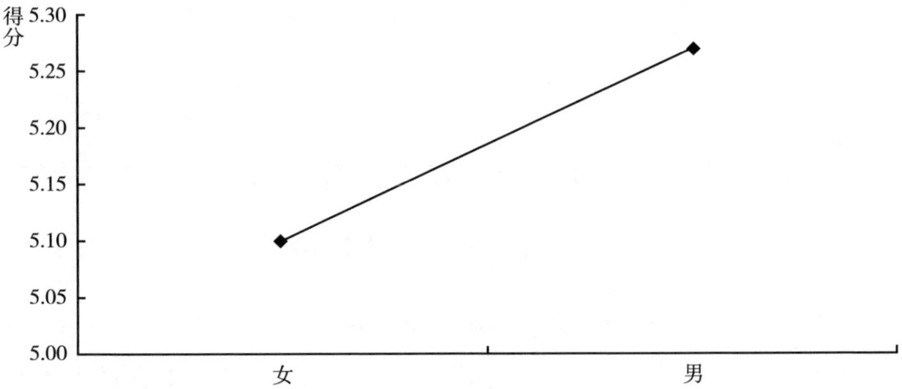

图1　不同性别的婚姻满意度

2. 年龄分组

我们把受访者按照年龄分组：20岁组（年龄介于20~29岁）、30岁组（年龄介于30~39岁）、40岁组（年龄介于40~49岁）、50岁组（年龄介于50～59岁）、60岁组（年龄介于60～69岁）。不同年龄组的婚姻满意度见表4、图2。

表4 不同年龄组的婚姻满意度

年龄组	总体			男性			女性			t
	N	M	SD	N	M	SD	N	M	SD	
20～29	3511	5.20	1.24	1456	5.32	1.23	2055	5.12	1.25	4.67**
30～39	3841	5.18	1.23	2088	5.25	1.20	1753	5.11	1.26	3.36**
40～49	1144	5.16	1.27	623	5.24	1.23	521	5.06	1.31	2.40*
50～59	330	5.17	1.19	140	5.49	1.01	190	4.94	1.25	4.27**
60～69	125	5.24	1.13	62	5.48	1.18	63	5.00	1.03	2.42**
F	0.36			2.39*			1.19			

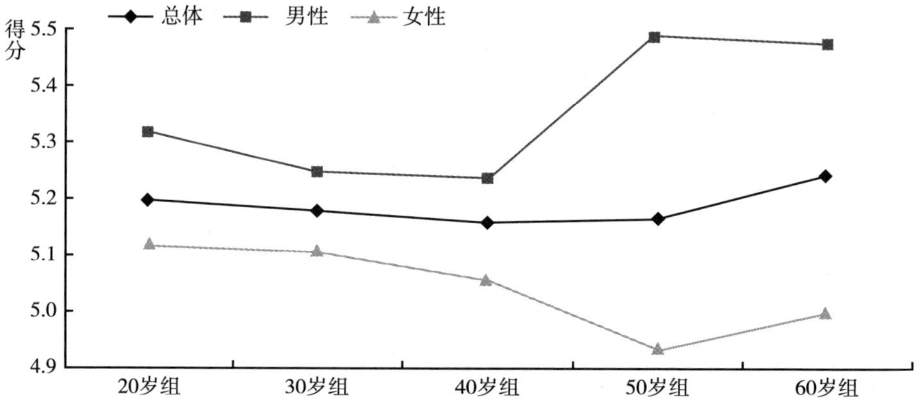

图2 不同年龄组的婚姻满意度

在总体样本上，不同年龄组的婚姻满意度不存在显著差异（$F=0.36$，$p>0.05$）。分别对男性和女性样本进行考察，可以看到不同年龄组的男性在婚姻满意度上存在差异，且达到统计学显著水平（$F=2.39$，$p<0.05$），不同年龄组的女性在婚姻满意度上的差异未达到统计学显著水平（$F=1.19$，$p>0.05$）。

男性样本的总体趋势为50岁以上各年龄组的婚姻满意度高于50岁以下各年龄组，也就是说，50岁以上男性的婚姻满意度有所提升。对于女性样本来说，50岁以上各年龄组的婚姻满意度最低，不过与其他年龄组相比，这种差异未达到显著性水平。另外，所有年龄组都存在性别差异，男性比女性的婚姻满意度更高，不过在50岁年龄组和60岁年龄组中，两性之间的差异进一步拉大，这两个年龄段中，男性的婚姻满意度有提升趋势，女性的婚姻满意度则有降低趋势。

3. 地域因素

（1）户口所在地

农村户口和城镇户口群体的婚姻满意度见表5、图3。

表5　不同户口所在地的婚姻满意度

户口	总体			男性			女性			t
	N	M	SD	N	M	SD	N	M	SD	
农村户口	4511	5.19	1.23	2079	5.30	1.20	2432	5.08	1.24	6.03**
城镇户口	4440	5.19	1.25	2290	5.26	1.21	2150	5.12	1.28	3.72**
t	0.08			1.34			0.85			

总体样本上，农村户口与城镇户口群体的婚姻满意度并无统计学上的显著差异。男性群体和女性群体的分组检验与总体样本的结果一致。不过，与城镇户口相比，农村户口群体的性别差异更为明显。

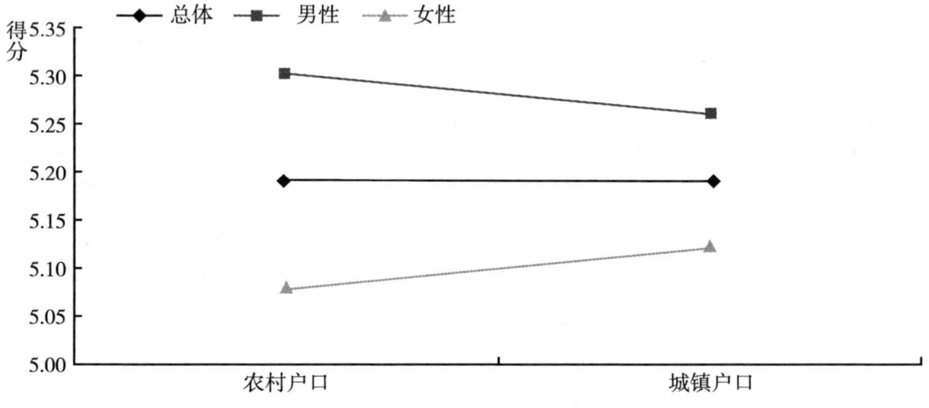

图3　不同户口所在地的婚姻满意度

（2）不同发展水平的城市

根据《第一财经》的城市划分标准，将我国城市划分为一线城市、新一线城市、二线城市、三线城市、四线及以下城市。不同发展水平城市的婚姻满意度见表6、图4。从总体样本可以看到，新一线城市与三线城市的婚姻满意度最高，其次是二线城市和四线及以下城市，一线城市的婚姻满意度最低（$F=2.95$，$p<0.05$）。男性群体中可以看到一致的趋势：新一线城市与三线城市的婚姻满意度最高，其次是二线城市和四线及以下城市，一线城市的婚姻满意度最低（$F=4.00$，$p<0.01$）。女性群体中，不同发展水平的城市之间婚姻满意度无显著差异（$F=0.36$，$p>0.05$）。另外，一线城市的男性与女性婚姻满意度差异不显著；其他发展水平的城市均表现为男性婚姻满意度显著高于女性。

表6　不同发展水平城市的婚姻满意度

城市水平	总体			男性			女性			*t*
	N	M	SD	N	M	SD	N	M	SD	
一线	1292	5.10	1.22	701	5.14	1.17	591	5.06	1.26	1.17
新一线	1514	5.24	1.20	773	5.34	1.16	741	5.13	1.23	3.27**
二线	1509	5.17	1.24	725	5.25	1.23	784	5.09	1.25	2.64**
三线	1872	5.23	1.25	904	5.36	1.19	968	5.11	1.30	4.31**
四线及以下	2764	5.18	1.25	1266	5.28	1.24	1498	5.10	1.25	3.80**
F	2.95*			4.00**			0.36			

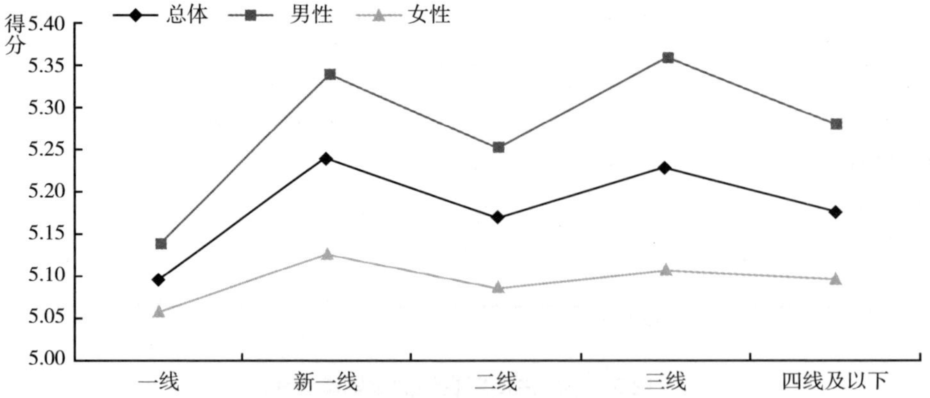

图4　不同发展水平城市的婚姻满意度

4. 社会经济地位因素

(1) 家庭收入

本研究选择的样本地域跨度较大，由于不同地区绝对收入水平相差较大，我们选取了“家庭在当地相对生活水平”作为综合指标来衡量家庭的收入状况。不同家庭收入群体的婚姻满意度见表 7、图 5。

表 7　不同家庭收入群体的婚姻满意度

家庭收入	总体			男性			女性			t
	N	M	SD	N	M	SD	N	M	SD	
低	927	4.78	1.44	440	4.99	1.41	487	4.59	1.44	4.30 **
中低	2917	5.03	1.25	1442	5.15	1.20	1475	4.90	1.29	5.38 **
中等	4238	5.32	1.17	2005	5.38	1.16	2233	5.27	1.17	2.85 **
中高	886	5.45	1.12	482	5.45	1.15	404	5.45	1.09	0.20
高	84	5.40	1.32	54	5.33	1.36	30	5.52	1.26	0.65
F	62.27 **			16.03 **			50.48 **			

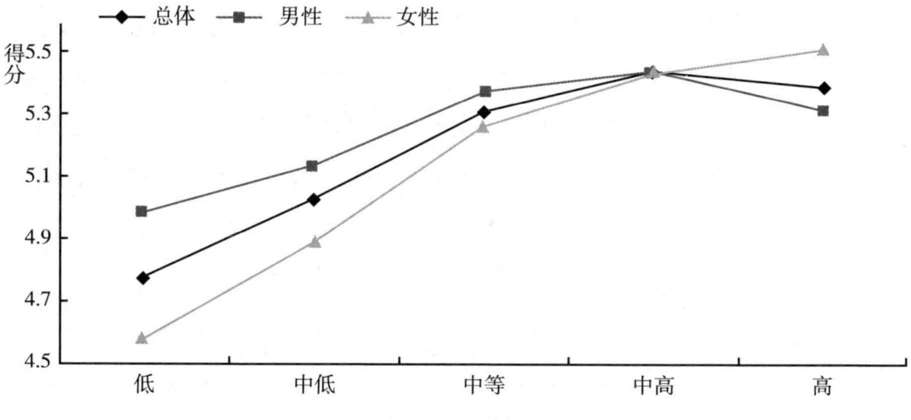

图 5　不同家庭收入群体的婚姻满意度

家庭收入水平与婚姻满意度之间密切相关。明显的趋势表现为，随着家庭收入水平的提高，婚姻满意度也在增加。不过，家庭收入达到中高及以上水平的群体，婚姻满意度不再提升（F = 62.27，$p < 0.01$）。男性受访者中，低家庭收入人群的婚姻满意度最低；中高家庭收入人群的婚姻满意度最高；

其他群体的婚姻满意度处于中间水平，且差异不显著（F =16.03，p <0.01）。女性受访者中，低家庭收入人群的婚姻满意度最低；而后随着家庭收入提高，婚姻满意度不断提高（F =50.48，p <0.01）。另外，低、中低和中等家庭收入群体中，女性的婚姻满意度均低于男性；但随着家庭收入的提高，婚姻满意度的性别差距也在缩小；在中高和高家庭收入人群中，婚姻满意度不再表现出性别差异。

（2）受教育程度

在调查中我们把受教育程度分成四类：初中及以下、高中（技校、职高、中专）、大专及本科（含在读）、研究生（含在读）及以上。不同受教育程度群体的婚姻满意度见表8、图6。

受教育程度与婚姻满意度的总体表现为，随着受教育程度的提高，婚姻满意度增加（F =16.10，p <0.01）。男性受访者中，初中及以下群体与其他所有类别群体的婚姻满意度差异达到显著性水平，其他人群之间差异不显著（F =3.93，p <0.01）。在女性受访者中，受教育程度与婚姻满意度的相互关系表现得更为明显。随着受教育程度的提高，婚姻满意度逐级提升，而且所有类别的差异均达到统计学显著性水平（F =10.04，p <0.01）。另外，初中及以下、高中、大专及本科群体中，女性的婚姻满意度均低于男性，但性别之间的差距逐渐缩减；研究生及以上群体中，婚姻满意度不存在性别差异。

表8　不同受教育群体的婚姻满意度

代际	总体			男性			女性			t
	N	M	SD	N	M	SD	N	M	SD	
初中及以下	1289	5.00	1.29	517	5.11	1.30	772	4.92	1.28	2.63 **
高中	2598	5.16	1.26	1157	5.27	1.24	1441	5.07	1.27	4.07 **
大专及本科	4659	5.23	1.21	2384	5.29	1.18	2275	5.16	1.25	3.68 **
研究生及以上	506	5.37	1.18	365	5.36	1.18	141	5.39	1.18	0.30
F	16.10 **			3.93 **			10.04 **			

（3）职业层级

本研究参照李春玲、刘海洋（2018）的分类，将职业划分为三个层级：

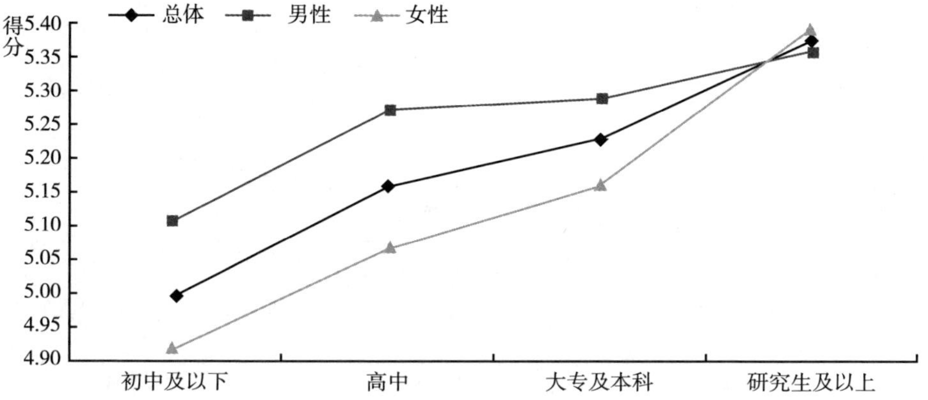

图 6　不同受教育群体的婚姻满意度

基础职业层级（包括商业、服务业人员，产业工人，农业劳动者和城乡无业、失业、半失业者），中等职业层级（包括专业技术人员、办事人员、自由职业者），优势职业层级（包括国家机关、党群组织、企业、事业单位负责人）。不同职业层级群体的婚姻满意度见表 9、图 7。

总体样本的差异检验表明，不同职业层级之间婚姻满意度的差异不显著（$F=0.68$，$p>0.05$）。男性受访者中，随着职业层级的提高，婚姻满意度出现一定的下降趋势，但在统计学上未达到显著水平（$F=2.00$，$p>0.05$）；女性受访者中，基础与中等职业群体在婚姻满意度上差异不显著，但优势职业人群的婚姻满意度明显升高（$F=3.93$，$p<0.01$）。另外，基础职业、中等职业人群中，女性的婚姻满意度均显著低于男性；但在优势职业群体中，表现出女性婚姻满意度高于男性的趋势，不过这种差异在统计学上未达到显著水平。

表 9　不同职业层级群体的婚姻满意度

职业	总体			男性			女性			t
	N	M	SD	N	M	SD	N	M	SD	
基础职业	3540	5.19	1.23	1642	5.31	1.19	1942	5.08	1.25	5.51**
中等职业	4504	5.18	1.24	2355	5.25	1.22	2195	5.09	1.26	4.55**
优势职业	433	5.25	1.28	251	5.15	1.30	190	5.35	1.25	1.65
F	0.68			2.00			4.12*			

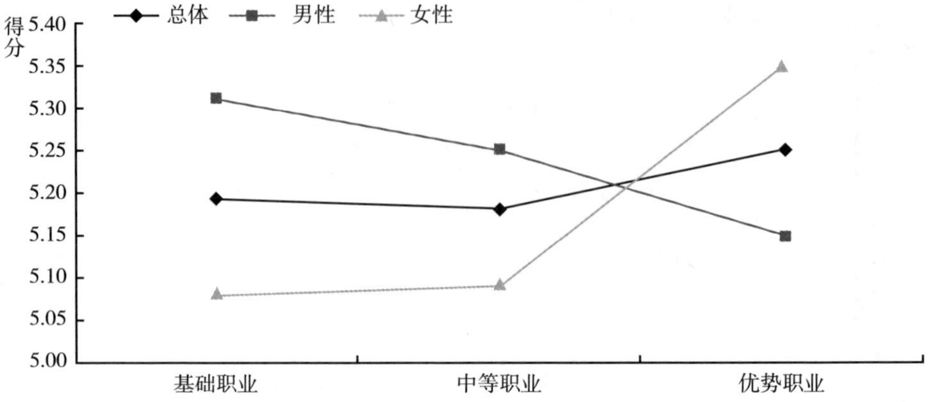

图 7　不同职业层级群体的婚姻满意度

(4) 主观社会分层

除了职业层级、受教育程度、收入水平这些客观经济地位指标，人们是否对自己所属的社会阶层有相应的心理预期和认同，也可能影响到婚姻满意度。主观社会阶层（Subjective Social Status，SSS）指的是一种阶层认同，即个人对自己在社会阶层结构中所占据位置的感知（张海东、杨成晨，2017）。客观社会经济地位与主观社会阶层之间关系紧密，但也存在一定差异。高文珺指出，社会经济地位会影响当前主观社会阶层的感知，但对阶层预期影响较小（高文珺，2017）。不同主观社会分层群体的婚姻满意度见表10、图8。

表 10　不同主观社会分层的婚姻满意度

主观分层	总体			男性			女性			t
	N	M	SD	N	M	SD	N	M	SD	
低阶层	984	4.84	1.40	466	4.99	1.39	518	4.70	1.41	3.29**
中低阶层	2960	5.03	1.23	1439	5.19	1.16	1521	4.88	1.27	7.01**
中等阶层	3977	5.36	1.16	1898	5.42	1.15	2079	5.30	1.17	3.23**
中高阶层	855	5.40	1.22	456	5.37	1.24	399	5.44	1.19	0.91
高阶层	175	4.78	1.31	110	4.77	1.36	65	4.81	1.23	0.19
F	63.88**			21.08**			48.81**			

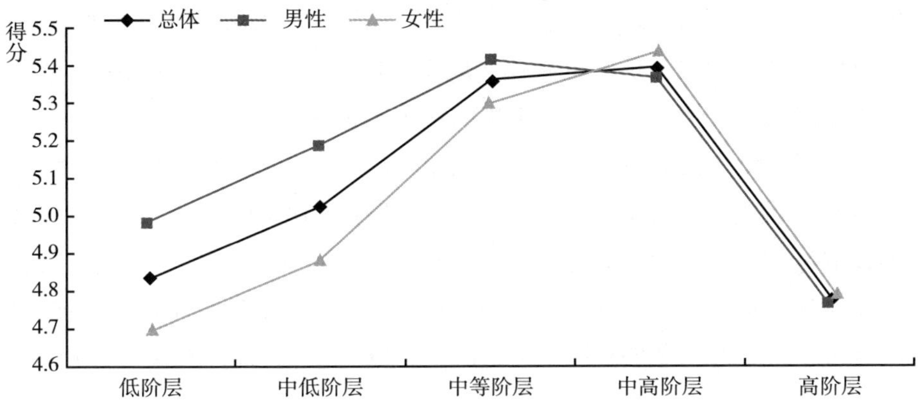

图 8　不同主观社会分层的婚姻满意度

总体样本中，主观评价低阶层和高阶层的婚姻满意度最低，主观评价中等阶层和中高阶层的婚姻满意度最高；中低阶层的婚姻满意度处于中间位置。男性样本中的变化趋势类似。女性样本中，主观评价为低阶层、中低阶层与高阶层的婚姻满意度差异不显著，处于较低水平；主观评价为中等阶层和中高阶层的婚姻满意度最高。另外，婚姻满意度的性别差异仅表现在低阶层、中低阶层和中等阶层上。对于中高阶层和高阶层来说，婚姻满意度并未表现出性别差异。

5. 个人基本价值观

本研究包括两类价值观：看重家庭的价值观和看重物质追求的价值观。看重家庭的价值观，即看重家庭亲密关系、注重情感专一与稳定的价值观。物质追求的价值观，则把赢得外部奖赏或社会认可、获得荣耀、追求功成名就作为目标追求（李原，2018）。

从回归模型中可以看到，总体样本中，个人基本人口学因素、社会经济因素这些客观指标可以解释 3% 的婚姻满意度变异；在控制了个人的基本人口学因素、社会经济因素这些客观指标后，个人基本价值观（物质追求与看重家庭）进一步可以解释 12% 的婚姻价值观变异，这表明对于婚姻满意度来说，个人基本价值观的解释力更强、影响力更大。同时可以看到，物质追求价值观的影响系数 B = －0. 05，看重家庭价值观的影响系数 B =0. 40，说明看重家庭的价值观强化了婚姻满意度，强调物质追求的价值观削弱了婚姻满意度。换句话说，越看重金钱、成就、社会地位，对于婚姻越不满意；越看重家庭稳定、情感专一，对婚姻的评价越正向。

回归规模型中我们也可以看到性别差异的影响。在男性群体中，个人基本价值观（看重家庭价值和物质追求）可以解释 18% 的总体变异，女性群体中仅解释 11% 的变异。看重家庭价值观对于婚姻满意度的正向影响，在男性群体中更为明显（$B_{男}=0.44$，$B_{女}=0.35$），物质追求价值观对于婚姻满意度的负向影响，在女性群体中更为明显一些（$B_{女}=-0.06$，$B_{男}=-0.04$）。

表 11　婚姻满意度的回归模型

类别	总体(N=8575)		男性(N=4248)		女性(N=4327)	
	Step1	S2	Step1	S2	Step1	S2
控制变量						
年龄	0.00	-0.00	0.00	0.00	-0.02	-0.00
性别	0.07**	0.09**	—	—	—	—
城镇户口	-0.03**	-0.02	-0.03*	-0.02	-0.03	-0.02
社会经济变量						
职业层级	-0.04**	0.00	-0.06**	0.00	-0.01	0.01
受教育程度	0.04**	0.03**	0.04*	0.03*	0.03	0.03
家庭收入	0.13**	0.14**	0.11**	0.12**	0.15**	0.16**
主观阶层	0.05**	0.07**	0.02	0.04*	0.09**	0.10**
价值观变量						
物质追求		-0.05**		-0.04**		-0.06**
家庭价值		0.40**		0.44**		0.35**
Adj R^2	0.03	0.15	0.02	0.20	0.05	0.16
$\triangle R^2$		0.12		0.18		0.11
F	41.73**	203.98**	12.45**	137.99**	34.60**	101.45**

四　讨论

（一）婚姻满意度的性别影响

对于婚姻满意度的性别比较，国内外的研究很多。Bernard 的研究结论认为两性在婚姻中得到的好处差别很大。妻子比丈夫承受着更多的紧张、忧虑，往往更敏感地觉察到婚姻互动的不足，对婚姻的期待更高；而男性对夫妻关系持更乐观的态度，对感情的要求较低，所以女性更多地对婚姻失望和不满。Norton 等人的研究却证实，大部分妻子对婚姻感到满足，程灶火等人（2004）的研究发现和 Norton 等人的研究结果类似，夫妻双方对婚姻质量的感受基本是一样的。

本研究发现，总体样本上表现出显著性别差异，但从细分人群中可以看到，有的细分群体并不表现出显著性别差异（例如一线城市、研究生及以上学历、中高以上家庭收入群体），有的细分人群中性别之间满意度差距明显拉大（例如农村户口、中低家庭收入群体）。可见，单从性别本身分析婚姻满意度差异并不足够，未来需要深入探讨其他因素与性别之间的交互作用。

（二）社会经济因素的影响

研究得到的结果较为一致，家庭收入、职业层级、受教育程度、主观社会分层评定的结果均表明，随着社会经济地位提高，总体上婚姻满意度更高。换句话说，婚姻质量确实需要一定客观条件和经济基础的保证。不过，家庭收入水平中高以上、受教育程度较高、主观社会分层评定中等以上的群体，婚姻满意度的提高并不明显，有的细分群体甚至有所减弱（例如，主观评价为高阶层的群体）。

（三）个人基本价值观的影响

本研究主要探讨了两类价值观：看重家庭的价值观和物质追求的价值观。研究结果表明，看重家庭的价值观强化了婚姻满意度，看重物质追求的价值观削弱了婚姻满意度。换句话说，个体对于金钱、名誉声望、自我形象等越看重，对于婚姻越不满意；个体越看重家庭稳定、情感专一，对婚姻的自我评价越正向。

看重家庭的价值观正向影响婚姻满意度，这一点比较好理解。当个体看重家庭稳定及夫妻关系亲密和谐、感情上重视专一与承诺时，也会在行动上有更多的付出和兑现，由此带来的婚姻质量相对较高。

对于物质追求价值观，已有研究表明，物质追求的价值观与个体的生活质量、幸福感、社会适应性负相关，高物质主义者获得的家庭关系、社会支持也更低（Kasser，2002；Sheldon & Kasser，2004），这些影响同样也会带来婚姻质量较低。究其原因，Kasser 认为当高物质主义者把拥有经济成功和获得社会认可看得比其他人生目标更为重要时，他们更多关注交易性人际关系（exchange interpersonal relationship），把他人“物化”，在人际交往过程中更多地进行“他能为我做什么”的功利性考虑，即使对于亲密关系也是如此，这伤害了家庭质量以及婚姻质量的基石（Kasser，2002）。

作为初步探讨，本文存在一定的不足之处。前文指出，为了全面理解婚姻质量，应该采集客观的婚姻调试指标和主观的婚姻满意度指标，我们的研究只是从婚姻满意度这一主观指标反映婚姻质量，未来还需更全面的探讨婚姻质量的指标及其影响因素。另外，婚姻是夫妻两个人互动的结果，仅仅从单方视角看待婚姻满意度，本身就存在着一定的局限，未来应该补充夫妻配对样本的分析。

参考文献

程灶火、谭林湘、杨英等：《中国人婚姻质量问卷的编制和信效度分析》，《中国临床心理学杂志》2004 年第 12 期。

崔丽娟：《老年人夫妻关系及影响因素的研究》，《心理科学》1995 年第 4 期。

李春玲、刘海洋：《国家认同的影响因素及其代际特征差异——基于 2013 年中国社会状况调查数据》，《中国社会科学》2018 年第 4 期。

李银河：《北京市婚姻质量的调查和分析》，《中国社会科学季刊》1996 年第 2 期。

李原：《目标价值与主观幸福感》，学苑出版社，2018。

连东琴、史慧颖、范玲霞：《婚姻满意度的研究述评》，《心理学进展》2014 年第 4 期。

徐安琪、叶文振：《婚姻质量》，《中国社会科学》1998 年第 1 期。

袁莉敏、许燕、王斐、梁志祥、王治国：《婚姻质量的内涵及测量方法》，《中国特殊教育》2007 年第 12 期。

郑振华、彭希哲：《婚姻满意度、婚姻冲突与主观幸福感——上海市不同生育状况“80后”家庭的比较研究》，《青年研究》2019年第1期。

Blanchflower, D. G. & Oswald, A., "Well-being over Time in Britain and the USA", *Journal of Public Economics*, 88 (2004).

Carr, D., Freedman, V. A., Cornman, J. C., et al., "Happy Marriage, Happy Life? Marital Quality and Subjective Well-being in Later Life", *Journal of Marriage and Family*, 76 (2014).

Glenn, N. D., "The Contribution of Marriage to the Psychological Well-being of Males and Females", *Journal of Marriage & Family*, 37 (1975).

Johnson, D. R., White, L. K., Edwards, J. N. et al., "Dimensions of Marital Quality toward Methodological and Conceptual Refinement", *Journal of Family Issues*, 7 (1986).

Kasser, T., *The High Price of Materialism.* Cambridge, MA: MIT Press, 2002.

Kasser, T., & Ryan, R. M., "Further Examining the American Dream: Differential Correlates of Intrinsic and Extrinsic Goals", *Personality and social Psychology Bulletin*, 22 (1996).

Richins, M. L., & Dawson, S., "A Consumer Values Orientation for Materialism and Its Measurement: Scale Development and Validation." *Journal of Consumer Research*, 19 (1992).

B.5

社会经济地位获得感对幸福感的影响分析*

毕重增　周 婷**

摘　要： 本文提出了社会经济地位感知指数作为社会经济地位获得感的指标，在社会心理框架内探讨社会经济地位获得感与生活满意度的关系。通过对2628份样本数据的分析发现，社会经济地位获得感可以预测生活满意度，社会经济地位感知指数越高，民众的生活满意度越高。独生情况、自驾车情况及年龄因素调节社会经济地位获得感与幸福感之间的关系。通过社会经济地位适度的自我提升，关注群体之间的差异，可优化民众社会经济地位获得感，增进幸福感。

关键词： 生活满意度　获得感　社会经济地位感知指数

一　引言

由安全感、获得感和幸福感构成的“民生三感”是相互联系的统一体，三者之间相互作用、相互影响。其中，获得感反映了物质和精神的多层次

* 本研究报告得到中央高校基本科研业务费专项资金重大项目（SWU1909229）和重庆市人文社会科学重点研究基地项目（18SKB004）的资助。

** 毕重增，博士，西南大学教授，重庆市人文社会科学重点研究基地心理学与社会发展研究中心副主任，心理学部人格发展与社会适应实验室负责人，研究方向为人格与社会心理学；周婷，西南大学心理学部研究生。

“获得”感受，是安全感建立的必然结果，也是幸福感建立、维持与提升的必要条件。探讨获得感与幸福感之间的关系，有助于做好“民生三感”的促进工作。

（一）获得感与社会经济地位获得感

王俊秀等（2018）将获得感定义为在一定的社会环境下，通过个体努力，在物质和精神方面得到一定提升、肯定和奖赏后产生的认知和情绪体验，包括获得内容、获得环境、获得体验、获得途径及获得分享。获得感是建构在客观获得基础上的认知和评价，客观获得是评价获得感的基础，但社会心理因素在评价中也占有重要地位，是认识获得感内涵、划分获得感类别的一个重要角度。拥有物质财富与感受财富的拥有并不等同，有的人物质条件匮乏却获得感十足，有的人富足却获得感极低。获得感有多重评价依据，基于客观拥有来评价自己得失，这种评价可称为绝对获得感；通过与其他人进行比较产生的获得感，可称为相对获得感。自我也是评价获得感的重要参照，有的人会跟自己过去已经拥有的作比较，有的人则跟理想或未来的定位作比较。但无论框架或角度如何，对于获得感的界定均应包含主客观对比的关系，在此基础上或侧重主观评价获得感，或结合主客观因素进行综合评价。

对于获得感的测定，已有研究多从获得的内容和改变（即“获得”意味着提升）双维度着手。例如，在石晶（2017）的调查问卷中，物质层面改变维度通过询问提升感受来评价，其问题是：和过去相比，您在以下这些方面的状况是否有改变（住房、收入、教育等）；精神层面也蕴含改善内涵，其问题如：我总能在市场上找到自己喜欢的文化产品；我可以追求和实现自己的梦想。这种测评方式简洁明快，切中了获得感是对于主体感知拥有的变化这一核心内涵。但主观报告容易受社会赞许性的影响，并且有些内容过于宏观或过于微观，超出了个人的知识和判断能力，个体大多只能给出笼统的印象。另外，这种直接回答“获得”程度的方式，深受回答者状态和情景因素的影响。

就获得感的内容维度来看，研究者普遍认同其包括物质和精神两大领域

（石晶，2017；王俊秀等，2018；郑风田等，2017）。例如，石晶（2017）的问卷调查中有关获得的具体内容有：物质（金钱）、情感生活（繁衍后代、自由时间、家庭生活、人际关系）、社会生活（社会保障的完善、社会公平正义、社会民主法治、政治话语权）、精神生活（自我接纳、获得尊重、艺术审美、追求信仰、自我实现）。王俊秀等（2018）的调查中获得感包含与民生和生活质量密切相关的16项内容，涵盖良好的教育条件、稳定的工作、满意的收入、高水平的医疗卫生服务、优美的生活环境、丰富的文化生活等。虽然有关获得的内容复杂多样，但其中有些因素处于基础地位，是定义获得感的核心和主体。从心理学的角度来分析，获得感是需要满足的结果，没有需要就难以产生获得的感受。而按照需要层次理论（Maslow，1970），人类需要按低级到高级，分别为生理需要、安全需要、情感和归属需要、尊重需要以及自我实现的需要，只有当低层次需要得到基本满足后，高一层次的需要才会充分表现出来。在这些需要中，生理需要和安全需要更多对应获得感的物质层面，而情感、尊重和自我实现，更多对应获得感的精神层面。物质和精神需求的满足，对于获得感而言都是不可缺少的。党的十九大报告中有关美好生活的论述，阐明了获得感内容及其层次：人民美好生活需要日益广泛，不仅对物质文化生活提出了更高要求，而且在民主、法治、公平、正义、安全、环境等方面的要求日益增长。当然，在具体的需求满足中，有一些是基础性的，如拥有住房、有满意的教育与医疗条件、从事收入有保障的工作等，这些也是构成社会经济地位的核心内容。

所谓社会经济地位（Socioeconomic Status，SES），指的是个体所拥有的物质财富和受教育水平等（Oakes & Rossi，2003），通常由受教育程度、收入和职业声望来衡量。社会经济地位的主观层面称为主观社会经济地位（Subjective Socioeconomic Status，SSS），指的是个体对自己所处社会阶层的主观认知（Singhmanoux，Adler，Marmot，2003），通常由个人综合自己的职业、受教育情况和收入来评价。社会经济地位反映了社会中每个人社会资源的分配状况，其变动和对变动的感知构成了一种具有广泛意义的获得感——社会经济地位获得感。

由于构成社会经济地位的教育、收入等因素具有普遍性，其客观性不受个体知识背景和情景因素的影响，可以较客观、准确地衡量主体的社会经济地位获得感的内容；而对自身教育和收入等因素的评价，对应着主观社会经济地位的内涵，此评价与客观因素的对比则反映了获得感，也即感知的社会经济地位。由此，定义主客观社会经济地位的比值为社会经济地位获得指数，就能综合反映获得感的主客观两个层面。

（二）社会经济地位获得感与幸福感

幸福感是指个体对自己生活的评价与感受，包括生活满意程度、积极情绪体验与消极情绪体验等因素（郑雪、王玲、邱林、严标宾，2003）。生活满意度作为心理幸福感的认知成分，指的是个体按照自己所选择的标准对自己生活质量的总体性认知评估，包含对生活质量的一般总体性评价及对环境、家庭等生活领域的具体性评价（金盛华、田丽丽，2003；Shin & Johnson，1978）。多种因素与生活满意度密切相关，既有客观因素也有主观因素，社会环境、家庭环境、经济、人格等因素都会对主观幸福感产生影响（王芳、陈福国，2005），即主客观因素共同对生活满意度发挥作用。地位获得感是奋斗的成果，蕴含长期的投入与付出，是主客观因素的共同体现，具有一定的基础性和稳定性，故而，比起受情感因素影响的幸福感，生活满意度的度量更稳定，更能够衡量获得感的意义。

社会经济地位中的教育和收入等因素会影响生活满意度，但认知自我的方式对心理调适的作用仍有争议，有的理论强调积极自我感知对个体适应最有利，有的理论认为准确自我感知会有更高的生活满意度和自我满意度，还有理论认为稍微的自我夸大有利于发展调节能力（Humberg et al.，2019；Kim & Chiu，2001；Robins & Beer，2001；Willard & Gramzow，2009；Wilson & Dunn，2004）。由此，社会经济地位获得感是有利于还是有损于生活满意度，从自我认知有关的理论来看尚不清晰。

本报告认为社会经济地位因素构成内容既是说明获得感的重要方式，也是形成和感受幸福感的重要因素。在探究获得感与幸福感关系时，本报告还纳入人口学变量进行分析，以了解二者关系模式可辨识的群体特征，为实践工作提供参考。

二　研究方法

（一）研究对象

在20个省、自治区、直辖市发放问卷2628份，其中男性1165名，占44.3%，女性1452名，占55.3%，11名参与者未填写性别信息。年龄范围是17～72岁，平均年龄36.03岁（标准差9.15）。其他人口学统计特征见表1。

表1　研究样本的人口统计学特征

单位：人，%

变量	类别	计数	百分比
受教育水平	小学	150	5.7
	初中	492	18.7
	高中	359	13.7
	中专	251	9.6
	大专	587	22.3
	大学	607	23.1
	大学以上	182	6.9
生活地域	东部	696	26.5
	中部	923	35.1
	西部	1009	38.4
子女数量	0个	563	21.4
	1个	1245	47.4
	2个	665	25.3
	3个及以上	155	5.9
生活区域	农村	908	35.2
	城镇	1720	64.8
婚姻状况	已婚	2053	78.1
	未婚	506	19.3
	离婚	69	2.6

续表

变量	类别	计数	百分比
拥有私家车/自驾车	是	1020	38.8
	否	1608	61.2
原生家庭结构	核心家庭	869	33.1
	非核心家庭	1759	66.9
月收入	1000 元及以下	649	24.8
	1001 ~3000 元	1349	51.3
	3001 ~5000 元	319	12.1
	5001 ~7000 元	103	3.9
	7001 ~10000 元	113	4.3
	1 万 ~1.5 万元	48	1.8
	1.5 万 ~3 万元	38	1.4
	3 万元以上	9	0.3

（二）测量工具

1. 生活满意度量表

生活满意度量表（Diener et al.，1985）包括 6 道题目，以 7 点李克特量表计分。量表均分越高，表示生活满意度越高。该量表在本研究中的内部一致性克隆巴赫 α 系数为 0.80。

2. 客观社会经济地位

参照 Kraus 和 Keltner（2010）的处理方式作为客观社会经济地位的标准，包括个人的月收入和受教育水平两个指标，分别为连续型变量和七个等级，将二者进行标准化转化，再将二者的平均数乘 10 加 30 后作为最终的客观社会经济地位，理论上取值范围为 0 ~100。

3. 主观社会经济地位

按照胡牡丽等（2012）的设定，利用包含十个等级的主观社会经济地位量表，1 分代表最差，最糟糕，经济状况很困难，从事最不受尊重的工作，被别人看不起；10 分代表最好，最优越，经济状况很好，从事最受尊重的工作，受最好的教育。

4. 社会经济地位感知指数

由主客观地位复合而成的表示地位获得感的指标，是将标准化后的主客观地位分别乘10加30，而后做比例得到的商数。理论取值应为0以上，其中重要的分割点为1，该指标为1时表示主客观地位的评价相当，小于1时表示主观地位的评价低于客观地位，大于1时表示主观评价的地位高于客观地位。

三 结果与分析

（一）研究变量的基本情况

社会经济地位感知指数的平均数为1.08，标准差为0.46（见表2）。进行单样本 t 检验，发现样本平均数与1有显著差异（$t = 8.81$，$p < 0.001$），表明研究对象整体上对自身的社会经济地位倾向于高估，而不是低估。

相关分析的数据表明，主观社会经济地位、客观社会经济地位和生活满意度之间存在显著正相关。受教育水平与生活满意度的总体趋势表明，受教育程度越高，生活满意度越高（见图1）。收入水平与生活满意度之间的相关系数是0.04（$p = 0.057$），总体上呈现线性趋势，但从图2也可以看到，收入水平与生活满意度之间的关系有一定起伏，并不是简单的线性关系。主观社会经济地位越高，生活满意度越高（见图3）。

表2　研究变量的平均数、标准差及相关系数

变量	最小值	最大值	平均数	标准差	1	2	3	4
1 客观社会经济地位	17.37	97.07	30.00	8.04	1			
2 主观社会经济地位	1.00	10.00	5.64	1.74	0.23**	1		
3 社会经济地位感知指数	0.06	3.43	1.08	0.46	-0.52**	0.64**	1	
4 生活满意度	1.00	7.00	4.16	1.07	0.07**	0.34**	0.21**	1

注：* $p < 0.05$，** $p < 0.01$，*** $p < 0.001$。

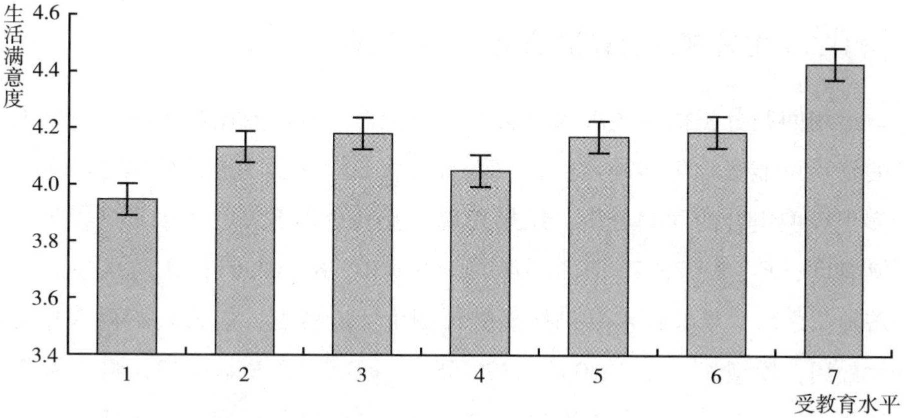

图1　受教育水平与生活满意度之间的关系

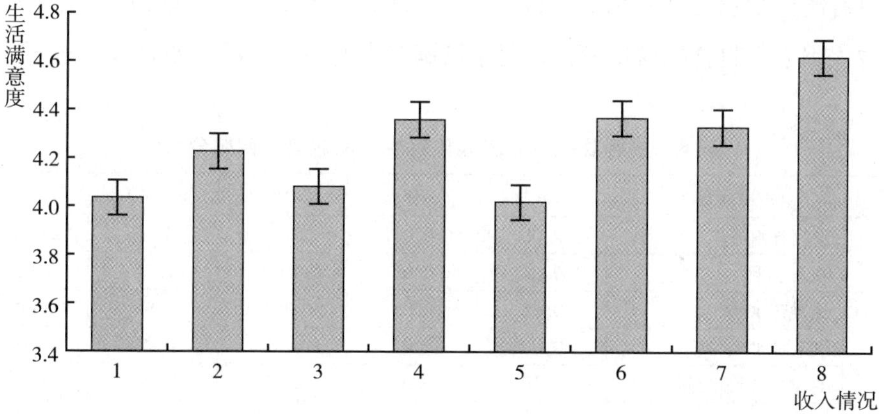

图2　收入水平与生活满意度之间的关系

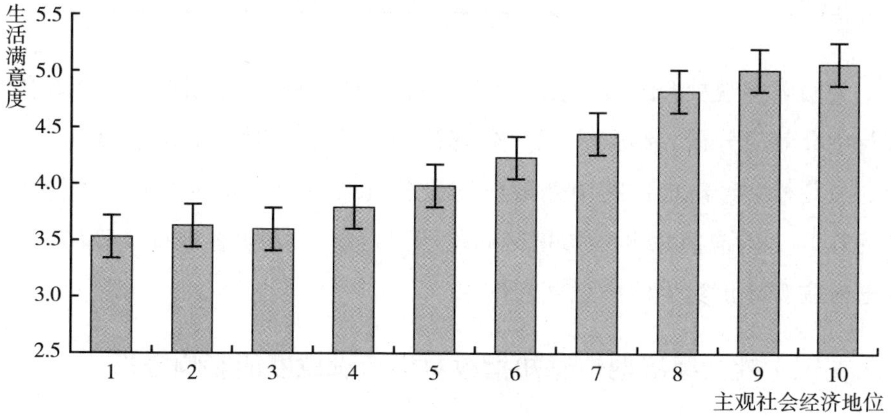

图3　主观社会经济地位与生活满意度之间的关系

（二）主客观社会经济地位与生活满意度的影响

运用回归分析探讨主客观社会经济地位对生活满意度的影响。由于人口学变量均可能影响生活满意度，故而对这些变量的影响进行控制之后依次进行多个模型组合的回归分析。结果发现，受教育水平和收入水平可以预测生活满意度，$F(2, 2621) = 21.08$，$p < 0.001$，$R^2 = 0.03$；在纳入主观社会经济地位之后，受教育水平仍然能够预测生活满意度，但收入不再有显著的预测效用，模型 $F(1, 2620) = 306.55$，$p < 0.001$，$R^2 = 0.13$；将受教育水平和收入水平组合后的客观地位和主观地位自变量进行回归分析所建立的模型具有统计学意义，$F(1, 2621) = 308.69$，$p < 0.001$，$R^2 = 0.14$。与将教育和收入因素未整合的模型相比，对生活满意度的解释量没有差异（见表3）。

表3　主客观社会经济地位对生活满意度的回归分析

模型	自变量	*b*	*SE*	β	*t*	*p*
1	受教育水平	0.06	0.01	0.09	4.30	<0.001
	收入水平	0.04	0.02	0.05	2.06	0.039
2	受教育水平	0.02	0.01	0.04	1.96	0.049
	收入水平	0.00	0.02	0.00	0.21	0.834
	主观社会经济地位	0.20	0.01	0.32	16.84	<0.001
3	客观社会经济地位	0.06	0.03	0.05	2.31	0.021
	主观社会经济地位	0.21	0.01	0.33	17.59	<0.001

为明确客观社会经济地位是否通过主观社会经济地位影响生活满意度，进行中介效应分析。结果发现，客观社会经济地位对生活满意度的直接效应、主观社会经济地位的中介效应均显著（直接效应值为0.07，间接效应值为0.11；效应值95%的置信区间均不包含0），表明客观社会经济地位部分通过主观评价对生活满意度起作用。

（三）社会经济地位感知指数对生活满意度的影响分析

为了明确社会经济地位感知指数对于生活满意度的解释作用，控制了人口学变量之后进行回归分析。结果发现，社会经济地位感知指数对生活满意度有显著的预测作用，β = 0.44，SE = 0.05，t = 9.55，R^2 = 0.05。社会经济地位感知指数的回归系数为正，表明自评的主观社会经济地位比客观社会经济地位高出的值越多，个体的生活满意度越高。

为了明确人口学变量、社会经济地位感知指数及生活满意度之间的关系，进行多重交互作用分析，发现社会经济地位感知指数与原生家庭结构［F（1，2621）=4.28，p = 0.039］、私家车拥有（自驾车）情况［F（1，2621）=5.64，p = 0.018］及年龄［F（1，2622）=13.00，p < 0.001］之间有显著的交互作用，分别具体分析如下。

1. 社会经济地位感知指数和原生家庭结构的交互效应

运用 Johnson-Neyman 法来明确原生家庭结构预测生活满意度的社会经济地位感知特征，分析得到社会经济地位感知指数的分界值为 1.22。其中，在分界值之下占总人数的 68.9%，来自独生子女家庭者对于生活满意度的预测值为正（t > 1.96，p < 0.05），即独生群体比有兄弟姐妹的群体生活满意度高；在分界值之上的人数比例为 31.1%，原生家庭结构对生活满意度无预测作用（t < 1.82，p > 0.06），即是否独生与生活满意度无关。

进行反方向的统计分析发现，无论在原生家庭中是否为独生子女，社会经济地位感知指数均能预测生活满意度，但非独生子女群体的预测效应更大：独生子女社会经济地位感知指数对生活满意度的预测效应量为 0.30（t = 3.49，p < 0.001），而非独生子女该值为 0.51（t = 9.59，p < 0.001）。

2. 社会经济地位感知指数与私家车拥有（自驾车）情况的交互效应

运用 Johnson-Neyman 法来明确私家车拥有情况预测生活满意度的条件，分析得到社会经济地位感知指数的分界值为 2.04，其中，分界值之下的人数比例为 95.9%，拥有私家车对于生活满意度的预测值为正（t > 1.96，p < 0.05），即私家车拥有者生活满意度更高；社会经济地位感知指数取值 2.04 以上的人数比例为 4.1%，拥有私家车对生活满意度无预测作用（t < 1.78，p > 0.08），即有无自驾车与生活满意度无关。

进行反方向的同类分析发现，无论是否拥有私家车，社会经济地位感知指数均能预测生活满意度，但无自驾车群体的预测效应更加明显：社会经济地位感知指数对生活满意度的预测效应量在自驾车群体中为 0.31（$t=4.08$，$p<0.001$），无自驾车群体为 0.53（$t=9.63$，$p<0.001$）。

3. 社会经济地位感知指数和年龄的交互效应

运用 Johnson-Neyman 法来明确年龄预测生活满意度的条件，分析得到社会经济地位感知指数的两个分界值为 1.32 和 2.40。其中，总人数的 74.9%社会经济地位感知指数取值 0.06～1.32，在此范围内，年龄对于生活满意度的预测值为正（$t>1.96$，$p<0.05$），年龄越大，生活满意度越高。社会经济地位感知指数取值范围为 1.32～2.40 的人数比例为 23.4%，年龄对此人群的生活满意度无预测作用（$t<1.23$，$p>0.08$），即年龄与生活满意度无关；社会经济地位感知指数取值范围为 2.40～3.43 的人数比例为 1.6%，年龄对于生活满意度的预测值为负（$t<-1.96$，$p<0.05$），年龄越大，生活满意度越低。

进行年龄分析，得到年龄为 53 岁这个分界值。年龄 53 岁以下的人数比例为 97.1%，该群体社会经济地位感知指数对生活满意度的预测值为正（$t>1.96$，$p<0.05$）；年龄范围 53 岁以上的人数比例为 2.9%，该群体社会经济地位感知对生活满意度无预测作用（$t<1.33$，$p>0.10$）。

四　讨论与建议

本文界定了社会经济地位感知指数，用以探讨地位获得及其认知对生活满意度的作用。结果发现，客观社会经济地位是影响生活满意度的基础性变量，是利用获得感提升幸福感的基石，而如何看待自己的社会经济地位与幸福感也有一定的关系，享有感有助于提升生活满意度。人口学变量分析则发现，地位获得及其认知对生活满意度的作用呈现一定的群体差异。

（一）社会经济地位获得感与生活满意度的关系

首先，与以往的研究一致，主观社会经济地位比客观社会经济地位更能预测幸福感（Haught，Rose，Geers，Brown，2015）。从认知与评价角度，社会经济地位感知指数平均值为1.08，显著高于理论分界点，表明研究对象总体上提升了地位获得感。

其次，社会经济地位感知指数可预测生活满意度，主观社会经济地位越高于客观社会经济地位，人们的生活满意度越高。这与自我增强理论的观点一致，即认知自我高于实际自我时更容易感到幸福（Anderson，Brion，Moore，Kennedy，2010；Chung，Schriber，Robins，2016；Willard & Gramzow，2009）。"获得"与"获得感"之间不是直线关系，同样的财富，主观社会经济地位较高者感到更幸福；同样的主观社会经济地位，财富较少者更幸福；从有限的物质财富变动或对比中所体验到的获得感，更能让人感到幸福。这启示满足人们日益增长的美好生活需要，不仅要提升物质基础，更要启发人们去认知和发掘自己的获得感。

最后，社会经济地位获得感对生活满意度的影响呈现一定的群体分化特征，即受原生家庭结构、私家车拥有情况和年龄的影响。

在家庭结构方面，社会经济地位感知指数取值为1.22以下时，独生子女群体的生活满意度更高。资源稀释理论认为，父母的时间、精力及经济资源是有限的，子女数量越多，任何一个孩子所分配的资源必然减少（Downey，2001）。主观社会经济地位低于或略高于客观社会经济地位时，在同样经济条件下非独生者有更高的资源稀释感，即主观社会经济地位相对独生者较低，因而生活满意度较低。而当社会经济地位感知指数很高时，独生情况对生活满意度无预测作用，可能是由于主观地位与资源稀释感发生了相互作用而使其失去了影响力，也就是主观地位提升认知的积极作用与资源稀释感带来的消极作用相互抵消。至于结果中非独生子女群体的社会经济地位感知指数对生活满意度的预测效应更强，很难具体推测原因，尚需研究具体探明。

在私家车拥有情况方面，社会经济地位感知指数取值小于2.04时，有车群体的生活满意度更高，这可能是因为拥有私家车本身就意味着较强的自主性和较高的社会经济地位；而当社会经济地位主观评价远超客观评价时，自驾车情况无法预测生活满意度，说明过高自我评价的负面效果冲抵了财富带来的积极效应。至于无车群体社会经济地位感知指数对生活满意度的预测效应更强，部分源于自评补偿效应，这种补偿效应使生活满意度评价中给予精神内容以更大的权重，从而更容易体验到幸福感。

在年龄方面，社会经济地位感知指数小于1.32，即社会经济地位主观评价低于或略高于客观时，年龄越大，生活满意度越高，体现随年龄增长带来的经验累积效应；而社会经济地位感知指数取值范围在1.32～2.40时，年龄无预测效应，说明过大的自我增强显现负面效应，对冲了年龄的积极影响；取值范围大于2.40时，社会经济地位主观提升太多，年龄越大负面作用越大。这可能与高等教育日益普及、年轻人入职起薪逐年提高有关，这种趋势使得年龄与社会经济地位指标之间呈现年代倒置效应，这种倒置也表明获得感理性对年长者更重要。年龄范围为17～53岁时，社会经济地位感知指数对生活满意度的预测值为正，表明中青年群体自我增强效应越明显，生活满意度越高，但年龄大于53岁时，社会经济地位感知指数对生活满意度无预测效应，地位获得感知已经不能影响其幸福感。

总的来看，社会经济地位感知指数对生活满意度的作用，体现了自我增强、资源稀释、时代变迁等诸多因素的共同作用，它们与获得感及幸福感更深层次、更精细的关系仍需继续探寻。此外，报告中老年群体样本较小，未来研究应加大该群体样本，以得到更精细的结果。

（二）提升社会经济地位获得感与幸福感的建议

教育和收入是社会经济地位建构的核心，是构成民众获得感的重要内涵、幸福感的影响因素。本研究的结果表明，提升民众的社会经济地位获得感、生活满意度，可以从物质层面进行，进一步优化教育、保障就业和提高收入等，也可以从社会心理角度切入，优化民众对获得的认知角度和评价框架，提升获得感理性。通过这两个途径的努力，增进社会经济地位获得感，并传递幸福感。

参考文献

胡牡丽、王孟成、蔡琳、朱熊兆、姚树桥：《青少年主观社会经济地位量表的初步编制》，《中国临床心理学杂志》2012 年第 2 期。

金盛华、田丽丽：《中学生价值观、自我概念与生活满意度的关系研究》，《心理发展与教育》2003 年第 2 期。

石晶：《新的美好生活，新的感受期盼——当前公众获得感幸福感安全感状况及影响因素调查报告》，《国家治理》2017 年第 44 期。

王芳、陈福国：《主观幸福感的影响因素》，《中国行为医学科学》2005 年第 6 期。

王俊秀、谭旭运、刘晓柳：《民众安全感、获得感与幸福感的提升路径》，载王俊秀主编《中国社会心态研究报告（2018）》，社会科学文献出版社，2018。

郑风田、陈思宇：《获得感是社会发展最优衡量标准——兼评其与幸福感、包容性发展的区别与联系》，《人民论坛 · 学术前沿》2017 年第 2 期。

郑雪、王玲、邱林、严标宾：《大学生主观幸福感及其与人格特征的关系》，《中国临床心理学杂志》2003 年第 2 期。

Anderson C., Brion S., Moore D. A., Kennedy J. A., "A Status-enhancement Account of Overconfidence", *Journal of Personality and Social Psychology*, 103 (2012).

Chung J., Schriber R. A., "Robins R W. Positive Illusions in the Academic Context: A Longitudinal Study of Academic Self-enhancement in College", *Personality & Social Psychology Bulletin*, 42 (2016).

Downey D. B., "Number of Siblings and Intellectual Development. The Resource Dilution Explanation", *American Psychologist*, 56 (2001).

Haught H. M., Rose J., Geers A., et al., "Subjective Social Status and Well-being: The Role of Referent Abstraction", *The Journal of Social Psychology*, 155 (2015).

Humberg S., Dufner M., Schönbrodt F. D., Geukes K., Hutteman R., Küfner A. C. P., van Zalk M. H. W., Denissen J. J. A., Nestler S., Back, M. D., "Is Accurate, Positive, or Inflated Self-perception Most Advantageous for Psychological Adjustment? A Competitive Test of Key Hypotheses", *Journal of Personality and Social Psychology*, 116 (2019).

Kim Y. H., Chiu C. Y., "Emotional Costs of Inaccurate Self-assessments: Both Self-effacement and Self-enhancement can Lead to Dejection", *Emotion*, 11 (2011).

Kraus M. W., Keltner D., "Signs of Socioeconomic Status: A Thin-slicing Approach", *Psychological Science*, 20 (2009).

Maslow A. H., "Motivation and Personality", *Quarterly Review of Biology*, 1 (1970).

Oakes J. M., Rossi P. H., "The Measurement of SES in Health Research: Current Practice and Steps toward A New Approach", *Social Science & Medicine*, 56 (2003).

Robins R. W., Beer J. S., "Positive Illusions about the Self: Short-term Benefits and Long-term Costs", *Journal of Personality and Social Psychology*, 80 (2001).

Shin D. C., Johnson D. M., "Avowed Happiness as An Overall Assessment of the Quality of Life", *Social Indicators Research*, 5 (1978).

Singhmanoux A., Adler N. E., Marmot M. G., "Subjective Social Status: Its Determinants and Its Association with Measures of Ill-health in the Whitehall II Study", *Social Science & Medicine*, 56 (2003).

Willard G., Gramzow R. H., "Beyond Oversights, Lies, and Pies in the Sky: Exaggeration as Goal Projection", *Personality and Social Psychology Bulletin*, 35 (2009).

Wilson T. D., Dunn E. W., "Self-knowledge: Its Limits, Value, and Potential for Improvement", *Annual Review of Psychology*, 55 (2004).

专题调查

Special Survey

B.6 民众心理健康调查*

刘晓柳　王俊秀**

摘　要： 党和国家在《"健康中国2030"规划纲要》中明确指出了心理健康的重要性，近年来对民众心理健康水平的评估主要集中在整体样本及其消极方面的描述，本研究则更为全面地从积极和消极两个方面考察民众的心理健康，并通过地域、城市发展水平的宏观层面和性别、出生年代、受教育水平及月收入的微观层面来区分不同群体的心理健康水平。结果发

* 本文受到中国博士后科学基金会第65批中国博士后科学基金面上资助，资助编号为2019M650951。

** 刘晓柳，中国社会科学院社会学研究所博士后，中国社会科学院社会学研究所社会心理学研究中心助理研究员，中国社会科学院社会心理与行为实验室助理研究员，研究方向为心理健康、幸福感、社会心态；王俊秀，博士，中国社会科学院社会学研究所研究员，博士生导师，中国社会科学院社会学研究所社会心理学研究室主任，中国社会科学院社会学研究所社会心理学研究中心主任，中国社会科学院社会心理与行为实验室研究员，研究方向为社会心态、风险社会等。

现，样本整体的心理健康状况良好，心理健康的积极方面和消极方面的关系较为紧密。积极方面，个体的个人成长和积极关系得分较高；消极方面，压力感状况的得分较高。宏观层面，不同地域、不同城市发展水平的个体，其心理健康状况存在着一定差异；微观层面，不同性别、出生年代、受教育水平和月收入的个体，其心理健康状况也存在着一定的差异。

关键词： 心理健康　积极心理健康　消极心理健康

一　引言

促进民众心理健康、提升百姓幸福感一直是党和国家关注的重点和努力的方向。党的十八届五中全会部署制定了《“健康中国 2030”规划纲要》，以期推进健康中国建设，提高人民健康水平。在这一规划纲要第五章“塑造自主自律的健康行为”的第三节，特别提出“促进心理健康”的相关内容。为贯彻落实这一规划纲要，国家卫生计生委疾病预防控制局通过中国政府网发布了国卫疾控发〔2016〕77 号文件《关于加强心理健康服务的指导意见》。在指导意见中，提出了“充分认识加强心理健康服务的重要意义”“大力发展各类心理健康服务”“加强重点人群心理健康服务”“建立健全心理健康服务体系”“加强心理健康人才队伍建设”等各方面具体要求。习近平总书记在党的十九大报告中，从社会治理的角度谈及，要“加强社会心理服务体系建设，培育自尊自信、理性平和、积极向上的社会心态”。这些重要指示和纲要都表明，民众的身心健康问题不再是个人问题，而是社会问题，所以要从更高层面的社会维度来探讨和研究。

在以往对于民众心理健康的研究中，大多数研究都集中在对“心理不健康”部分的探讨，比如使用 SCL－90，从躯体化、强迫、人际关系、抑郁、焦虑、敌意、恐怖、偏执、精神病性考察不同群体的心理不健康程度。辛自强等人（2012）对 1986 年到 2010 年大学生的 SCL－90 测量结果进行了元分析，发现躯体化、强迫、焦虑和精神病性 4 个因子的分数小幅下降，而人际关系、抑郁、敌对 3 个因子的分数大幅下降，整体说明大学生心理健康状况在逐渐变好。而黄四林等人（2015）对农民工群体的跨年元分析则发现，虽然整体上说 SCL－90 的分数呈现下降趋势，但是仔细探究亚群体的差异却可以看到，女性农民工的 SCL－90 分数是呈现上升趋势的，不同年龄分组中“80 后”“90 后”农民工 SCL－90 得分在 2002～2011 年这 10 年间呈现较大幅度的上升。

以上两个研究表明单纯关注心理不健康的部分已经不能完全代表民众心理健康水平，而同样应该考虑心理健康部分的水平，除此之外，对民众心理健康的了解应该细分人群，针对不同的人群进行深入了解。世界卫生组织（World Health Organization，WHO，1989）对健康的定义更新为“健康乃是一种在身体上、精神上的完满状态，以及良好的适应力，而不仅仅是没有疾病和衰弱的状态”，这说明考察心理健康方面也应该从躯体、精神、适应力等多方面进行考量。Jahoda（1958）在《积极心理健康的现代概念》（*Current Concepts of Positive Mental Health*）一书中就提出心理健康不仅应该关注心理病态的方面，同时应该关注积极的心理健康部分，她认为评价心理健康的标准包括：对自我的态度、个人成长及自我实现、整合能力、自主性、对现实的感知和对环境的掌控能力。基于相关前人的理论，Ryff（1989）提出了“心理幸福感”（Psychological Well-being）的概念，同时编制了切实可行的测量工具，从自我接纳、与他人的积极关系、自主性、环境掌控能力、生活目标、个人成长六个方面对积极的心理健康部分进行有效的测量。

本研究将通过全国范围内大样本调查的方法，关注不同群体的心理健康状况，并且从积极和消极两个方面进行考察，以期更为全面地描述民众心理健康状况。

二　研究方法

（一）样本选取

本次调查是通过智媒云图（IntellVision）研发的问卷调研 App“问卷宝”，向在线样本库的全国用户（共约 110 万人，覆盖全国 346 个地级城市）推送问卷，再通过用户分享问卷的方式进行滚雪球式发放。问卷收回后，课题组依据陷阱题、答题完成情况等对问卷进行筛选。调查最初共收回全部作答问卷 10259 份，经筛选最终得到成人有效问卷 7439 份，问卷有效率为 72.5%，其中男性为 5142 人（69.1%）、女性为 2297 人（30.9%），年龄范围是 18～71 岁，平均年龄 30.0 ±7.9 岁。调查对象来自北京、安徽、福建、甘肃、广东、广西、贵州、海南、河北、河南、黑龙江、湖北、湖南、吉林、江苏、江西、辽宁、内蒙古、宁夏、青海、山东、山西、陕西、上海、四川、天津、西藏、新疆、云南、浙江和重庆 31 个省、自治区和直辖市。具体的样本分布情况如表 1 所示。

表 1　样本分布情况描述（N =7439）

单位：人，%

变量	类别	样本量	百分比
性别	男	5142	69.1
	女	2297	30.9
出生年代	60 前	71	1.0
	60 后	185	2.4
	70 后	717	9.7
	80 后	3167	42.6
	90 后	3299	44.3

续表

变量	类别	样本量	百分比
受教育程度	小学毕业及以下	70	0.9
	初中毕业	295	4.0
	高中(技校、职高、中专)毕业	1410	19.0
	大专(含在读)	2679	36.0
	大学本科(含在读)	2621	35.2
	研究生(含在读)及以上	364	4.9
婚姻状况	未婚	2831	38.1
	已婚	4284	57.6
	再婚	178	2.4
	离婚独身	130	1.7
	丧偶独身	16	0.2
工作状况	全日制学生	826	11.1
	一直无工作	153	2.1
	在职工作	5447	73.2
	离退休在家	114	1.5
	离退休后重新应聘	57	0.8
	辞职、内退或下岗	64	0.9
	没找到全天连续工作,暂时从事临时性工作	81	1.1
	失业	44	0.6
	不打算找工作	24	0.3
	自由职业者	587	7.9
	其他	42	0.6

(二)测量工具

1. 心理健康的消极部分

心理健康消极部分的测量采用的是 Henry 和 Crawford (2005) 编制的短版《抑郁、焦虑、压力量表》(Depression Anxiety Stress Scales),用于评估个体抑郁、焦虑、压力三种消极心理健康状态的心理及生理表征。该量表共有三个分量表分别测评三种消极心理健康状态,每个分量表有 7 个条目,共 21 个条目。该量表采用李克特式 4 点计分,要求被试根据过去一周的情况选择相应的数字选项 (0~3) 以表示其适用程度或发生的频率,0 表示完全不适用于我/

从未发生，1 表示在一定程度或有些时候适用于我/有时发生，2 表示在很大程度或很多时候适用于我/经常发生，3 表示完全或大多数时间适用于我/几乎总在发生。样题包括："我几乎没有什么积极的体验或感受（抑郁分量表）""我会感到口干舌燥（焦虑分量表）""我觉得很难让自己放松平静下来（压力分量表）"。在本研究中总量表（21 个条目）的内部一致性信度为 0.961，抑郁分量表（7 个条目）的内部一致性信度为 0.911，焦虑分量表（7 个条目）的内部一致性信度为 0.889，压力分量表（7 个条目）的内部一致性信度为 0.887。

2. 心理健康的积极部分

心理健康积极部分的测量采用的是 Ryff（1989）编制的《心理幸福感量表》（Psychological Well-Being Scales），用于评估个体的自主性、环境控制、个人成长、积极关系、人生目标、自我接纳的情况。该量表共有六个分量表分别测量积极心理健康的六个方面，每个分量表有 7 个条目，共 42 个条目，其中有 21 个条目需要进行反向计分。该量表采用李克特式 6 点计分，要求被试根据自己的同意程度选择相应的数字选项（1～6），1 表示完全不同意，6 表示完全同意。样题包括："即使与多数人的意见不一致，我也不怕表达自己的观点（自主性）""总的来说，我认为我可以掌控目前的生活（环境控制）""对那些可以开阔视野的活动，我都不感兴趣（个人成长）""大多数人认为我是个既有爱心又亲切的人（积极关系）""我活在当下，并不太考虑未来（人生目标）""当我回顾自己的过去时，对那些经历和结果都感到欣慰（自我接纳）"。在本研究中总量表（42 个条目）的内部一致性为 0.920，自主性分量表（7 个条目）的内部一致性信度为 0.531，环境控制分量表（7 个条目）的内部一致性信度为 0.679，个人成长分量表（7 个条目）的内部一致性信度为 0.703，积极关系分量表（7 个条目）的内部一致性信度为 0.743，人生目标分量表（7 个条目）的内部一致性信度为 0.670，自我接纳分量表（7 个条目）的内部一致性信度为 0.674。

（三）统计分析

利用 SPSS 21.0 统计分析软件对数据进行分析。主要运用的统计方法包括：描述统计、相关分析、独立样本 t 检验、单因素方差分析（ANOVA）。

三　研究结果

（一）整体心理健康概况

1. 心理健康的整体概况

在本研究中，心理健康通过积极方面和消极方面两个部分进行测量。积极方面包括了个体的自主性、环境控制、个人成长、积极关系、人生目标和自我接纳六个部分。消极方面包括了抑郁、焦虑和压力三种状态。具体的平均数和标准差如表2所示。

表2　心理健康的整体描述（N＝7439）

类别	项目	最小值	最大值	平均数	标准差
积极心理健康	自主性	1.14	6	3.69	0.57
	环境控制	1	6	3.78	0.68
	个人成长	1.71	6	3.99	0.73
	积极关系	1	6	4.00	0.74
	人生目标	1	6	3.83	0.70
	自我接纳	1	6	3.72	0.67
消极心理健康	抑郁	1	4	2.20	0.72
	焦虑	1	4	2.17	0.66
	压力	1	4	2.27	0.65

积极方面的计分为1～6分，其中3.5分为中值。从本研究的均值来看，积极部分的均分在3.6～4.0分，说明大部分个体在心理健康的积极部分表现良好，其中个人成长和积极关系得分约4分，说明大多数个体认为自己在不断成长和发展的过程中，对新鲜事物保持好奇，并且拥有较好的人际关系，能够从身边的朋友、亲人获得温暖的感受。

消极方面的计分为1～4分，其中2.5分为中值。从本研究的均值来看，消极部分的均分在2.1～2.3分，说明大部分个体的心理不健康部分的得分较低。其中压力部分的得分最高，为2.27分，说明三种消极状态中，民众感受到的压力最高。这和当下社会中普遍体现的状态一致，人们感受到来自家庭、工作、生活等各方面的压力。而焦虑的得分最低，为2.17分。焦虑是一种由对未来的不确定感引起的担忧的情绪，这种情绪较低，表明整体来讲，个体对未来的掌控感较好，对要发生的事情感到安心。

心理健康积极部分和消极部分的具体得分分布如表3和表4所示。

从心理健康积极部分的得分分布可以看出，大部分个体在心理健康积极部分评估时选择中间值，但是高分部分（4～6分）的百分比大于低分部分（1～3分）的百分比。其中，个体选择个人成长和积极关系的最高分百分比较高，有13.82%的个体在个人成长维度上均分为5～6分，有13.67%的个体在积极关系维度上均分为5～6分。

表3　心理健康积极部分得分分布

单位：%

类别	自主性	环境控制	个人成长	积极关系	人生目标	自我接纳
1≤均分<2	0.15	0.31	0.04	0.15	0.24	0.77
2≤均分<3	5.23	4.49	1.87	2.74	3.88	7.29
3≤均分<4	68.76	62.79	54.28	54.46	61.00	62.08
4≤均分<5	21.82	24.72	29.99	28.98	26.21	24.37
5≤均分≤6	4.05	7.69	13.82	13.67	8.66	5.50

从心理健康消极部分的得分分布可以看出，大部分个体在心理健康消极部分评估时选择中间值，但是低分部分（1～2分）的百分比大于高分部分（3～4分）的百分比。其中，个体选择抑郁和压力的高分百分比较大，有18.87%的个体在抑郁维度上均分为3～4分，有18.05%的个体在压力维度上均分为3～4分。同样说明这两种消极状态是比较突出的。另外，个体在焦虑维度上选择低分的百分比最高，有36.48%的个体在焦虑维度上均分为1～2分，个体在抑郁维度上选择低分的百分比也比较高，有36.86%的个体在抑郁维度上均分为1～2分。

表 4　心理健康消极部分得分分布

单位：%

类别	抑郁	焦虑	压力
1≤均分<2	36.86	36.48	30.72
2≤均分<3	44.27	51.86	51.23
3≤均分≤4	18.87	11.65	18.05

2. 心理健康积极部分和消极部分的关系

本研究将通过相关分析来探究心理健康积极方面和消极方面的关系，具体相关系数及其显著性水平如表 5 所示。

表 5　心理健康积极部分与消极部分的相关关系（N=7439）

类别	自主性	环境控制	个人成长	积极关系	人生目标	自我接纳	抑郁	焦虑
环境控制	0.59**							
个人成长	0.49**	0.68**						
积极关系	0.52**	0.75**	0.70**					
人生目标	0.51**	0.70**	0.74**	0.69**				
自我接纳	0.56**	0.67**	0.52**	0.62**	0.58**			
抑郁	-0.41**	-0.61**	-0.64**	-0.62**	-0.61**	-0.43**		
焦虑	-0.38**	-0.54**	-0.59**	-0.55**	-0.53**	-0.35**	0.87**	
压力	-0.38**	-0.56**	-0.58**	-0.56**	-0.53**	-0.37**	0.87**	0.88**

注：$*p<0.05$，$**p<0.01$，$***p<0.001$，下同。

从表 5 可以看出，心理健康的积极部分和消极部分的相关性均达到显著水平。心理健康的积极部分内部，自主性和环境控制、个人成长、积极关系、人生目标、自我接纳呈现中等程度的相关，自我接纳和个人成长、人生目标呈现中等程度的相关，其他各个分量表之间都呈现较高程度的相关。心理健康的消极部分内部，抑郁、焦虑和压力之间均呈现高度相关。而心理健康积极部分和消极部分呈现负相关，其中抑郁和环境控制、个人成长、积极关系、人生目标呈现较高程度的负相关。

（二）心理健康在不同区域的概况

1. 不同区域的心理健康概况

根据地理位置将全国分为华东地区、华南地区、华中地区、华北地区、西北地区、西南地区和东北地区，分别考察各地区民众的心理健康状况，如表6和图1、图2所示。

表6　不同区域的心理健康状况

类别	项目	1	2	3	4	5	6	7
积极部分	自主性	3.72	3.69	3.54	3.67	3.76	3.71	3.85
	环境控制	3.84	3.82	3.54	3.76	3.84	3.80	3.96
	个人成长	4.08	4.04	3.69	3.94	4.15	4.03	4.21
	积极关系	4.08	3.98	3.78	3.97	4.15	4.02	4.22
	人生目标	3.90	3.84	3.63	3.79	3.92	3.85	4.01
	自我接纳	3.76	3.69	3.67	3.71	3.80	3.74	3.80
消极部分	抑郁	2.11	2.11	2.61	2.28	2.16	2.07	1.91
	焦虑	2.09	2.11	2.51	2.24	2.16	2.08	1.93
	压力	2.18	2.20	2.63	2.34	2.31	2.17	2.04

注：缺失数值未标出，下同。1表示华东地区（N=2145），2表示华南地区（N=1723），3表示华中地区（N=1084），4表示华北地区（N=1213），5表示西北地区（N=197），6表示西南地区（N=675），7表示东北地区（N=402）。

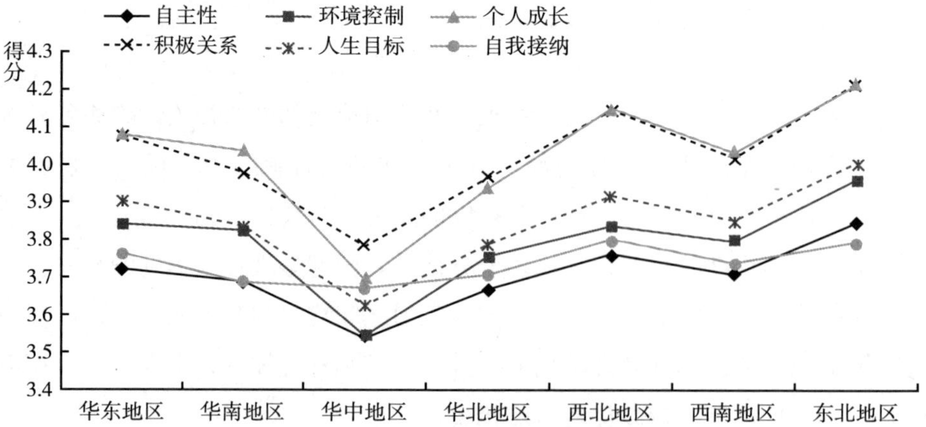

图1　不同地区的心理健康积极方面

方差分析的结果显示，不同地区的自主性差异显著（$F=20.15$，$p<0.001$），不同地区的环境控制差异显著（$F=31.81$，$p<0.001$），不同地区的个人成长差异显著（$F=46.99$，$p<0.001$），不同地区的积极关系差异显著（$F=28.13$，$p<0.001$），不同地区的人生目标差异显著（$F=25.53$，$p<0.001$），不同地区的自我接纳差异显著（$F=4.69$，$p<0.001$）。其中个人成长维度的差异最大，而自我接纳的差异最小。通过 LSD 事后检验的结果显示，整体来讲，东北地区在各维度上的得分显著高于其他地区，华东地区和西北地区的得分也较高，而华中地区在各维度上的低分显著低于其他地区，华北地区和华南地区的得分也较低。

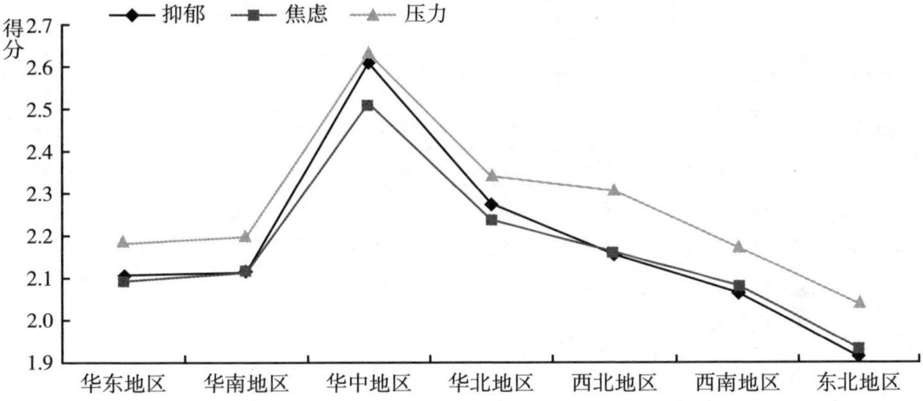

图 2　不同地区的心理健康消极方面

方差分析的结果显示，不同地区的抑郁差异显著（$F=90.77$，$p<0.001$），不同地区的焦虑差异显著（$F=72.81$，$p<0.001$），不同地区的压力差异显著（$F=84.75$，$p<0.001$）。通过 LSD 事后检验的结果显示，整体来讲，东北地区在各维度上的得分显著低于其他地区，华东地区、西北地区和西南地区的得分也较低，而华中地区在各维度上的得分显著高于其他地区，华北地区的得分也较高。

2. 不同发展水平城市的心理健康概况

根据第一财经、新一线城市研究所 2018 年发布的《中国城市商业魅力排行榜》将全国 338 个地级以上城市依据商业资源集聚度、城市枢纽性、城市人活跃度、生活方式多样性和未来可塑性五大指标划分为一线城市、新一线城市、二线城市、三线城市、四线城市和五线城市及其他县级市。不同发展水平城市的心理健康状况如表 7 及图 3、图 4 所示。

表 7　不同发展水平城市的心理健康状况

类别	项目	1	2	3	4	5	6
积极部分	自主性	3.74	3.64	3.64	3.67	3.58	3.64
	环境控制	3.89	3.73	3.66	3.74	3.65	3.84
	个人成长	4.15	3.91	3.81	3.96	3.88	4.13
	积极关系	4.12	3.96	3.87	4.02	3.94	4.05
	人生目标	3.94	3.78	3.70	3.81	3.79	3.85
	自我接纳	3.76	3.74	3.68	3.65	3.64	3.62
消极部分	抑郁	1.95	2.31	2.39	2.00	2.11	2.07
	焦虑	1.96	2.27	2.34	2.03	2.14	2.06
	压力	2.08	2.37	2.44	2.12	2.21	2.14

注：1 表示一线城市（N = 1108），2 表示新一线城市（N = 1869），3 表示二线城市（N = 1170），4 表示三线城市（N = 188），5 表示四线城市（N = 158），6 表示五线城市及其他县级市（N = 65）。

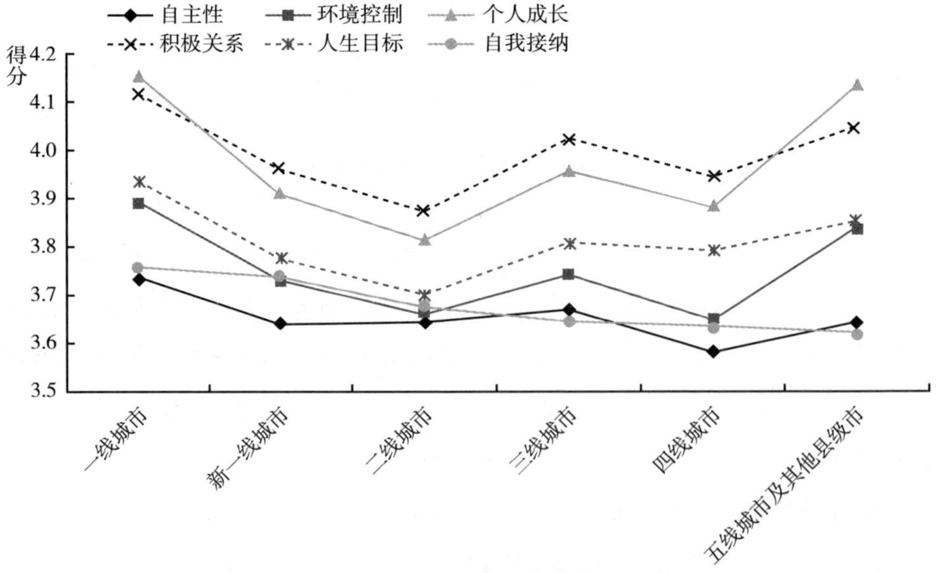

图 3　不同发展水平城市的心理健康积极方面

方差分析的结果显示，不同发展水平城市的自主性差异显著（$F = 6.05$，$p < 0.001$），不同发展水平城市的环境控制差异显著（$F = 16.12$，$p < 0.001$），不同发展水平城市的个人成长差异显著（$F = 30.54$，$p < 0.001$），不同发展水平城市的积极关系差异显著（$F = 14.50$，$p < 0.001$），不同发展水平城市的人生目标差异显著（$F = 15.65$，$p < 0.001$），不同发展水平城市的自我接纳差异显著（$F = 3.70$，$p < 0.01$）。其中个人成长维度的差异最大，而自我接纳的差异最小。通过 LSD 事后检验的结果显示，整体来讲，一线城市在各维度上的得分显著高于其他地区，而二线城市在各维度上的得分显著低于其他地区。

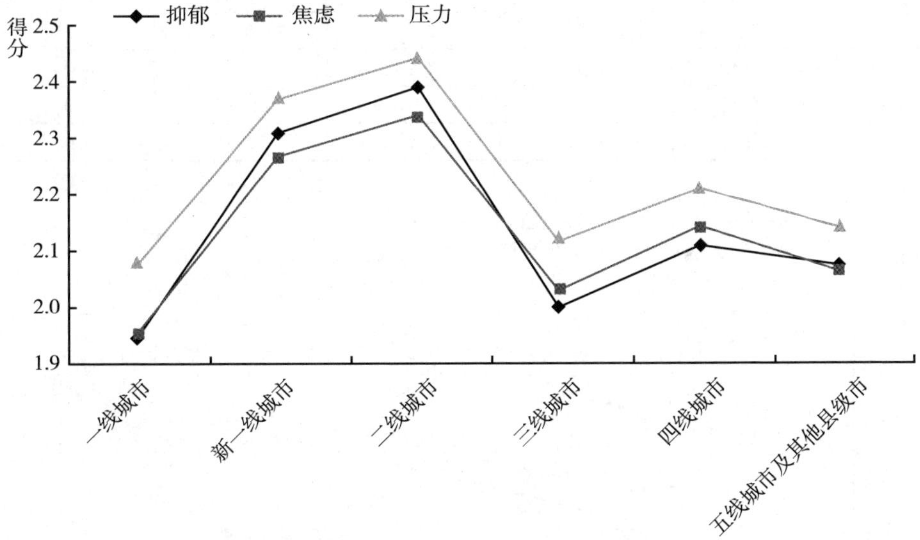

图 4　不同发展水平城市的心理健康消极方面

方差分析的结果显示，不同发展水平城市的抑郁差异显著（$F = 57.68$，$p < 0.001$），不同发展水平城市的焦虑差异显著（$F = 51.73$，$p < 0.001$），不同发展水平城市的压力差异显著（$F = 48.29$，$p < 0.001$）。通过 LSD 事后检验的结果显示，整体来讲，一线城市在各维度上的得分显著低于其他地区，而新一线城市和二线城市在各维度上的得分显著高于其他地区。

（三）心理健康在不同人口学变量中的差异

1. 不同性别的心理健康概况

不同性别的心理健康状况如表 8 及图 5、图 6 所示。

表 8　不同性别的心理健康状况

类别	项目	男（N = 5142）	女（N = 2297）	t 值	p 值
积极部分	自主性	3.67	3.71	-2.39	0.02
	环境控制	3.73	3.90	-10.05	0.00
	个人成长	3.92	4.17	-13.38	0.00
	积极关系	3.92	4.17	-12.70	0.00
	人生目标	3.78	3.94	-8.70	0.00
	自我接纳	3.72	3.74	-1.45	0.15
消极部分	抑郁	2.31	1.94	21.34	0.00
	焦虑	2.27	1.96	20.15	0.00
	压力	2.37	2.05	20.51	0.00

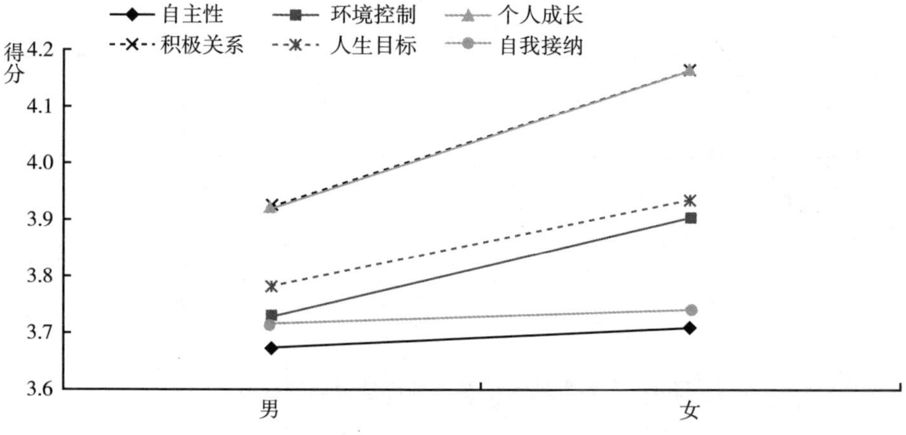

图 5　不同性别的心理健康积极方面

女性在心理健康积极方面的各维度得分均高于男性，t 检验结果表明，在环境控制、个人成长、积极关系和个人目标维度上，男性、女性的得分差异达到了 0.001 显著性水平，在自主性维度上，男性、女性的得分差异达到了 0.05 显著性水平，而在自我接纳维度，男性、女性的得分差异没有达到显著性水平。

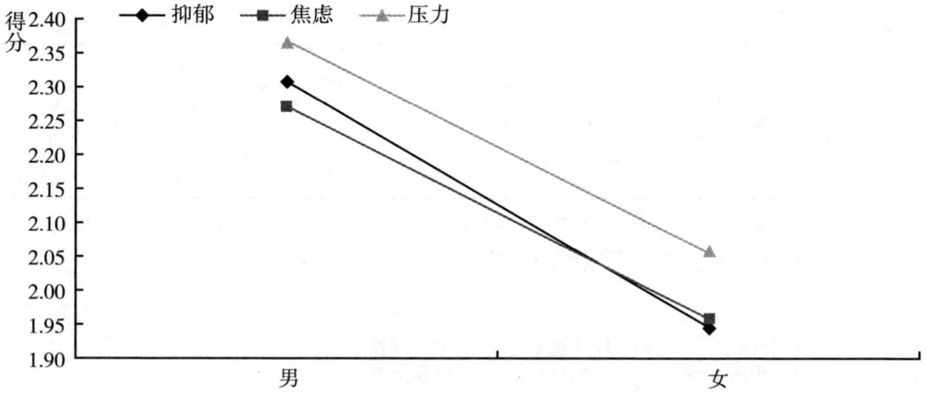

图 6　不同性别的心理健康消极方面

男性在心理健康消极方面的各维度得分均高于女性，*t* 检验结果表明，在抑郁、焦虑、压力三个方面，男性、女性的得分差异均达到了 0.001 显著性水平。

2. 不同出生年代的心理健康概况

根据个体报告的出生年份，将其划分为不同出生年代，包括 1960 年之前出生的个体为“60 前”、1960～1969 年出生的个体为“60 后”、1970～1979 年出生的个体为“70 后”、1980～1989 年出生的个体为“80 后”、1990～1999 年出生的个体为“90 后”。不同出生年代个体的心理健康状况如表 9 及图 7、图 8 所示。

表 9　不同出生年代的心理健康状况

类别	项目	1	2	3	4	5
积极部分	自主性	3.78	3.72	3.69	3.65	3.72
	环境控制	3.89	3.89	3.83	3.72	3.82
	个人成长	3.98	3.97	3.95	3.86	4.14
	积极关系	4.07	4.04	3.94	3.92	4.08
	人生目标	3.81	3.80	3.78	3.73	3.94
	自我接纳	3.72	3.75	3.66	3.71	3.75

续表

类别	项目	1	2	3	4	5
消极部分	抑郁	2.06	2.02	2.23	2.36	2.04
	焦虑	2.01	1.97	2.17	2.31	2.06
	压力	2.10	2.09	2.30	2.42	2.13

注：1 表示“60 前”（N = 71），2 表示“60 后”（N = 185），3 表示“70 后”（N = 717），4 表示“80 后”（N = 3167），5 表示“90 后”（N = 3299）。

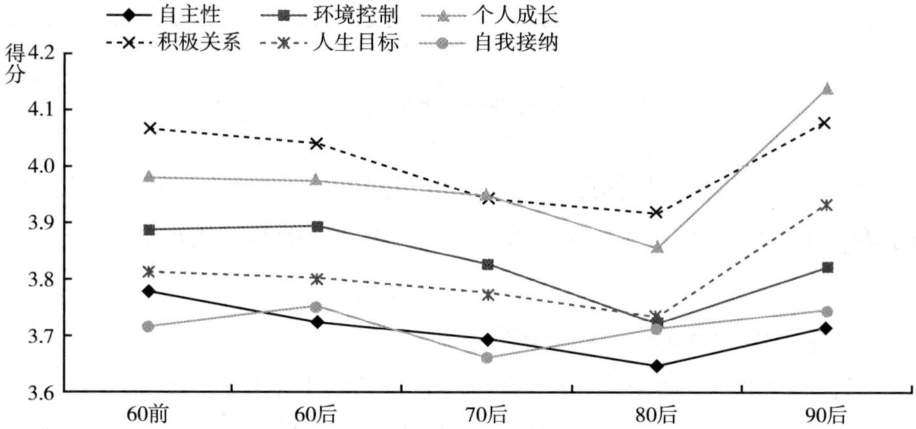

图 7　不同出生年代的心理健康积极方面

方差分析的结果显示，不同出生年代的自主性差异显著（F = 6.64，$p < 0.001$），不同出生年代的环境控制差异显著（F = 11.49，$p < 0.001$），不同出生年代的个人成长差异显著（F = 64.04，$p < 0.001$），不同出生年代的积极关系差异显著（F = 21.86，$p < 0.001$），不同出生年代的人生目标差异显著（F = 35.60，$p < 0.001$），不同出生年代的自我接纳差异显著（F = 2.83，$p < 0.05$）。其中个人成长维度的差异最大，而自主性和自我接纳的差异最小。通过 LSD 事后检验的结果显示，在自主性维度上，“80 后”的得分显著低于“70 后”和“90 后”，其他组别没有显著差异；在环境控制维度上，“80 后”的得分显著低于“70 后”和“90 后”，其他组别没有显著差异；在个人成长维度上，“90 后”的得分显著高于“60 后”、“70 后”

和“80 后”，其他组别没有显著差异；在积极关系维度上，“70 后”和“80 后”的得分显著低于“90 后”，“80 后”的得分显著低于“60 后”，其他组别没有显著差异；在人生目标维度上，“90 后”的得分显著高于“60 后”、“70 后”和“80 后”，其他组别没有显著差异；在自我接纳维度上，“90 后”的得分显著高于“70 后”和“80 后”，其他组别没有显著差异。

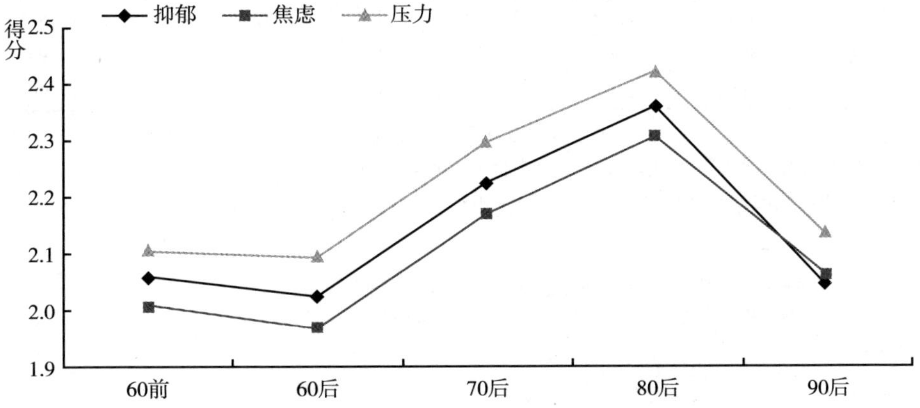

图 8　不同出生年代的心理健康消极方面

方差分析的结果显示，不同出生年代的抑郁差异显著（$F = 84.60$，$p < 0.001$），不同出生年代的焦虑差异显著（$F = 63.06$，$p < 0.001$），不同出生年代的压力差异显著（$F = 88.39$，$p < 0.001$）。通过 LSD 事后检验的结果显示，整体来讲，“80 后”和“70 后”在各维度上的得分显著高于其他出生年代个体。

3. 不同受教育水平的心理健康概况

根据个体的受教育程度，分为小学毕业及以下、初中毕业、高中（技校、职高、中专）毕业、大专（含在读）、大学本科（含在读）、研究生（含在读）及以上，不同受教育程度个体的心理健康状况如表 10 及图 9、图 10 所示。

表 10　不同受教育程度的心理健康状况

类别	项目	1	2	3	4	5	6
积极部分	自主性	3.58	3.60	3.63	3.60	3.79	3.87
	环境控制	3.60	3.75	3.69	3.62	3.97	4.06
	个人成长	3.81	4.00	3.88	3.79	4.23	4.32
	积极关系	3.76	3.97	3.84	3.83	4.22	4.33
	人生目标	3.68	3.85	3.73	3.66	4.02	4.11
	自我接纳	3.50	3.68	3.62	3.65	3.83	3.96
消极部分	抑郁	2.09	2.09	2.32	2.47	1.92	1.82
	焦虑	2.00	2.03	2.30	2.40	1.94	1.90
	压力	2.08	2.14	2.37	2.50	2.04	1.99

注：1 表示小学毕业及以下（N=70），2 表示初中毕业（N=295），3 表示高中（技校、职高、中专）毕业（N=1410），4 表示大专（含在读）（N=2679），5 表示大学本科（含在读）（N=2621），6 表示研究生（含在读）及以上（N=364）。

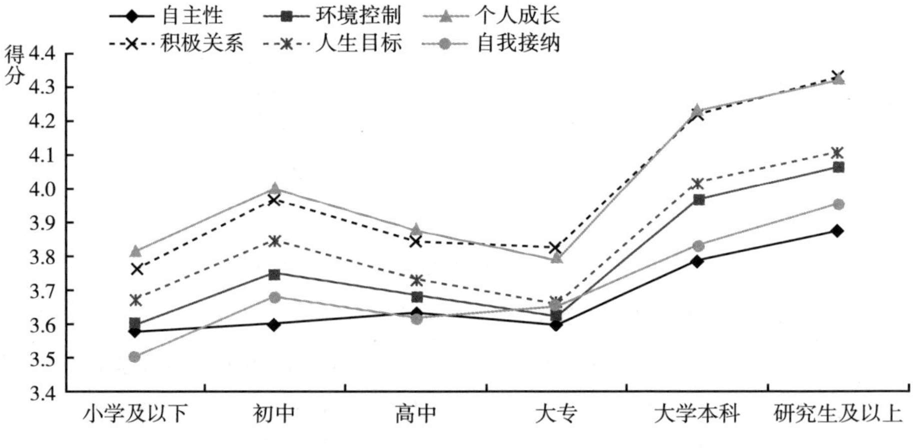

图 9　不同受教育程度的心理健康积极方面

方差分析的结果显示，不同受教育程度的自主性差异显著（F=47.78，$p<0.001$），不同受教育程度的环境控制差异显著（F=91.98，$p<0.001$），不同受教育程度的个人成长差异显著（F=129.14，$p<0.001$），不同受教育程度的积极关系差异显著（F=112.16，$p<0.001$），不同受教育程度的人生目标差异显著（F=93.96，$p<0.001$），不同受教育程度的自我接纳差

异显著（F = 38.67，$p < 0.001$）。其中个人成长维度的差异最大，而自我接纳的差异最小。通过 LSD 事后检验的结果显示，整体上讲，大学本科（含在读）和研究生（含在读）及以上受教育程度的个体在各个维度上的得分均显著高于其他受教育程度的个体。

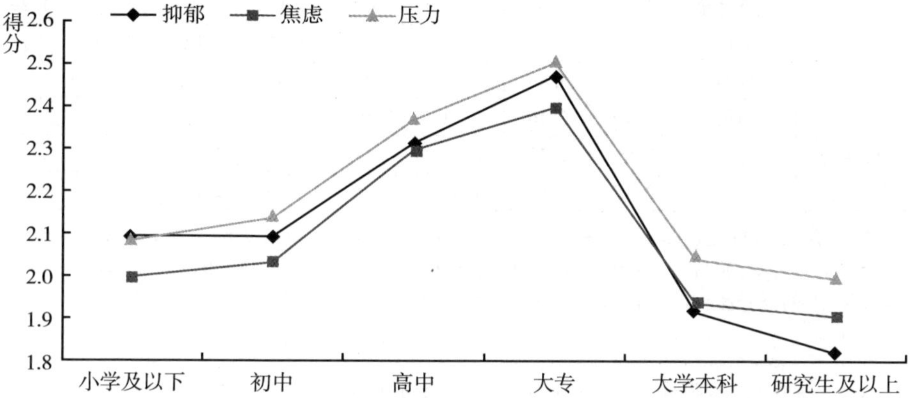

图 10　不同受教育程度的心理健康消极方面

方差分析的结果显示，不同受教育程度的抑郁差异显著（F = 214.10，$p < 0.001$），不同受教育程度的焦虑差异显著（F = 174.37，$p < 0.001$），不同受教育程度的压力差异显著（F = 177.04，$p < 0.001$）。通过 LSD 事后检验的结果显示，大学本科（含在读）和研究生（含在读）及以上受教育程度的个体在各维度上的得分均显著低于其他受教育程度的个体，高中（技校、职高、中专）毕业和大专（含在读）受教育程度的个体在各维度上的得分均显著高于其他受教育程度的个体。

4. 不同月收入的心理健康概况

根据个体的月收入，分为 1000 元及以下、1001 ~ 3000 元、3001 ~ 5000 元、5001 ~ 7000 元、7001 ~ 1 万元、1 万 ~ 1.5 万元、1.5 万 ~ 3 万元、3 万元以上，不同月收入个体的心理健康状况如表 11 及图 11、图 12 所示。

表 11 不同月收入的心理健康状况

类别	项目	1	2	3	4	5	6	7	8
积极部分	自主性	3.60	3.58	3.60	3.71	3.84	3.89	3.98	4.07
	环境控制	3.72	3.69	3.65	3.81	4.00	4.03	4.12	4.15
	个人成长	4.15	4.04	3.83	3.98	4.15	4.21	4.28	4.19
	积极关系	3.98	3.96	3.86	4.02	4.19	4.22	4.28	4.29
	人生目标	3.90	3.79	3.69	3.83	4.01	4.05	4.00	4.14
	自我接纳	3.68	3.59	3.65	3.74	3.87	3.92	3.93	4.10
消极部分	抑郁	2.10	2.16	2.41	2.19	1.95	1.91	1.91	2.00
	焦虑	2.07	2.12	2.34	2.19	1.97	1.96	1.96	2.04
	压力	2.15	2.21	2.46	2.28	2.06	2.06	2.11	2.12

注：1 表示 1000 元及以下（N＝568），2 表示 1001～3000 元（N＝858），3 表示 3001～5000 元（N＝2505），4 表示 5001～7000 元（N＝1824），5 表示 7001～1 万元（N＝943），6 表示 1 万～1.5 万元（N＝489），7 表示 1.5 万～3 万元（N＝181），8 表示 3 万元以上（N＝71）。

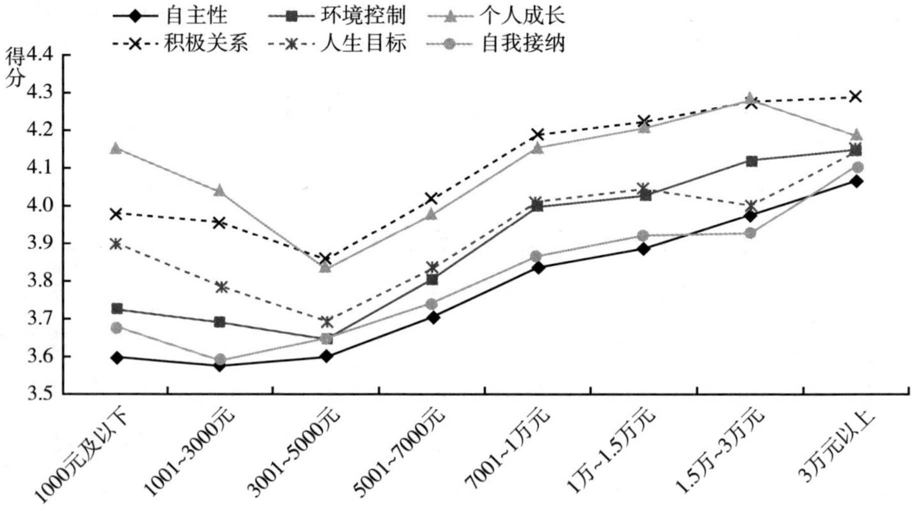

图 11 不同月收入的心理健康积极方面

方差分析的结果显示，不同月收入的自主性差异显著（$F=45.73$，$p<0.001$），不同月收入的环境控制差异显著（$F=51.12$，$p<0.001$），不同月收入的个人成长差异显著（$F=40.33$，$p<0.001$），不同月收入的积极关系差异显著（$F=35.30$，$p<0.001$），不同月收入的人生目标差异显著（$F=35.18$，$p<0.001$），不同月收入的自我接纳差异显著（$F=28.59$，$p<$

0.001)。其中环境控制维度的差异最大，而自我接纳的差异最小。通过 LSD 事后检验的结果显示，整体上讲，月收入 1000 元及以下和 1001～3000 元的个体得分略高于 3001～5000 元的个体，而从 3001～5000 元开始，基本呈现收入越高、心理健康积极方面得分越高的趋势。

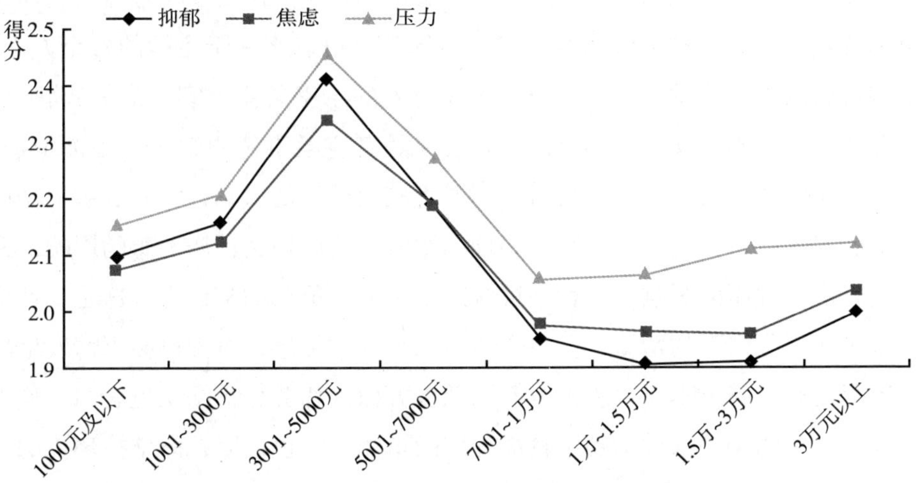

图 12　不同月收入的心理健康消极方面

方差分析的结果显示，不同月收入的抑郁差异显著（$F = 69.65$，$p < 0.001$），不同月收入的焦虑差异显著（$F = 50.38$，$p < 0.001$），不同月收入的压力差异显著（$F = 59.70$，$p < 0.001$）。通过 LSD 事后检验的结果显示，月收入 3001～5000 元和 5001～7000 元的个体得分显著高于其他各组，月收入 7001～1 万元、1 万～1.5 万元、1.5 万～3 万元和 3 万元以上的个体得分显著低于其他各组。

四　讨论

（一）心理健康的整体状况

整体来讲，被调查民众的心理健康状况良好，在积极方面，个人成长和积极关系维度得分较高，说明大多数个体认为自己在不断成长和发展的过程中，对新鲜事物保持好奇，并且拥有较好的人际关系，能够从身边的朋友、亲人获得温暖的感受。消极方面，抑郁、焦虑和压力三种消极状态的得分分布略有差异，样本中压力的平均得分最高，抑郁次之，焦虑最低。整体来讲，压力与一般评估的心理健康消极状态不同，它并不属于病理范围，而是更加普遍存在的一种消极状态。压力感的产生可以来源于生活的各个方面，个体自己的工作、学习压力，与亲人或爱人的亲密关系，家人的健康状况，赡养老人、抚养子女，等等。压力感会伴随着应激事件的解决而逐渐消退，但是长时间在压力感之下，会对身体产生较为严重的影响，如心脏病、糖尿病、肥胖等。所以在关注一般的心理问题时，也应该关注压力感的影响，警惕其对身心健康的影响。三种消极状态中，得分最低的是焦虑。这是一种指向未来而不是当下的情绪，反映个体对未来的掌控感，对不可控事情发生的恐惧程度有多高。本研究积极方面和消极方面的相关分析结果也表明，焦虑与环境控制的相关系数达到了较高程度的负相关，也表明越能掌控环境的个体，其焦虑水平越低。除此之外，抑郁与环境控制、个人成长、积极关系和人生目标的相关系数也达到了高水平的负相关，这与 Ryff（1989）的研究有相似之处，都发现了抑郁与环境控制和人生目标的高水平负相关。而在 Ryff（1989）的研究中，抑郁还与自我接纳呈现高水平的负相关，在本研究中，抑郁与自我接纳的负相关程度只是中等，而与积极关系的负相关程度更高，这可能与中西方文化差异中的集体主义和个人主义有关。本样本中的个体，如果与亲友的关系较差，则更可能体会到高水平的抑郁状态。

（二）不同层面的心理健康状况

从地域和经济发展水平的角度来看，个体心理健康的状况也存在着一定的差异。东北地区个体的心理健康状况较好，一线城市和三线城市个体的心理健康状况较好。地域对心理健康的影响可能与天气气候、自然条件、民风文化等因素有关，而经济发展水平的影响则来自个体所在城市心理健康知识的普及情况、心理健康辅导的资源分配水平等因素。

个体层面来说，女性的心理健康水平好于男性，尤其表现在环境控制、个人成长、积极关系和个人目标维度上，说明女性更加能够适应环境、更加在意自我的发展、更能感受到亲密关系的和谐，并且更加明确人生的目标。整体来讲，不同出生年代的个体心理健康积极方面的趋势并没有特别明显差异，唯有“90后”个体的得分较为突出。而“70后”和“80后”的心理健康消极方面得分较高，表明个体处于中年时期时，其消极情绪状态的体验更多，尤其是压力感。受教育程度方面，大学和大专形成了一个较为明显的分水岭，受教育程度在大专以下的个体，其心理健康积极方面和消极方面的得分均低于受教育程度在大学本科及以上的个体，这与各高校现在组织的各种心理健康普及教育有关，如每年的“525大学生心理健康节”上，各大高校采用各种形式宣传普及心理健康知识。而在个体月收入方面，其分水岭则在5001～7000元和7001～1万元之间，月收入在7000元以下的个体，其心理健康积极方面和消极方面得分均低于收入在7000元以上的个体。更多的月收入表明个体有更高的经济水平来负担心理健康服务，如个体心理咨询等。目前，社会上的个体心理咨询价格在每小时200～2000元不等，主要受到城市消费水平、咨询师资历等因素影响，目前心理咨询没有纳入医疗保险或商业保险的覆盖范围，所以对于有心理健康风险的个体来说，是否有足够高的收入决定了个体是否有能力支付心理咨询的费用，进而影响了心理健康的整体情况。

参考文献

黄四林、侯佳伟、张梅等：《中国农民工心理健康水平变迁的横断历史研究：1995～2011》，《心理学报》2015年第4期。

辛自强、张梅、何琳：《大学生心理健康变迁的横断历史研究》，《心理学报》2012年第5期。

Henry, J. D., Crawford, J. R., “The Short-form Version of the Depression Anxiety Stress Scales (DASS－21): Construct Validity and Normative Data in A Large Non-clinical Sample”,

British Journal of Clinical Psychology, 2（2005）.

Jahoda, M. , "Current Concepts of Positive Mental Health", （1958）.

Ryff, C. D. , " Happiness is Everything, or Is It? Exporations on the Meaning of Psychological Well-being", *Journal of Personality & Social Psychology*, 6（1989）.

WHO | World Health Organization, （1989）, http：//www. who. int, Apr 24, 2018.

B.7
隐私与个人信息保护调查报告

王俊秀　张　舒*

摘　要：　本研究通过问卷调查，获得了当前民众的隐私与个人信息保护的相关情况。研究发现，民众对隐私与个人信息的关注度较高，有较强的隐私保护行为，但同时数字风险行为增多，且对数据分享行为及其对社会平稳运行的作用并不排斥。基于研究的发现，本报告提出了部分政策建议，争取营造和谐健康的个人数据使用的社会环境。

关键词：　隐私保护　隐私安全　个人信息安全

一　引言

2018 年是数据安全大事件发生之年，2019 年的数据泄露事件频发。在已经发生的数据泄露丑闻中，均涉及民众熟悉的信息行业的巨头，例如，亚马逊（Amazon）、脸书（Facebook）、联邦快递（FedEx）等。其中尤以 Facebook 泄露 8700 万用户信息的事件最为惊人。随着 5G、人工智能、物联网的兴起，越来越多的个人信息将被收集，带来了更高的隐私风险。民众对个人隐私和信息的安全观念逐渐增强，具体表现在：数字环境下个人信息的

* 王俊秀，中国社会科学院社会学研究所社会心理学研究室主任，中国社会科学院社会学研究所社会心理学研究中心主任，研究员，博士生导师，研究方向社会心态、风险社会等；张舒，上海研究院社会学博士在读，研究方向为都市社会管理。

保护，分享个人信息的态度，以及对可能造成个人信息泄露的行为越来越紧张。数据安全和个人隐私的心态会影响个人生活和社会秩序，了解民众有关隐私和个人信息的心态有助于社会治理的完善。本研究参照国外几项重大信息和隐私调查，目的是了解民众的隐私观念、个人信息安全担忧、个人数据使用风险行为、隐私保护行为、个人信息分享意愿等。

二 研究方法

（一）样本选取

本研究通过问卷在全国范围内进行调查，利用网络收集数据。收集数据时间为 2018 年 9 月，数据收集平台为 App 问卷宝，该平台向在线样本库的全国用户（共约 110 万人，覆盖全国 346 个地级城市）推送问卷，调查对象来自全国 31 个省、自治区和直辖市。通过用户分享问卷的方式进行滚雪球式发放。问卷收回后，课题组依据陷阱题、答题完成情况等对问卷进行筛选。共有 3714 人参与了研究任务，有效数据为 3196 人，从性别角度看，调查样本男性为 1726 人，占调查总人数的 54%；女性为 1470 人，占比为 46%。总体来看，调查中男性的比例高于女性。从年龄分布角度看，20 岁以下的人数为 106 人，占调查样本总体的 3.3%；20～29 岁的人数为 1165 人，占总人数的 36.5%；30～39 岁的人数为 1377 人，所占比例为 43.1%；40～49 岁、50～59 岁、60 岁及以上的人数分别为 326 人、152 人及 70 人，占总体的比例分别为 10.2%、4.8%、2.2%。调查样本年龄段主要集中于 20～39 岁的青年阶段，其次是 40～49 岁的人群，其余年龄的样本量所占比例较小。

从调查群体的受教育程度看，受教育程度在初中及以下的人数为 152 人，所占比例为 4.8%；高中毕业的人数为 364 人，占比 11.4%；中专/技校/职高毕业的人数为 400 人，占比 12.5%；大专为 808 人，占比 25.3%；大学本科为 1303 人，占比 40.8%；硕士研究生为 126 人，占比 3.9%，博士研究生为43人，占比1.3%。此次调查受教育程度为大学本科的人数最多，其次是大专，再次是专科和高中，四者占总调查人数的90%。

从被调查群体的收入水平看，月收入在1000元及以下的人数为146人，占总人数的4.6%；1001～3000元的人数为383人，占比12.0%；3001～5000元的人数为908人，占比28.4%；5001～7000元的人数为862人，占比27.0%；7001～10000元的人数为544人，占比17.0%；1万～1.5万元的人数为221人，占比6.9%；1.5万～3万元的人数为87人，占比2.7%；3万元以上的人数为45人，占比1.4%。被调查群体的月收入集中在3000～10000元，其次是3000元以下，而月收入在1万元以上的群体所占比例较低。

（二）研究目的

了解民众的隐私观念、个人信息安全担忧、个人数据使用风险行为、隐私保护行为、个人信息分享意愿等。

（三）研究方法

本次隐私研究通过问卷调查，利用数据收集平台问卷宝App在全国范围内进行调查，调查执行时间为2018年9月。

三　研究结果

（一）个人信息安全担忧

调查问题“如果以下公司或组织保存您的个人信息和活动记录，您是否有信心他们会保护您的隐私和信息安全”的结果显示，民众普遍担忧个人信息被第三方使用，尤其是对“房屋中介”的不信任度最高，“完全没有信心”与“比较没有信心”的比例之和为49.8%，而“户籍管理部门”“政府机构”“银行”“支付宝等支付平台”的信任度较高，“非常有信心”与“比较有信心”的比例之和分别为65.9%、66.0%、66.4%以及64.3%（见图1）。

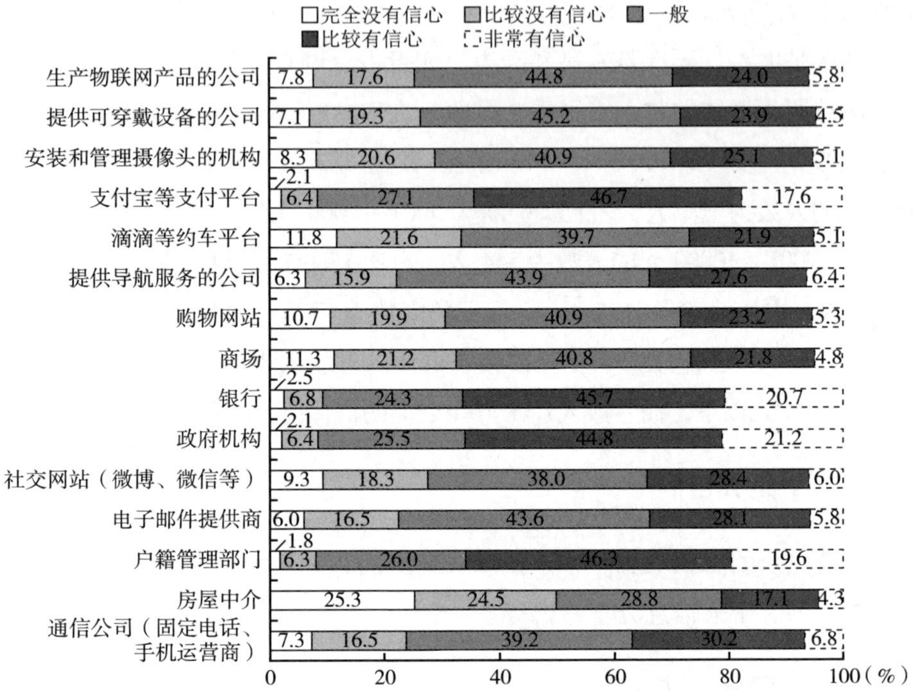

图1　如果以下公司或组织保存您的个人信息和活动记录，您是否有信心他们会保护您的隐私和信息安全？

不同性别的民众对不同机构的信任度存在差异，且男性的信任度普遍高于女性。具有性别显著性差异的条目包括：“房屋中介”“电子邮件提供商”“社交网站”“提供导航服务的公司”“滴滴等约车平台”“生产物联网产品的公司”等；其余条目虽然得分存在差异，但统计上并不具有显著性。其中普遍最信任的机构是“户籍管理部门”“政府机构”“银行”“支付宝等支付平台”；最不信任的机构是“房屋中介”（见图2）。

不同年龄的民众对不同机构的信任度存在差异，具体包括：“通信公司”“商场”“购物网站”“支付宝等支付平台”“生产物联网产品的公司”，这些条目的得分存在显著差异，其余条目虽然得分具有一定差异，但统计上并不具有显著性。其中各年龄段普遍最信任的机构是“户籍管理部门”“政府机构”“银行”“支付宝等支付平台”；最不信任的机构是“房屋中介”（见图3）。

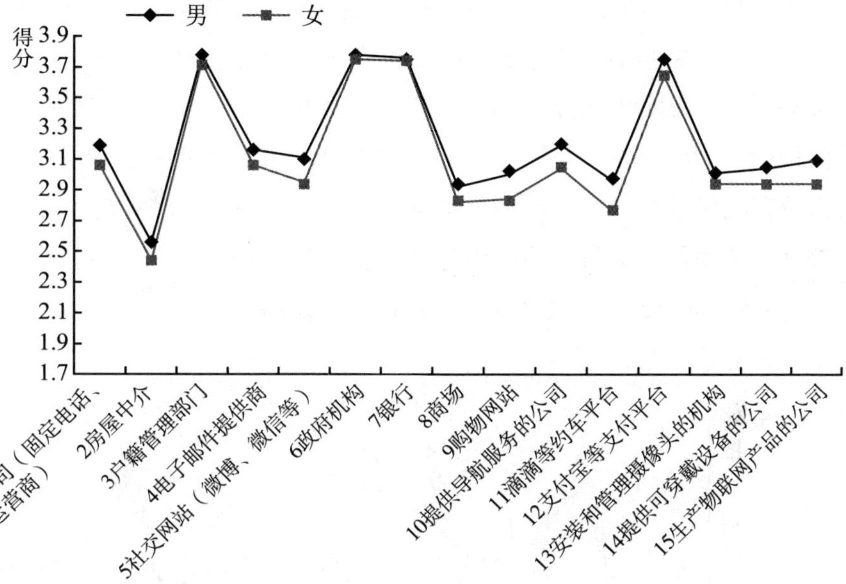

图 2　个人信息安全担忧在性别上的差异

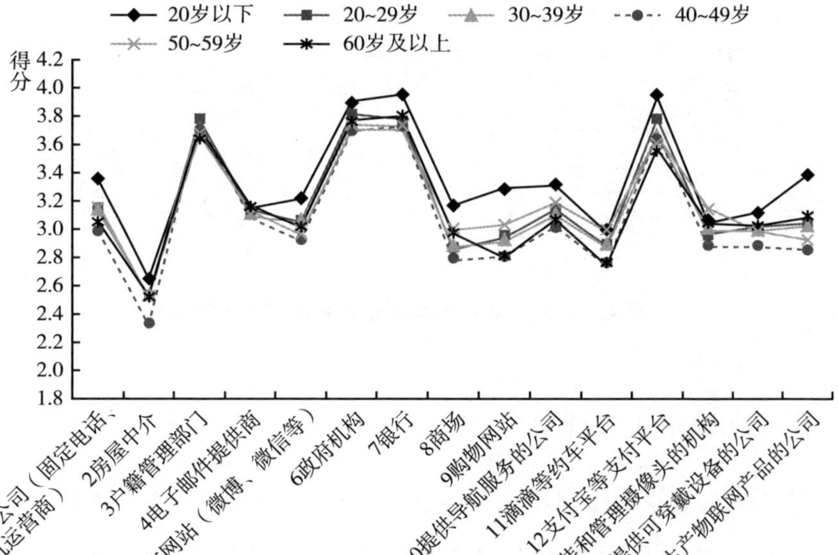

图 3　个人信息安全担忧在年龄上的差异

不同受教育程度的民众对不同机构的信任度存在差异，具体包括："通信公司""房屋中介""电子邮件提供商""社交网站""银行""商场""购物网站""提供导航服务的公司""滴滴等约车平台""安装和管理摄像头的机构""生产物联网产品的公司""提供可穿戴设备的公司"，这些条目的得分存在显著差异，其余条目虽然得分具有一定差异，但统计上并不具有显著性。其中普遍最信任的机构是"户籍管理部门""政府机构""银行""支付宝等支付平台"；最不信任的机构是"房屋中介"（见图4）。

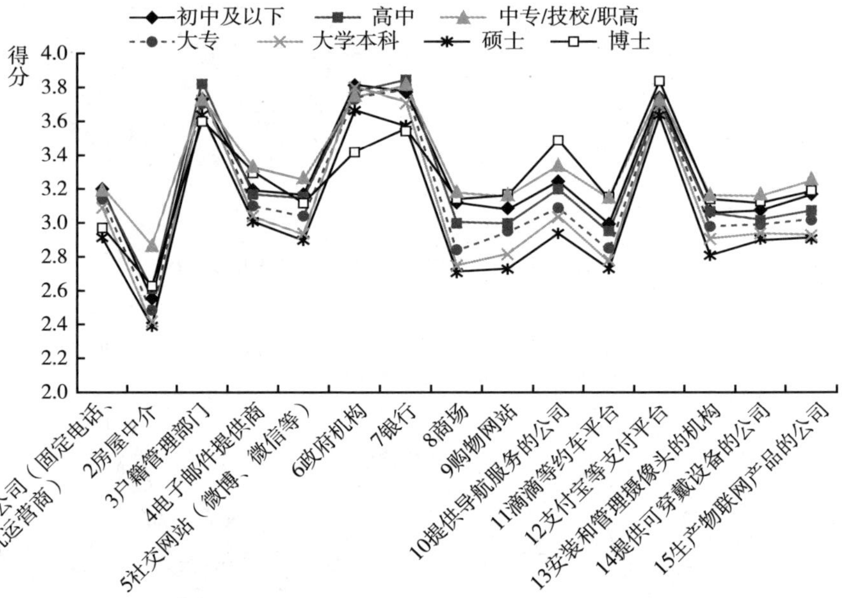

图4 个人信息安全担忧在受教育程度上的差异

（二）数字风险行为

借助科技的手段，涉及个人信息的应用也更加多样，出现了"使用指纹密码"和"使用面部识别登陆"等与个人信息直接相关的应用，调查显示，使用行为最频繁的为"安装手机应用时授权使用位置信息"和"使用指纹密码"，"经常这样"的比例分别为32.1%和32.2%，最不频繁的行为是“授权公司做个人或家人的基因采集”，“完全没有”的比例为 30.0%（见图 5）。

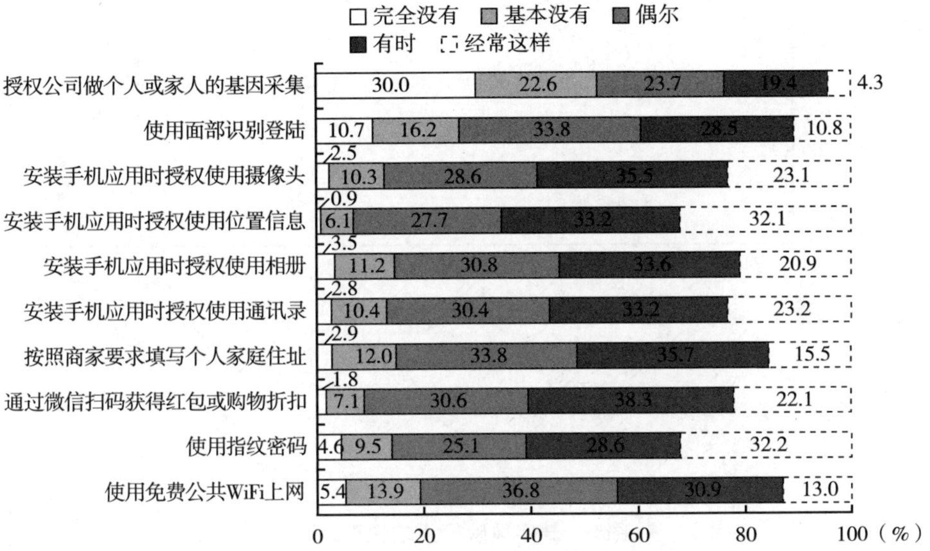

图 5　你是否有过以下行为，频繁程度如何？

不同性别的民众在数字风险行为上存在差异，且男性的风险行为要多于女性。具有性别显著性差异的条目包括：“使用指纹密码”“安装手机应用时授权使用通讯录”“安装手机应用时授权使用相册”“安装手机应用时授权使用位置信息”“安装手机应用时授权使用摄像头”等，其得分存在显著差异，其余条目虽然得分存在差异，但统计上并不具有显著性（见图 6）。

不同年龄的民众在数字风险行为上存在差异，具体包括：“使用免费公共 WiFi 上网”“使用指纹密码”“按照商家要求填写个人家庭住址”“安装手机应用时授权使用相册”“安装手机应用时授权使用摄像头”“授权公司做个人或家人的基因采集”，其得分存在显著差异，其余条目虽然得分具有一定差异，但统计上并不具有显著性。其中各年龄段“使用指纹密码”的频率尤其高（见图 7）。

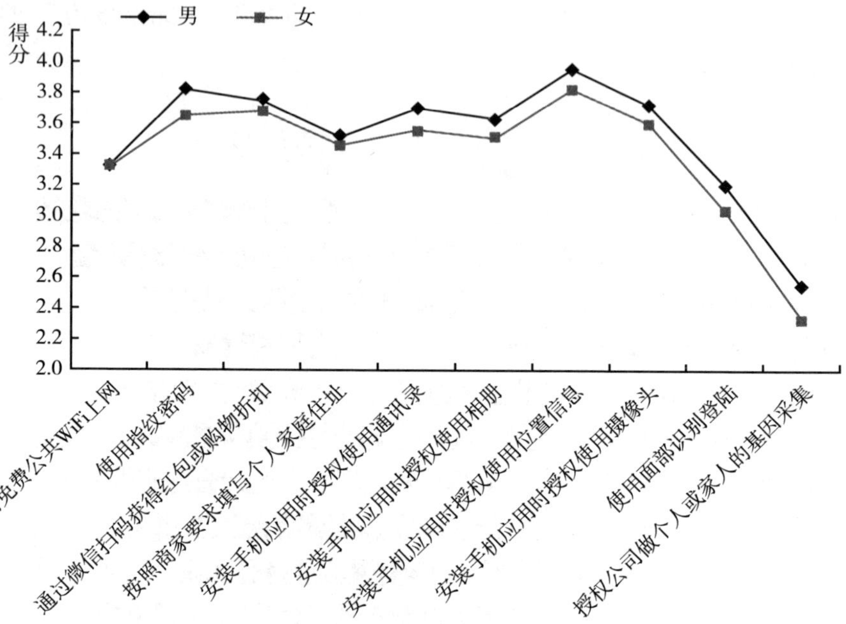

图 6　数字风险行为的性别差异

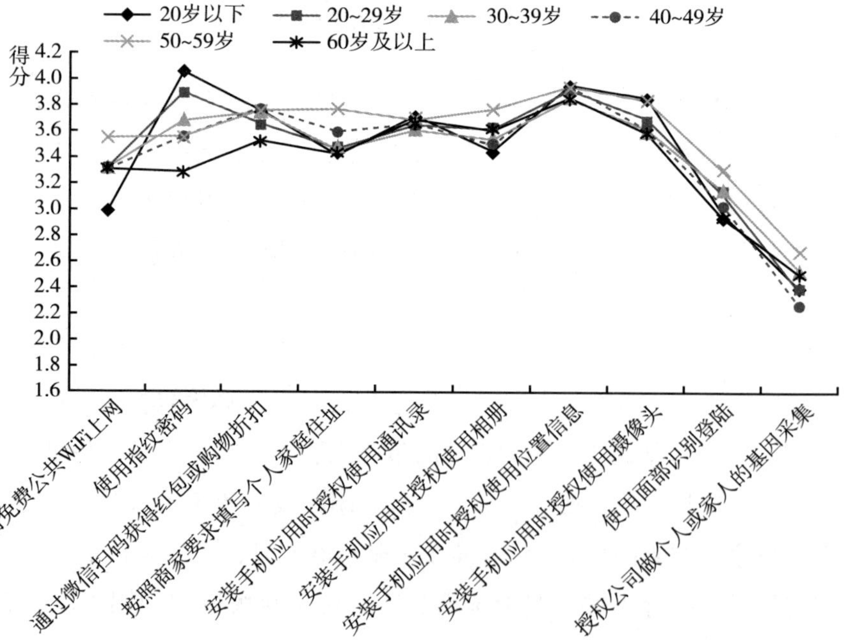

图 7　数字风险行为的年龄差异

不同受教育程度的民众在数字风险行为上存在差异，具体包括："使用免费公共 WiFi 上网""使用指纹密码""通过微信扫码获得红包或购物折扣""使用面部识别登陆""授权公司做个人或家人的基因采集"，其得分存在显著差异，其余条目得分具有一定差异，但统计上并不具有显著性（见图 8）。

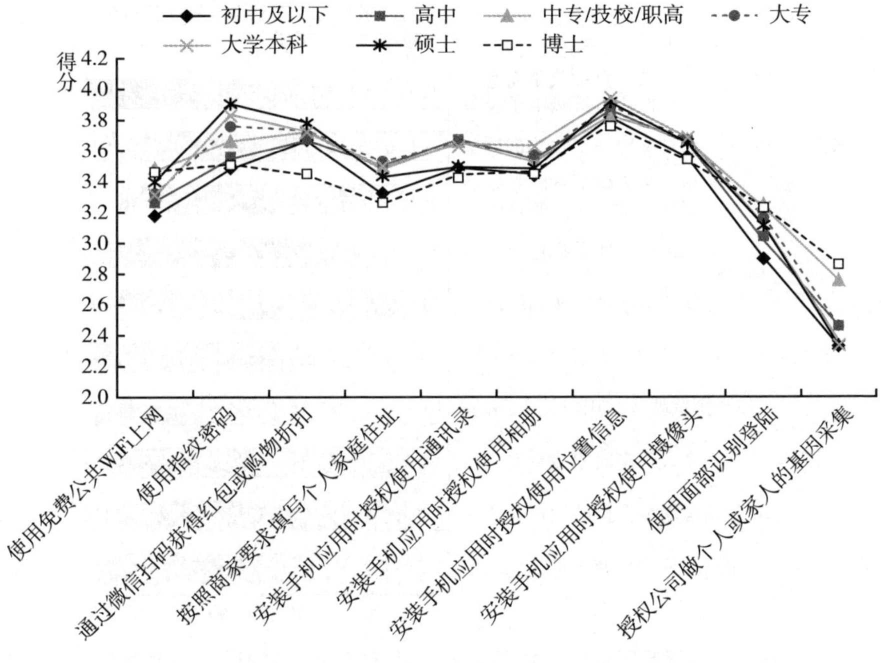

图 8　数字风险行为的受教育程度差异

（三）隐私保护方式

调查显示，在使用互联网时，"担心个人信息和隐私安全而杜绝绑定个人银行账号""避免使用那些要求实名的网站""注册时，填写个人信息时隐藏个人信息"等选项的使用频率都超过 50%（"有时"和"经常"的选项之和）。其中频繁使用的隐私保护方式为："注册时，填写个人信息时隐藏真实信息""避免使用那些要求实名的网站"，以及"担心个人信息和隐私安全而杜绝绑定个人银行账号"，其"有时"和"经常"的选项之和分别为 50.8%、51.8% 以及 51.9%。“从来没有”比例最高的选项为“设置浏览器为禁用或关闭 cookie”“使用虚拟网络或代理服务器进行无痕上网”“为了避免个人信息被收集而避免使用可穿戴电子设备”，其比例分别为 10.2%、9.8% 以及 10.9%（见图 9）。

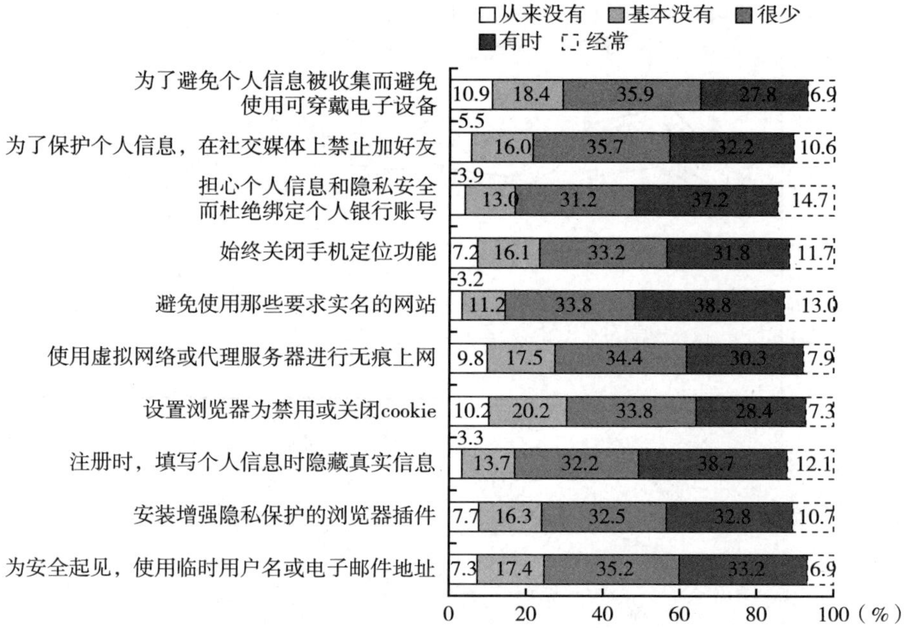

图 9　使用互联网时，您是否有过以下行为？有的话是否频繁？

不同性别的民众在互联网使用的隐私保护方式上不存在显著差异。普遍在“注册时，填写个人信息时隐藏真实信息”“避免使用那些要求实名的网站”“担心个人信息和隐私安全而杜绝绑定个人银行账号”等选项上的得分较高（见图 10）。

不同年龄的民众在互联网使用的隐私保护方式上存在差异，具体包括：“注册时，填写个人信息时隐藏真实信息”“使用虚拟网络或代理服务器进行无痕上网”“避免使用那些要求实名的网站”“为了保护个人信息，在社交媒体上禁止加好友”“为了避免个人信息被收集而避免使用可穿戴电子设备”，其得分存在显著差异，其余条目得分虽具有一定差异，但统计上并不

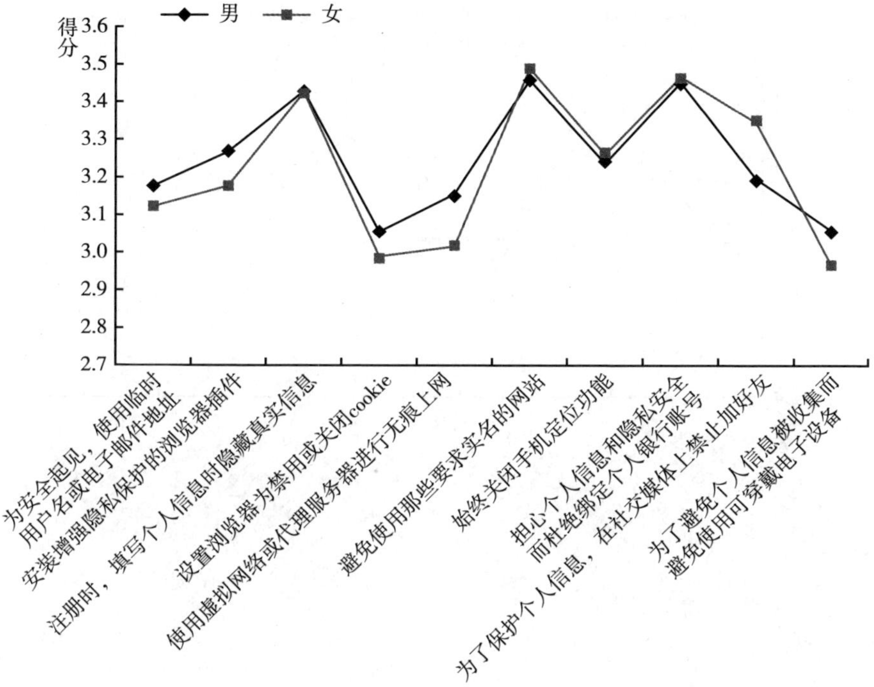

图 10　隐私保护方式在性别上的差异

具有显著性。其中各年龄段普遍在“注册时，填写个人信息时隐藏真实信息”“避免使用那些要求实名的网站”“担心个人信息和隐私安全而杜绝绑定个人银行账号”等选项上的得分较高（见图 11）。

不同受教育程度的民众在互联网使用的隐私保护方式上存在差异，“始终关闭手机定位功能”的得分不存在显著差异，其余条目的差异均在统计上具有显著性（见图 12）。

（四）个人信息分享

报告调查了民众在何种情况下愿意分享个人信息，数据显示，民众面对“得到红包”和“获得安全保障”的情况时，更愿意分享个人信息，“比较有可能”和“非常有可能”的比例之和分别为 47.7%、45.2%（见图 13）。

不同性别的民众在分享个人信息上存在差异，且男性相对于女性要更积

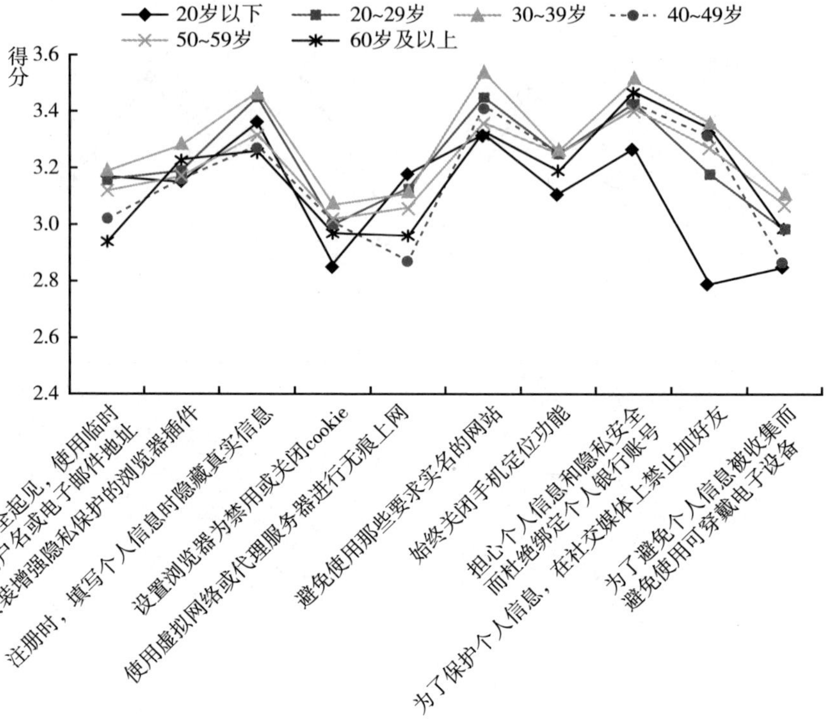

图 11　隐私保护方式在年龄上的差异

极一些。尤其是“获得慈善事业募捐”的得分存在显著差异，其余条目虽然得分存在差异，但统计上并不具有显著性（见图 14）。

不同年龄的民众在分享个人信息上存在差异，具体在“获得积分”“获得免费的产品和服务”上得分存在显著差异，其余选项虽然得分具有一定差异，但统计上并不具有显著性。其中 20 岁以下群体在“得到红包”上的得分尤其高，60 岁及以上群体在“获得安全保障”上的得分最高（见图 15）。

不同受教育程度的民众在个人信息分享上存在差异，具体包括：“获得积分”“获得慈善事业募捐”，其得分存在显著差异，其余条目虽然得分具有一定差异，但统计上并不具有显著性。其中，初中及以下群体在“获得慈善事业募捐”上的得分尤其低，中专/技校/职高群体在“获得积分”上的得分尤其高，博士群体在“得到红包”上的得分尤其低（见图 16）。

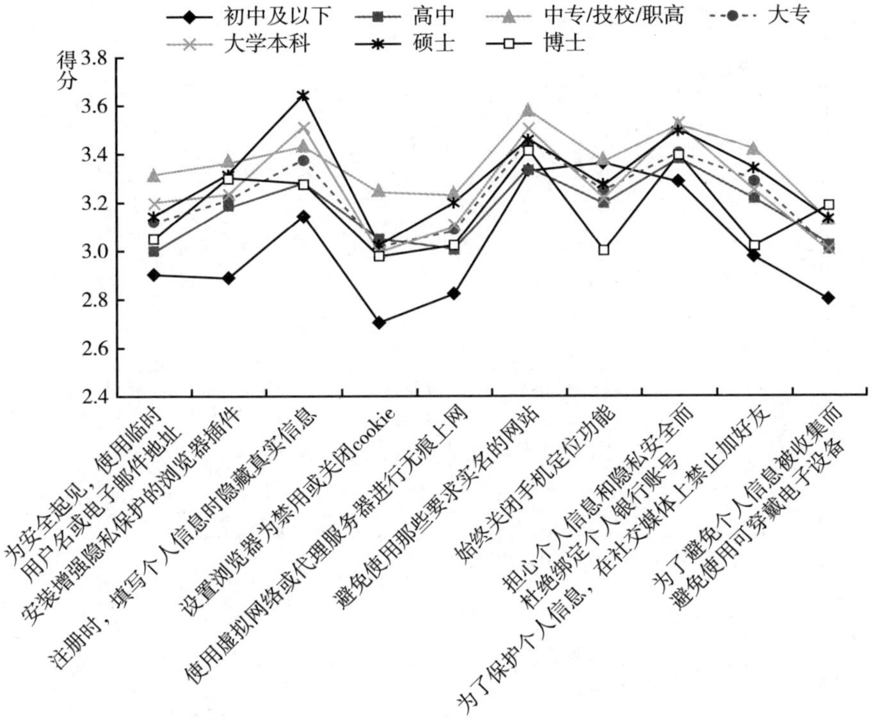

图 12　隐私保护方式在受教育程度上的差异

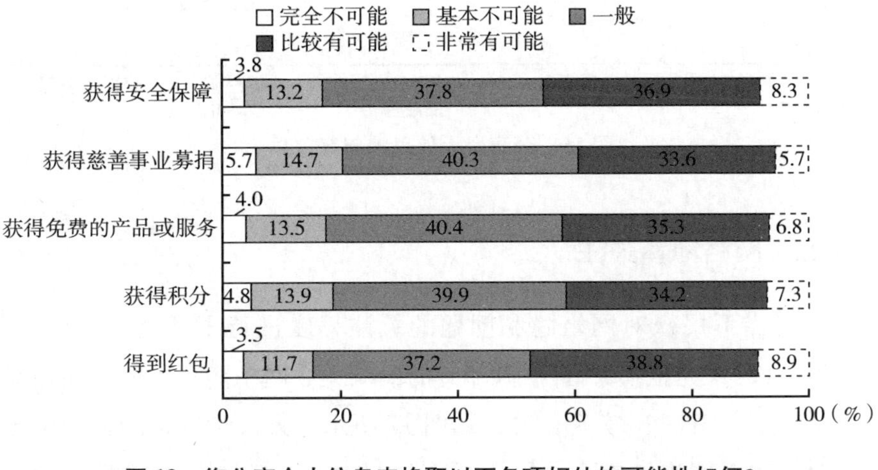

图 13　您分享个人信息来换取以下各项好处的可能性如何？

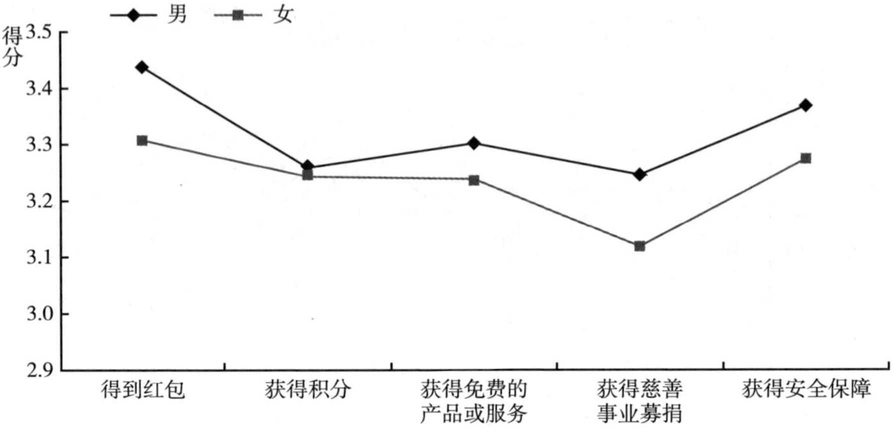

图 14　分享个人信息的性别差异

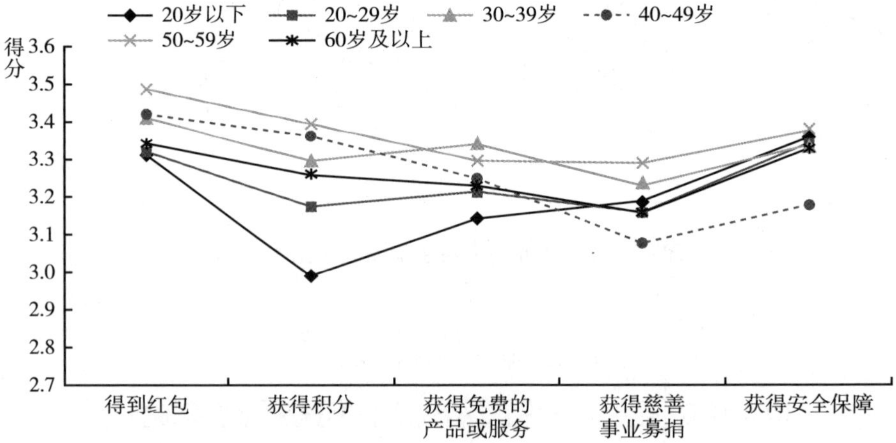

图 15　分享个人信息的年龄差异

（五）网络隐私关注

报告对当下民众对网络隐私问题的关注程度进行了调查，结果显示，0.4%的民众是“完全不关心”，78.5%的民众关心网络隐私的相关问题（包括“非常关心”和“比较关心”），如图 17 所示。人口学变量的检验结果显示：男性、20～39 岁年龄段、大专及大学本科的民众更关心网络隐私的问题（见图 18、图 19、图 20）。

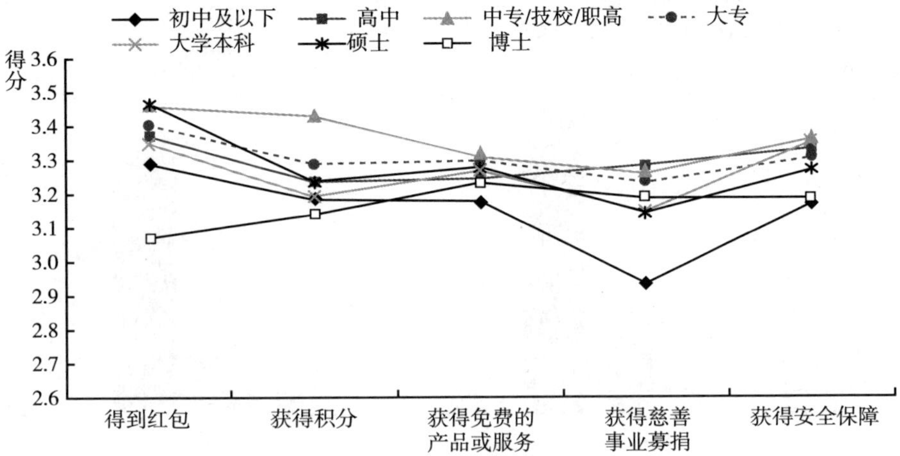

图 16　分享个人信息的受教育程度差异

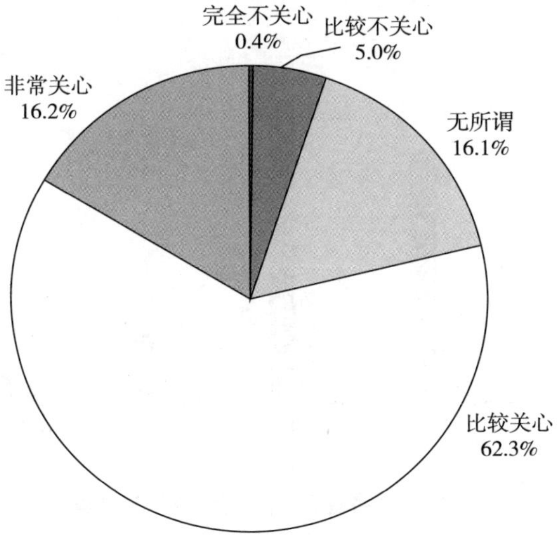

图 17　您如何评价自己对目前网络隐私问题的关注程度?

（六）个人信息保护的满意度

报告对目前民众对个人信息保护的满意度进行了调查，结果显示：

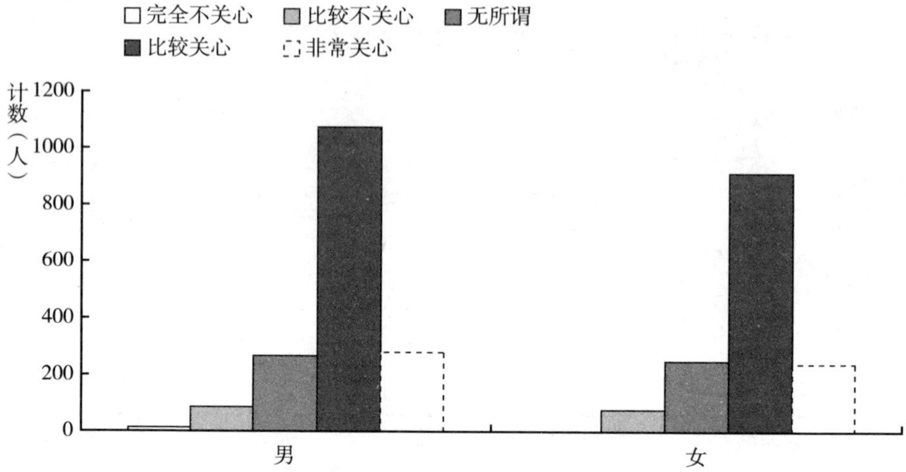

图 18　网络隐私问题关注的性别差异

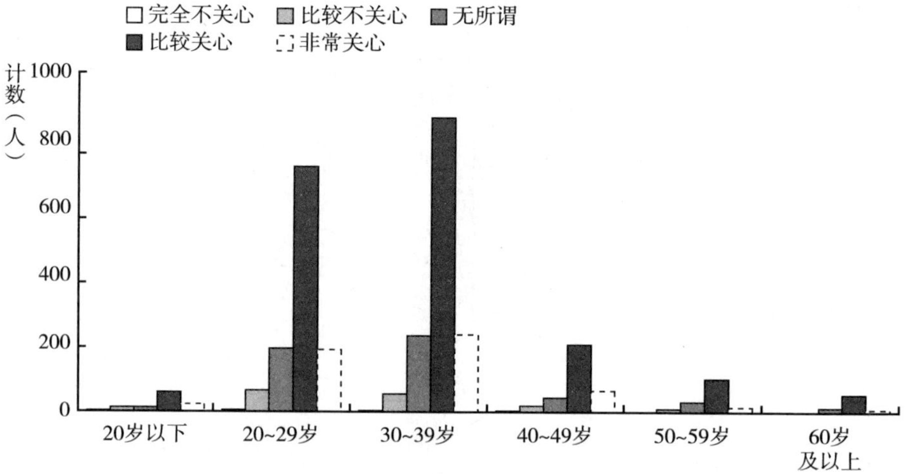

图 19　网络隐私问题关注的年龄差异

52.9%的民众表示满意（“非常满意”和“比较满意”之和）；33.8%的民众对目前的个人信息保护不满意（“非常不满意”和“不太满意”之和），如图 21 所示。人口学变量的检验结果显示：对目前个人信息保护表示满意的群体为男性、20～39 岁年龄段、大专及大学本科的民众（见图 22、图 23、图 24）。

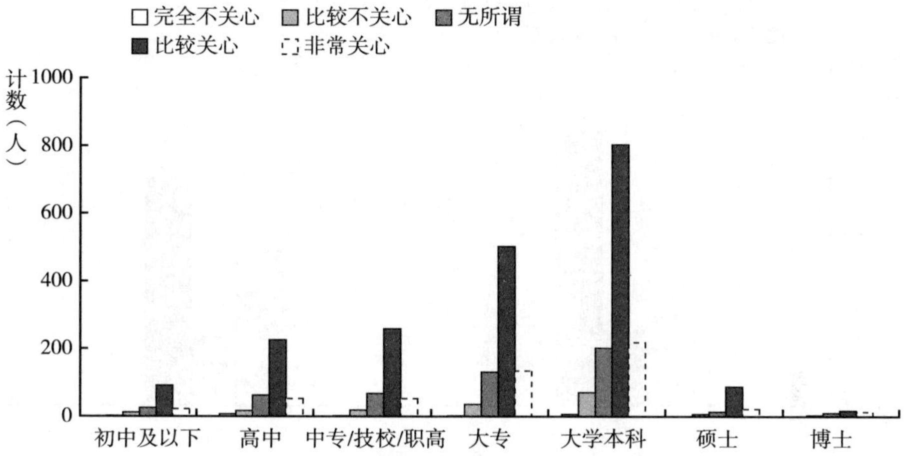

图 20　网络隐私问题关注的受教育程度差异

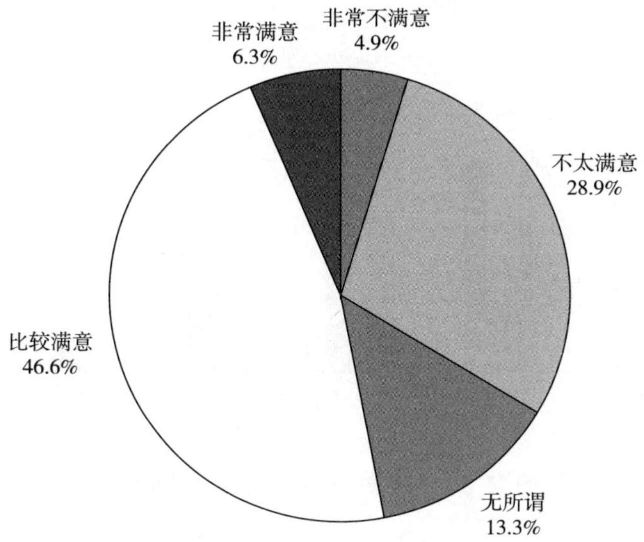

图 21　总的来说，您对目前个人信息保护的现状满意吗？

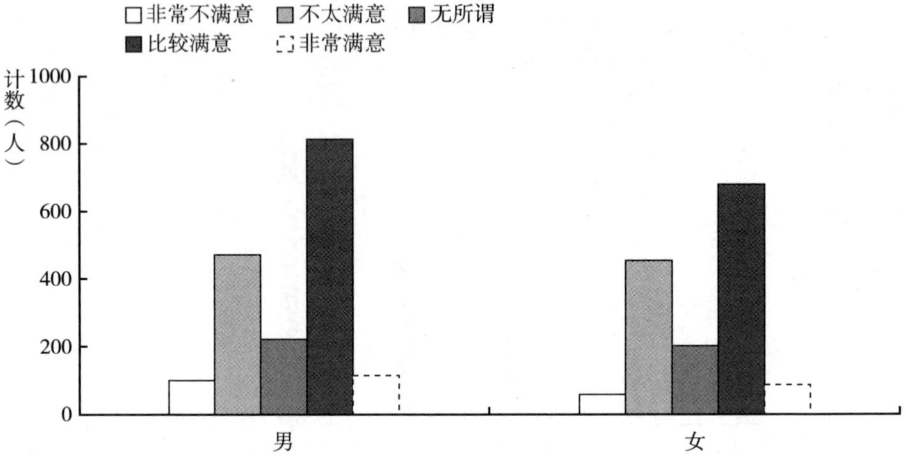

图22　个人信息保护满意度的性别差异

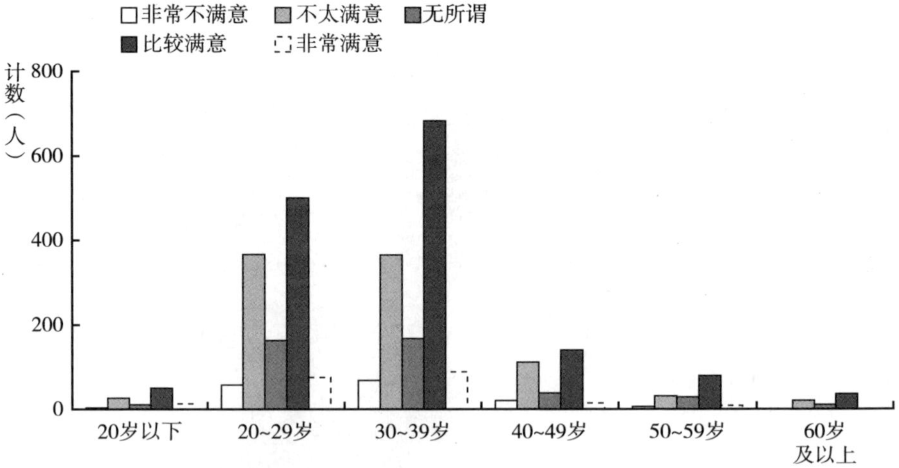

图23　个人信息保护满意度的年龄差异

（七）个人信息分享与社会稳定

报告对分享个人信息与现代社会的平稳运行之间的关系进行了调查，结果显示，赞成分享个人信息对社会平稳运行至关重要的民众占59.1%（“非

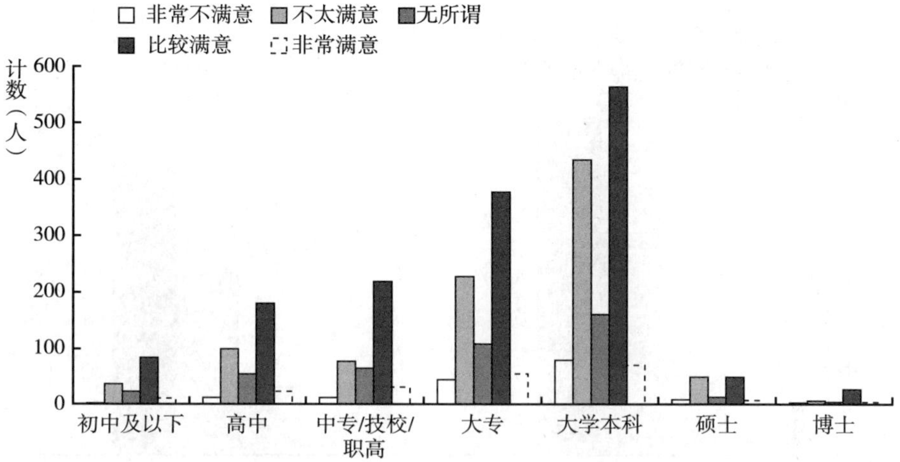

图 24　个人信息保护满意度的受教育程度差异

常同意”和“比较同意”之和），不赞成占 12.1%（“非常不同意”和“不太同意”之和）如图 25 所示。人口学变量的检验结果显示：赞成个人信息交换对于现代社会的平稳运行至关重要的群体为男性、20～39 岁年龄段、大专及大学本科的民众（见图 26、图 27、图 28）。

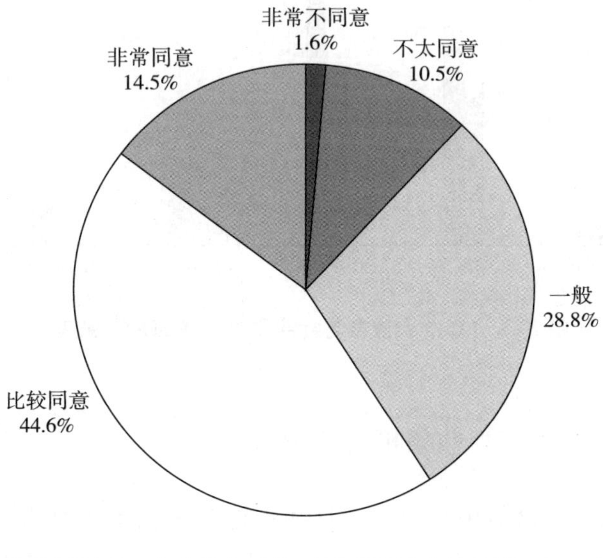

图 25　您是否同意，个人信息交换对于现代社会的平稳运行至关重要？

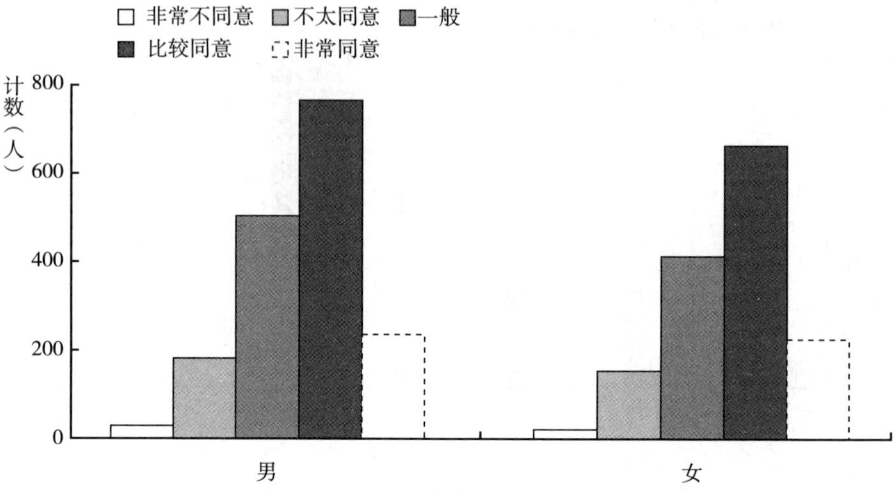

图 26　分享个人信息与社会平稳间关系的性别差异

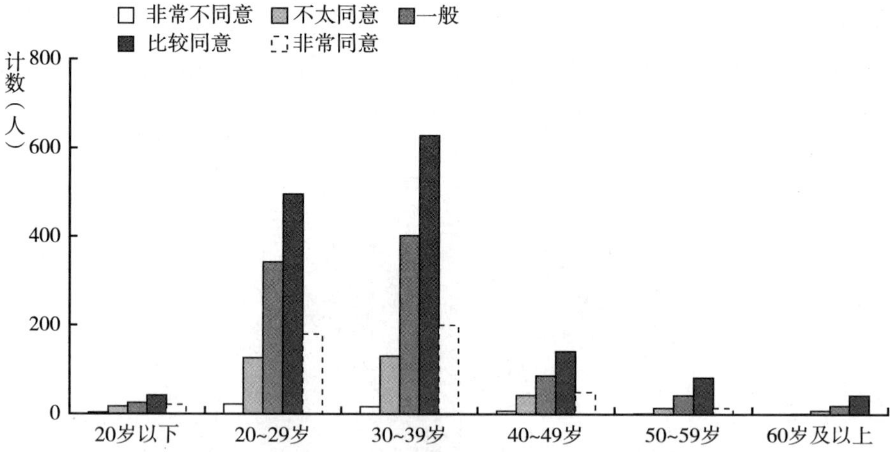

图 27　分享个人信息与社会平稳间关系的年龄差异

（八）对个人信息收集机构的担心

报告调查了民众最担心个人信息和数据被哪些方面收集、保存和使用，选项包括“熟人”“陌生人”“商业机构”“中介机构”“政府部门”，结果

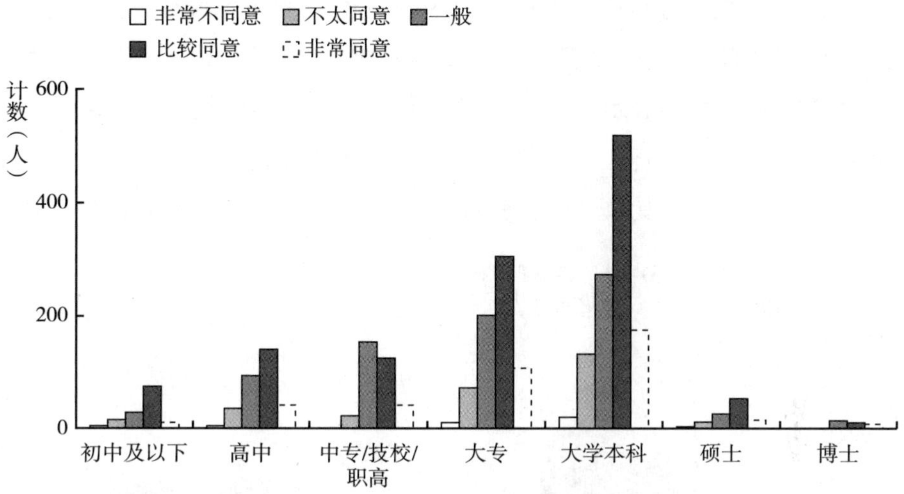

图 28　分享个人信息与社会平稳间关系的受教育程度的差异

显示最担心个人信息和数据被收集、保存和使用的第三方由高到低的前三位分别是："中介机构" 37.0%、"商业机构" 31.2%、"陌生人" 27.1%（见图

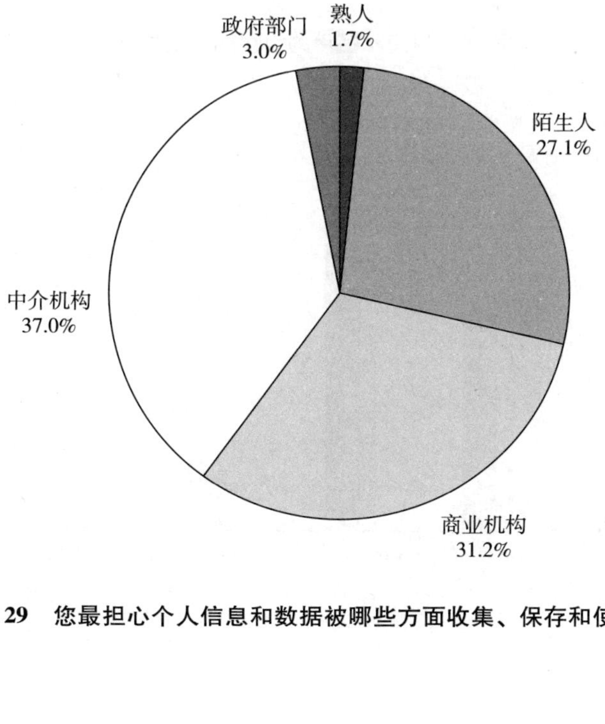

图 29　您最担心个人信息和数据被哪些方面收集、保存和使用？

29）。在人口学变量分析中，男性对“中介机构”的担忧最高，女性普遍对“中介机构”“商业机构”“陌生人”都表示担心（见图30）；不同年龄段民众均对“中介机构”表示了担心，尤其是20～39岁年龄段，但20岁以下群体对“陌生人”更担心（见图31）；不同受教育程度的民众最担心的是“中介机构”，但高中受教育程度者对“陌生人”更担心一些（见图32）。

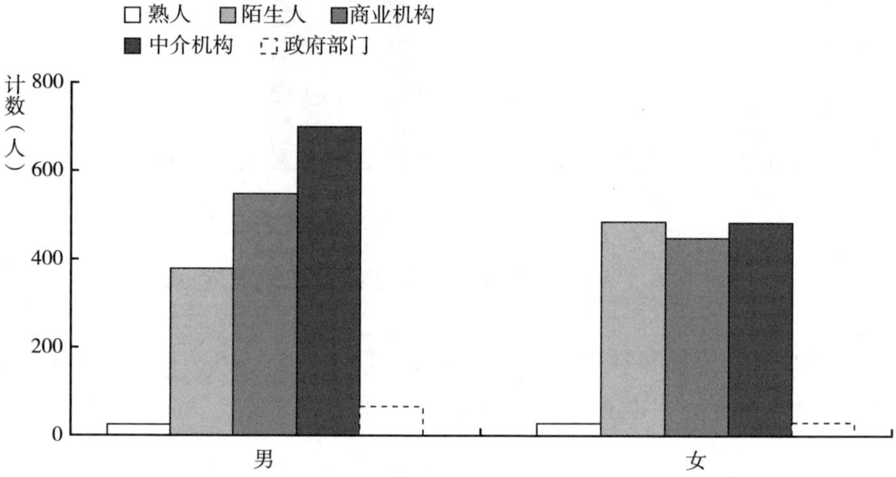

图30　对隐私使用的担忧的性别差异

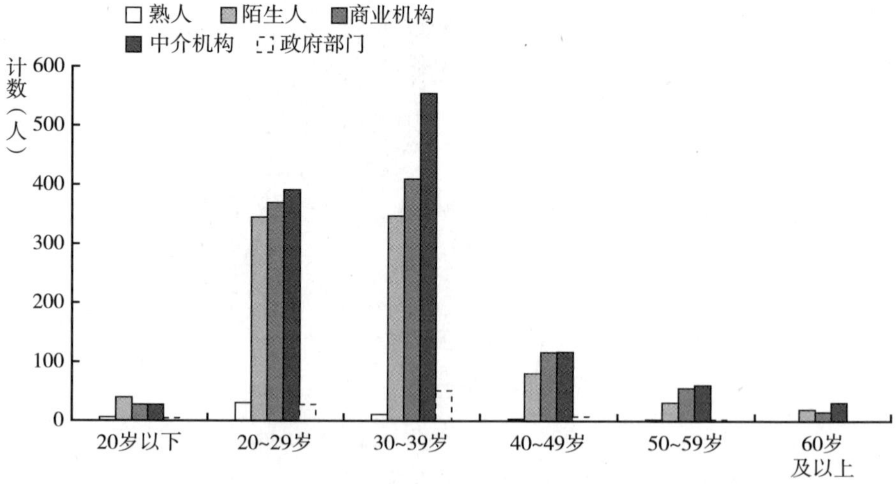

图31　对隐私使用的担忧的年龄差异

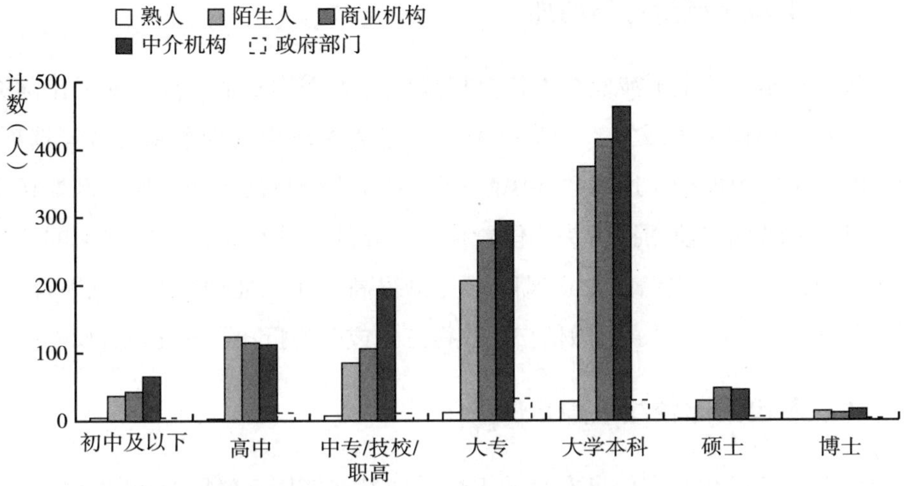

图 32　对隐私使用的担忧的受教育程度差异

四　讨论与结论

（一）多数民众对个人信息表示担忧

报告显示，民众对第三方将个人信息和活动记录保存表示担忧，这一比例平均超九成，对第三方保存个人信息“非常有信心”的民众不足一成。民众对“政府机构”“户籍管理部门”“银行”这些具有较高社会信用的组织和机构倾向于有信心（“非常有信心”和“比较有信心”之和），但比例也不超过七成。究其原因，一方面，可能是层出不穷的隐私与个人信息安全事件引发民众担忧，例如，国内“8·19 徐玉玉电信诈骗案”、国外持续发酵的“Facebook 泄露用户信息”案件等，以及电信诈骗案件依然高发且伤害面依然很广；另一方面，国内对于个人信息保护的法律和机制尚不健全，缺乏像欧盟 2018 年颁布的《一般数据保护条例》（*General Data Protection Regulation*，GDPR）这样的法律。

（二）数字风险行为增加

报告显示，完全不涉及个人信息风险的行为平均不足一成，如果排除类似“授权公司做个人或家人的基因采集”这类大众比较少遇到的特殊选项，则风险行为比例更高。这些数字风险行为中有些行为是被动选择，例如在安装手机应用时授权使用摄像头、位置信息、相册、通讯录，这些选项的选择比例平均为97%，主动的数字风险行为也很高，如“使用免费公共 WiFi 上网”的比例为95%，“通过微信扫码获得红包或购物折扣”的比例为98%。

（三）民众比较注重隐私保护

民众对隐私和个人信息安全的担忧，使其在使用互联网时更加谨慎。报告显示，“担心个人信息和隐私安全而杜绝绑定个人银行账号”“避免使用那些要求实名的网站”“注册时，填写个人信息时隐藏个人信息”等选项的使用频率都超过50%。民众保护隐私和个人信息的手段也逐步多元化，除上述拒绝填写个人信息的“被动防守”外，还会采取一些主动防御手段，例如“使用虚拟网络或代理服务器进行无痕上网”“安装增强保护的浏览器插件”等。民众更多地会选用拒绝提供或隐藏个人信息等保护手段。

（四）绝大多数民众关注网络隐私

报告显示，仅有0.4%的民众是“完全不关心”当下的网络隐私问题，最关心网络隐私问题的群体是青年，具体是男性、20～39岁具有大专及大学本科学历的青年。这个群体的日常生活与互联网的密切度普遍高于其他群体，其工作、生活、娱乐等都离不开网络，且他们具有一定的学历背景、生活经验，个人信息风险意识更强。

（五）个人信息保护的满意度偏低

民众对个人信息保护现状的满意度偏低，只有52.9%的民众表示满意，33.8%的民众对目前的个人信息保护不满意。

（六）多数人赞成个人信息分享

赞成分享个人信息对社会平稳运行至关重要的民众占 59.1%，不赞成占 12.1%，多数民众倾向于认同分享个人信息，但同时也担心信息分享所带来的数据风险，为了换取便利性而丧失了个人的自主性的代价更大（王俊秀，2018）。民众认为个人数据的分享可以有选择的接受，“得到红包”与“获得安全保障”是分享数据信息时的首选。最赞成个人信息交换对于现代社会的平稳运行至关重要的群体为男性、20～39 岁年龄段、大专及大学本科学历的民众。

（七）对个人信息收集机构的担心

民众最担心个人信息和数据被收集、保存和使用的机构前三位分别是“中介机构”、“商业机构”和“陌生人”。这与屡屡被爆出的贩卖个人信息事件不无关系，几乎所有人都曾经接到过个人信息泄露后的骚扰电话，给民众带来困扰和经济损失。

五　对策与建议

（一）加快个人数据保护立法进程

随着人工智能、智慧社会的形成，越来越多的机构以各种方式收集个人信息，使得民众面临的数字风险越来越多，存在大量个人数据被非法交易、滥用和违法行为，应该通过制定个人信息保护法律来规范个人信息采集、存储和使用的各个环节，使得个人信息被规范使用，真正实现给社会带来便利和福祉。

（二）加强个人信息使用立法的研究

全球化和信息时代带来了个人信息使用和保护新的难题，2018 年欧盟率先颁布了《一般数据保护条例》，这部法律对于全世界的互联网公司产生了巨大的影响，有的公司甚至关闭了一些地区或某些业务。应该加强个人信息使用保护的立法研究，包括如何借鉴欧盟《一般数据保护条例》的立法理念和思想，如何在保护个人基本权利的基础上促进大数据和智能社会的发展。

（三）关注个人隐私心态

个人信息使用和保护不能回避的一个问题是隐私问题，而隐私并不仅仅是法律如何鉴定的概念，更关键的是民众如何理解，是一个非常主观的评价，这个评价随着时代的变化也发生着变化，其与个人的权利意识和法律意识密切相关，在不同的文化和亚文化下也表现出一定的差异。因此，要通过研究了解民众的隐私心理和心态，为基于隐私保护的个人信息使用和保护立法打下坚实的基础，这也关系到立法和执法的成败。

参考文献

王俊秀：《数据监控、隐私终结与隐私通货》，《探索与争鸣》2018 年第 5 期。

Barth, S. , & De Jong, M. , "The Privacy Paradox-investigating Discrepancies between Expressed Privacy Concerns and Actual Online Behavior-A Systematic Literature Review", *Telematics and Informatics*, S0736585317302022 (2017).

Brown, D. , "Killing Privacy with Legislation?", *Interactive Week*, 16 (2001).

Spiekermann, S. , Berendt, B. , & Grossklags, J. , "E-privacy in 2nd Generation E-commerce: Privacy Preferences Versus Actual Behavior", *Social Science Electronic Publishing* (2001).

B.8
澳门公众新媒体使用与社会心态调查研究（2019）

李卉茵　何蕴欢　梁剑锋*

摘　要： 本研究调查了澳门公众对新媒体的使用和社会心态（包括四个方面：社会问题关注、社会感受、价值观和社会认同）。结果显示：①澳门公众新媒体使用普遍，新媒体已成为公众社交、获取朋友动态、获取大众资讯、休闲娱乐的主要工具和手段。②在社会问题关注方面，国际社会威胁和澳门本地气候天灾问题最受关注。③在社会感受方面，澳门公众的安全感较高，其次是信任感和幸福感，弱势感和被剥夺感出现缓和。④在价值观方面，后物质主义价值观逐渐被接纳，学历越高，越认同后物质主义价值观。⑤在社会认同方面，澳门受访者对澳门的认同感最高，对中国内地的认同感超过了香港。

关键词： 新媒体　社会心态　社会认同　价值观　澳门

一　引言

中国互联网络信息中心（CNNIC）发布的第43次《中国互联网络发展

---

* 李卉茵，澳门科技大学传播系博士，澳门传播学会会长，粤港澳大湾区青年总会澳门区主席，研究方向为整合营销传播、新媒体对旅游业界影响；何蕴欢，硕士，澳门科技大学澳门传媒研究中心媒体协调经理，研究方向为澳门新媒体使用研究；梁剑锋，硕士，澳门大湾区青年文化有限公司总编辑，研究方向为非线性传播模式下的新媒体舆情分析及应对。

状况统计报告》显示，截至2018年12月，中国网民规模达8.29亿，全年新增网民5653万，互联网普及率为59.6%，较2017年底提升3.8个百分点。中国手机网民规模达8.17亿，网民通过手机接入互联网的比例高达98.6%，全年新增手机网民6433万。排名前三的网络应用即时通信（例如微信、QQ）、搜索引擎、网络新闻的网民使用率均超过80%。

互联网的快速普及与发展，与中国的全球化、市场化、城市化等进程密切交织，成为当前转型期中国社会正在经历的最为突出的几大特征。在当前网络新媒体广泛普及的大背景下，公众在社会议题的关注、社会情绪的表达、社会互动等方面表现出复杂的特征，这对国家治理服务现代化和社会治理而言，既是机遇，也是挑战。一方面，新媒体的崛起以及相关技术的发展，提供了丰富的数据资源和沟通平台，为社会治理提供了前所未有的机遇；另一方面，新媒体平台的开放性、复杂性、匿名性等特征，大大增加了社会治理的难度，并且形成了巨大的挑战。因此，及时了解公众的新媒体使用行为规律以及社会心态特征具有重要的意义。

但已有关于公众新媒体使用和社会心态的研究证据大多集中于内地公众，针对香港地区，尤其是澳门地区公众的研究相对较少。在互联网使用和新媒体使用方面，澳门统计暨普查局的数据显示，2018年澳门175400个家庭中有90%上网，与2017年相比实际增加了6600个家庭。大多数人使用互联网是为了“沟通”（94.4%）、“网上娱乐”（81.9%）、“信息搜寻”（79.6%）及“阅读或下载报章、杂志等”。2018年使用手机的人数为577300人，比2017年增长2.9%，移动普及率为91.7%，同比增长0.8个百分点。高网络普及率的澳门，Facebook、Twitter、Instagram、微博、微信等社交新媒体在公众中交叉使用，新媒体环境尤为复杂。澳门新媒体使用以及公众社会心理特征方面具有怎样的规律，仍然是有待深入研究的问题。

在公众社会心态方面，社会心态是社会变迁研究的一个重要组成部分，也是政府宏观决策、管理部门和研究中国现实社会变迁及社会问题的学术界不容忽视的问题（杨宜音，2006）。社会心态是指一段时间内弥散在整个社会或群体、社会类别中的社会共识、社会情绪和感受，以及社会价值取向（杨宜音，2006）。杨宜音、王俊秀及其团队结合社会心理学、社会学研究的相关理论和成果，通过社会需要、社会认知、社会情绪、社会价值以及社会行为五个一级指标及一系列二级指标对社会心态的结构进行操作化和测量（杨宜音、王俊秀，2013；王俊秀，2014）。也有一些研究者围绕特定情境或者特定主题的社会心态开展了一系列研究；关于特定地区公众社会心态的特征及其规律问题，也逐渐得到一些研究者的关注，如杨洁（2012）关于甘肃居民社会心态研究。已有的社会心态研究多集中于对中国整体社会心态的研究，或者对于内地层面的社会心态研究。总体而言，目前对于港澳地区，尤其是澳门公众社会心态进行的较为系统、深入的研究论证仍然较少。

港澳地区作为中国的两个特别行政区，具有独特的语言文化、殖民历史、法律体制、经济结构。随着港澳地区与内地间的联系和交流日益密切，尤其是《粤港澳大湾区发展规划纲要》正式发布，三地在经济、人才、教育等方面的合作越发深入。因此，探讨新媒体大背景下港澳公众新媒体使用及社会心态特征，对于促进两岸暨港澳地区的沟通、推进社会治理具有重要意义。澳门作为联结东西方的重要桥梁，其受到中国文化、葡萄牙文化及其他多种文化的共同影响。澳门自身历史的特殊性使得澳门公众的社会议题关注、社会感受、价值观、社会认同等社会心态特征更具多元性和复杂性。传统上，由于港澳地区地理接近、语言共通，两地人员往来便利且频密，澳门经济与香港联系较为紧密，澳门公众在媒体使用习惯及社会心态特征方面，与香港较为接近。但回归以后，澳门赌权开放，以博彩和旅游为支柱产业的经济极大受益于中国内地经济的快速发展。澳门迅速超越香港（2006 年），成为中国人均 GDP 最高的城市。澳门回归二十年，公众的媒体使用习惯和社会心态特征与香港地区的走向出现明显差异。澳门地区更加值得作为独立样本，对其新媒体使用习惯及社会心态特征展开持续、深入研究。

为此，本研究立足于澳门，由澳门科技大学人文艺术学院澳门传媒研究中心联合澳门传播学会、中山大学传播与设计学院大数据传播实验室开展问卷调查，揭示澳门公众的新媒体使用现状和社会心态特征。本次调查问卷于2019年3月上旬发放，共回收有效纸质问卷及电子版问卷734份。

二 新媒体使用现状

（一）新媒体平台使用率

在新媒体使用方面，澳门呈现多元状态，不同类型的新媒体平台均有一定的用户群体。其中，微信、新闻网站和Facebook是澳门居民最常使用的三种新媒体，94.5%的澳门居民表示经常浏览微信，有64.7%的澳门居民表示经常浏览新闻网站，59.0%的澳门居民表示经常浏览Facebook。此外，有超过四成的澳门居民会使用热门的社交软件，例如微博、视频直播App和短视频分享App。经常使用微博的澳门居民占49.7%，经常使用视频直播App和短视频分享App的澳门居民分别占42.0%和47.9%（见图1）。

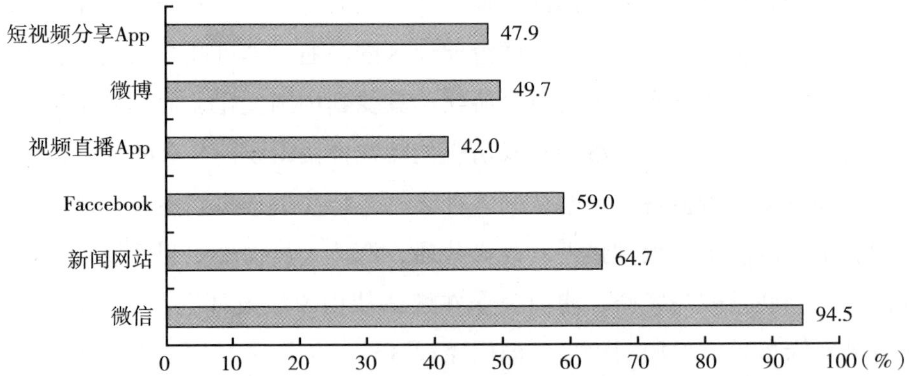

图1 澳门居民使用各类新媒体平台的情况

随着澳门与内地商业贸易往来的增多，澳门整体媒体环境越来越受到内地的影响。由于微信在内地的普及率很高，大部分内地居民均使用微信进行日常交往，澳门居民与内地居民进行商业贸易往来时会更多地使用微信，这是微信成为澳门居民经常使用的新媒体的重要原因之一。

（二）新媒体使用动机

在功能上，网络新媒体满足公众的社交、获取朋友动态、获取大众资讯、休闲娱乐等多方面的需求（见图 2），但不同新媒体平台承担的功能各有侧重。社交和获取朋友动态是微信最重要的两个功能，有七成左右用户会通过微信开展社交和获取朋友动态（见图 3）。相对于微信强大的社交功能优势，微博则满足了公众对获取大众资讯、休闲娱乐的功能需求，两项的使用率分别为 53. 5% 和 49. 4% 。

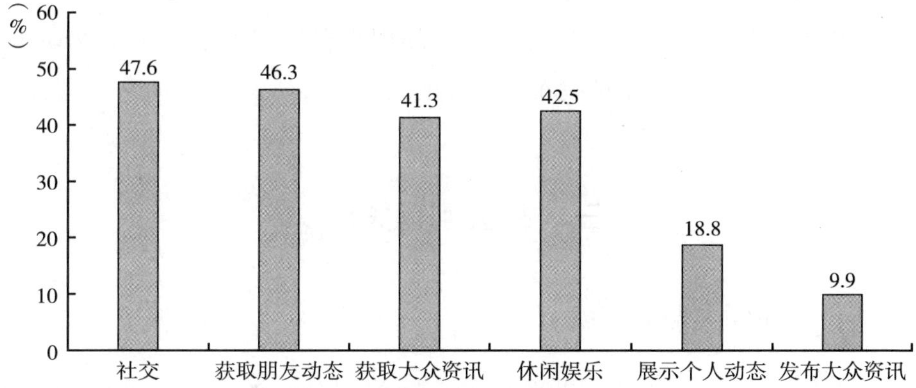

图 2　澳门居民新媒体功能使用情况

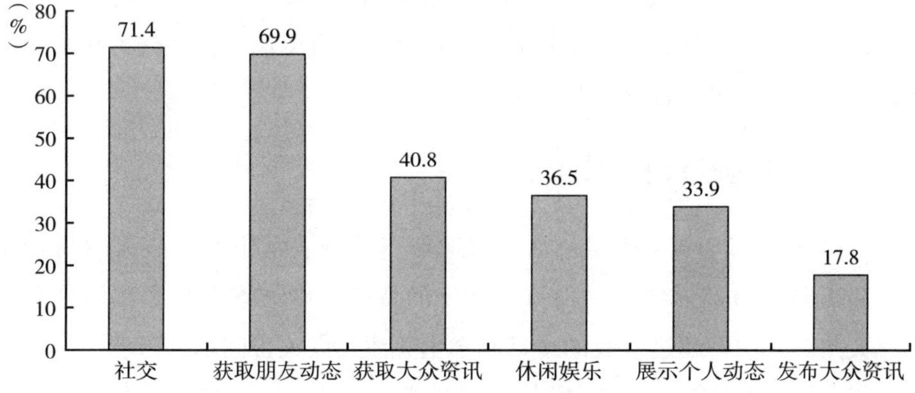

图 3　澳门居民微信功能使用情况

视频直播 App 和短视频分享 App 则主要满足用户的休闲娱乐需求，该功能占比高达 61.4% 和 62.1%，而社交属性则不强，只有 24.6% 和 22.3% 的用户会用作社交用途。相反，WhatsApp 和 Line 则主要承担了社交功能，有 61.8% 和 49.9% 的用户将这两款 App 用作社交工具。

Facebook、Twitter 以及 Instagram 的功能使用较为平均，功能分布与新媒体的整体功能分布较为接近。

相对而言，澳门公众对信息输出功能的使用较为保守，仅有 18.8% 的受访者会通过新媒体展示个人动态，9.9% 的受访者会发布大众资讯。新媒体在发布大众信息的功能使用上远低于其他功能使用，微信较其他新媒体在信息输出方面依然占据第一，有 33.9% 的用户会使用微信展示个人动态，有 17.8% 的用户会使用微信发布大众资讯。

三　社会问题关注

（一）新闻类型关注度

在各类新闻中，社会新闻受到最广泛澳门公众的关注，关注率高达 91.3%，其次是时政新闻和娱乐时尚新闻，关注率分别为 86.3% 和 84.8%。文化教育新闻也受到澳门公众的关注，关注率为 82.8%。相比之下，科技数码新闻、财经新闻和体育新闻的关注率略低，可见澳门公众较青睐于通过新媒体获取社会民生资讯（见图 4）。

（二）本地性议题的关注度

对比发现，2019 年澳门公众对本地热点话题表示出的关心程度高于往年。2018 年 9 月超强台风“山竹”袭澳的特殊气候灾害引起了澳门公众的广泛关注。其中，超过八成的全日制学生关注气候灾害问题。

与前两年相似，公共交通依旧是澳门公众密切关注的民生话题。由于巴士加价，澳门公众对公共交通的关注度由 2017 年的 64.2% 上升至

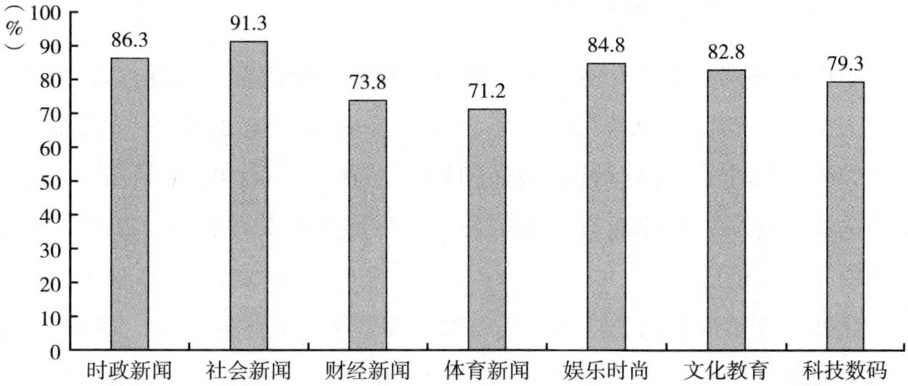

图4　澳门公众关注新闻类型情况

2019年的71.9%。对于“澳门美食年启动”的旅游业发展问题，63.9%的澳门青年认为该事件与自己关系密切。对于澳门文化遗产保护问题的关注，则明显较低，仅有33.5%的澳门青年表示关注相关议题（见图5）。

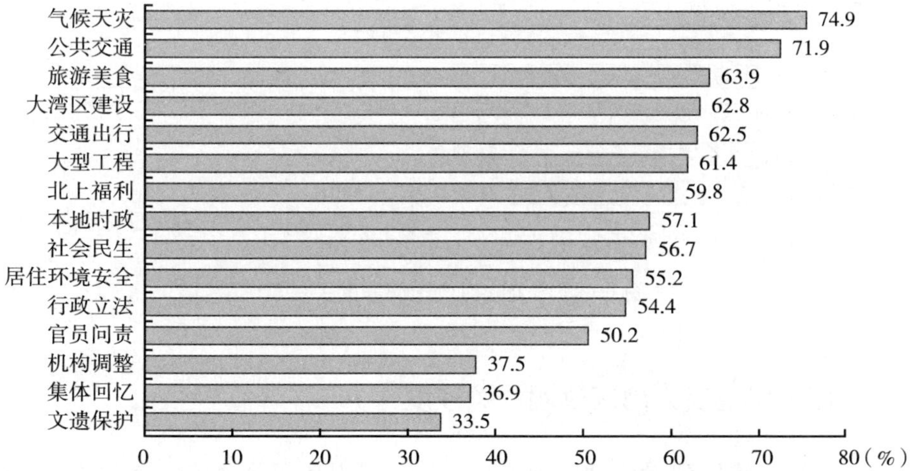

图5　澳门公众对本地问题的关注度

（三）全国性议题的关注度

2019 年澳门公众十分重视中美贸易摩擦等国际问题，关注度从 2017 年的 25.3% 上升到 50.4%。2017 年，澳门公众最关心的全国问题是养老（26.9%）。其中，在国际社会威胁问题上，澳门公众的学历越高，对该问题的关注度越高。相比而言，澳门公众对高层政治关注较少，2019 年仅有 21.6% 的关注度。

此外，有不少澳门公众表示生命安全问题是其关注的重点，特别在药品安全、食品安全和人身安全方面。其中，46.2% 的澳门公众关注滴滴顺风车奸杀案。而关注长春疫苗案件、范冰冰偷税风波的公众分别有 33.2% 和 26.5%（见图 6）。

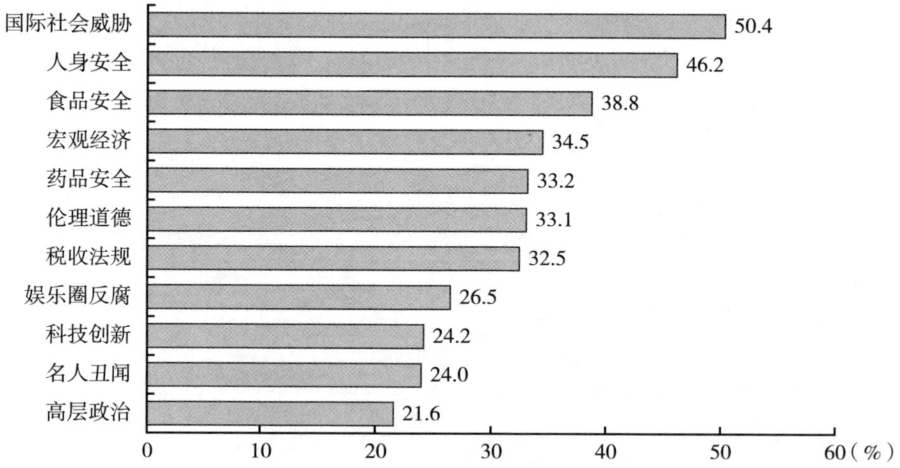

图 6　澳门公众对全国问题的关注度

（四）粤港澳大湾区议题的关注度

粤港澳大湾区建设继续向前推进，持续吸引澳门公众的广泛关注。调查显示，近三年来，粤港澳大湾区建设的关注度连续提升。具体而言，2017 年对粤澳建设大湾区议题的关注度仅有 39.7%。而 2019 年，有 62.8% 的澳门公众关注《粤港澳大湾区发展规划纲要》的出台；62.5%的澳门公众认为港珠澳大桥启用后使用率超过预期。另外，近六成澳门公众认为，开放港澳台居民申请居住证与自己关系密切。这说明，澳门公众融入大湾区的积极性不断提高。

在收入分布上，收入越高，公众越认为大湾区建设与自己息息相关。在学历上，也呈现学历越高越关注大湾区建设的规律（见图7）。综合而言，在对大湾区政策发展及其效果进行宣传时，要瞄准高收入、高学历人群，充分发挥新媒体、自媒体在资讯时代高效传播资讯的作用。

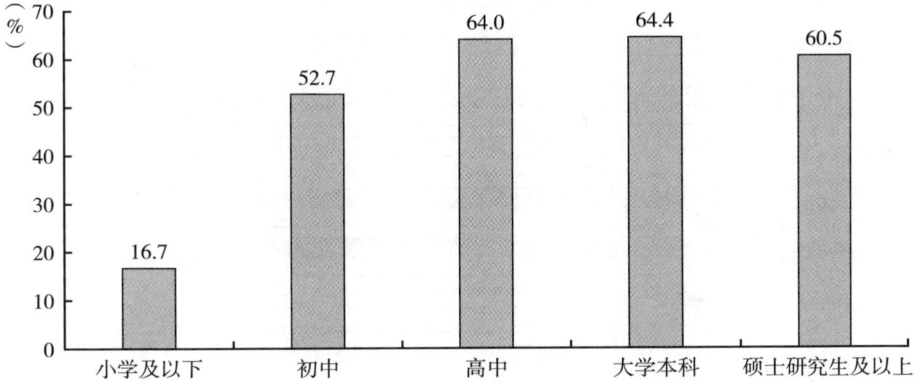

图7　不同学历的澳门公众对大湾区建设关注度

四　社会感受

社会感受方面，主要包括幸福感、公平感、满意度、安全感、信任感、弱势感、压力感、被剥夺感、社会参与感九种类型，在问卷中采用5点评分法，对受访人群的社会感受进行测量。

（一）社会感受总体水平

澳门公众普遍有强烈的安全感、幸福感、信任感和满意度，持续三年有超六成的澳门公众表示感受到较为强烈及以上的安全感，安全感均值超过

3.5。此外，由于粤港澳大湾区的建设发展，澳门公众在异地就业、置业、保障等方面得到政策支持，2019 年调查显示，澳门公众感知到的社会负面感受相对缓和：澳门公众感知到的压力感由 2017 年的 3.38 下降为 3.05，弱势感由 2017 年的 3.22 下降为 2.80，被剥夺感由 2017 年的 3.18 下降为 2.69（见图 8）。

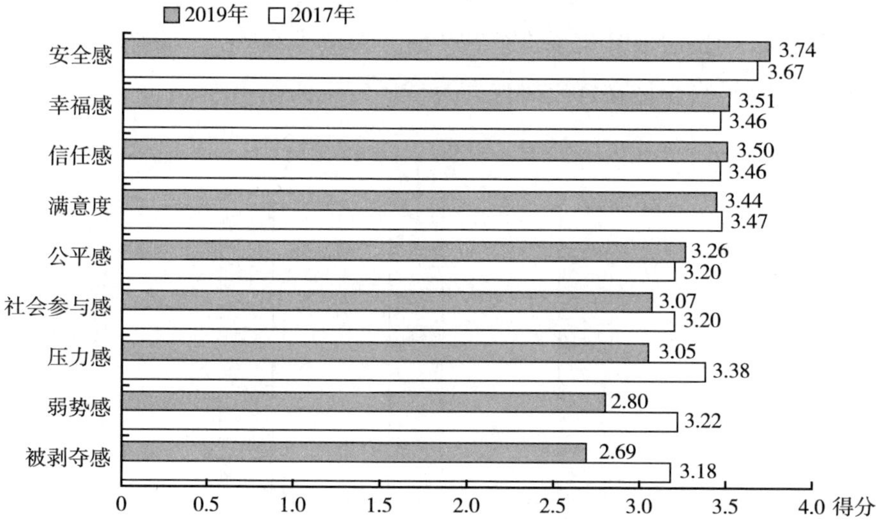

图 8　澳门公众 2017 年和 2019 年的社会感受平均水平

（二）不同职业人群的社会感受

不同职业的澳门公众社会感受水平存在差异。全日制学生的安全感最强（4.03），其次是建筑、制造及运输业群体（3.94），中小企业主的安全感也较强（3.80）。相较而言，博彩、旅游及餐饮服务业从业群体的安全感较低（3.49），这部分公众的信任感和幸福感也较低，分别为 3.34 和 3.23（见图 9）。

（三）不同年龄人群的社会感受

调查显示，收入水平与澳门公众的压力感和被剥夺感呈现一定的负相关趋势。本报告将月收入低于 8000 元（澳门币，下同）的人群定义为“低收入人

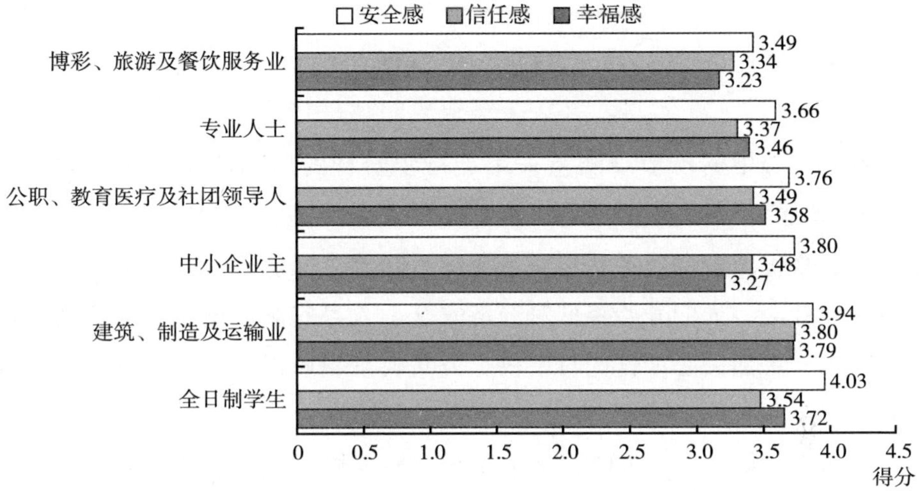

图 9　不同职业澳门公众社会感受平均水平

群”，将月收入为 8000 ~20000 元的人群定义为“中等收入人群”，将月收入高于 20000 元的人群定义为“高收入人群”。澳门低收入人群压力感最高为 3. 17，弱势感（2. 81）和被剥夺感（2. 81）也最高；高收入人群压力感和被剥夺感最低，分别为 3. 01 和 2. 68（见图 10）。具体而言，在低收入人群中，30 岁以下年轻人占比 69. 5%。这意味着，澳门 30 岁以下青年群体的压力感和被剥夺感相对较高，这可能是因为在后现代主义价值观下，澳门青年把自我实现作为首要目标。

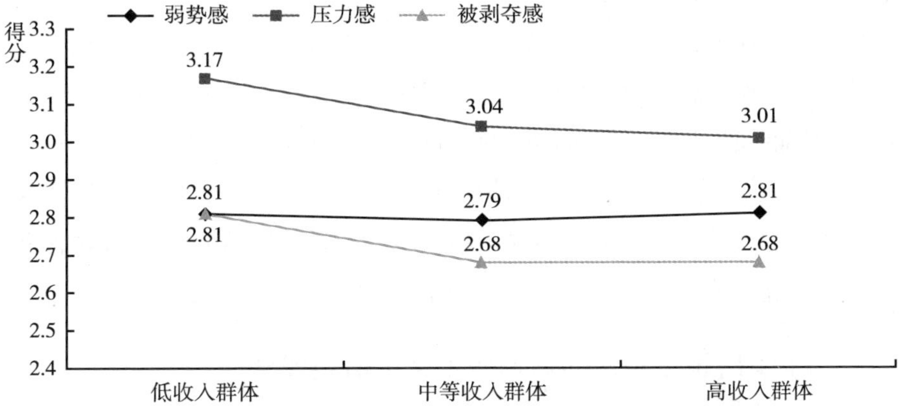

图 10　不同收入群体的负面社会感受平均水平

五　价值观

本次调查中的价值观测量采用英格尔哈特的后物质主义价值观量表（英格尔哈特，1997）。英格尔哈特的后物质主义理论认为，西方发达工业社会的公众价值观经历了从物质主义向后物质主义的转变。在物质丰裕的发达工业社会，人们开始降低对经济安全、人身安全、国家安全等物质价值的需求，更加关心如言论自由权、公共政策领域参与权等后物质主义价值观。

因而，后物质主义价值观被定义为：发言权（使人们在重要的政府决策上有更多的发言权）、人道社会（朝着更有人情味的而且更人性化的社会迈进、朝着理念比财富更重要的社会迈进）、参政议政（增加市民参政议政权利）、社会安全（打击犯罪）、政治诉求（提高政府、公立机构透明度）以及言论自由（保障言论自由）。后物质主义价值观指数总分为4，分值越大，后物质价值观倾向越明显。

（一）澳门公众的后物质主义价值观持续增强

2019年恰逢澳门特首选举年，澳门青年的相关政治积极性被极大激发。本次调查显示，澳门公众的后物质主义价值观指数为2.28，与2017年（1.45）相比有显著提升。具体而言，后物质主义价值观在发言权和政治要求方面体现更明显，两者指数分别为2.47和2.34（见图11）。比如，对于中国今后十年的发展目标，有48.9%的澳门公众把维持国家秩序作为第一选择，有32.8%的澳门公众把发言权作为第二选择。并且，有近五成的澳门公众认为要优先增加参政议政权利。可见，在社会稳定的大前提下，追求政府决策的参与权，提升公共事务的参与感是澳门公众期待的社会发展方向。

（二）学历越高越认同后物质主义价值观理念

从学历来看，澳门公众的学历越高，越倾向于认同后物质主义价值观。

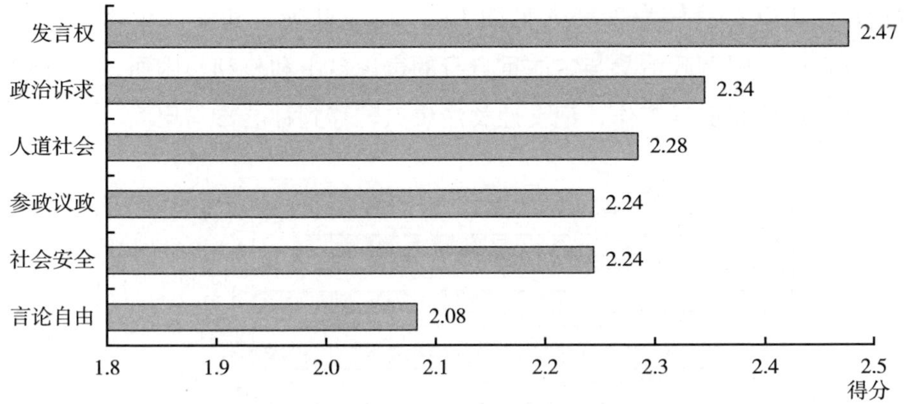

图 11　澳门公众的后物质主义价值观

具体而言，本科学历的澳门公众后物质主义价值观指数最高，分值达 2. 30，其次为硕士研究生及以上学历人群，分值为 2. 25（见图 12）。这表明，受教育程度越高的人群，更多地受到各种价值观的影响，传统的物质主义价值观对于高学历人群的吸引力逐渐降低。

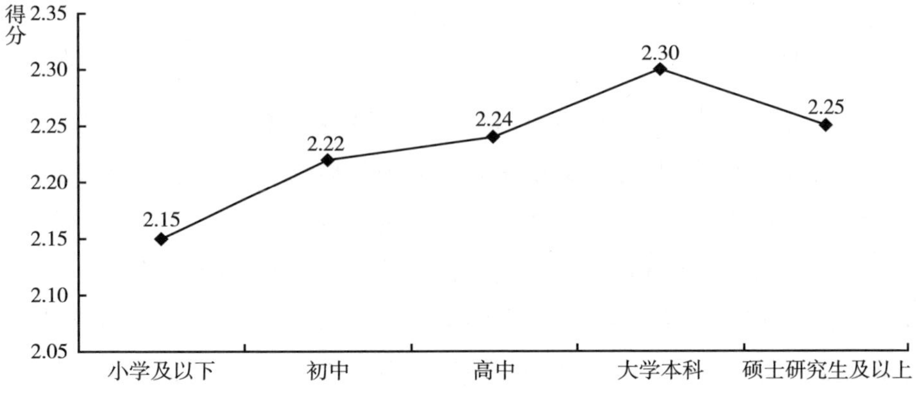

图 12　不同学历的澳门公众的后物质主义价值观

（三）男性比女性更倾向于认同后物质主义价值观

从性别上看，男性更倾向于后物质主义价值观。男性的后物质主义价值观指数为2.30，女性为2.25（见图13）。这意味着，和女性相比，男性更追求发言权、强调政治参与、注重自身的言论自由和权利。因而，政府应加强女性的价值观引导工作，把女性关注焦点转移到社会参与层面。

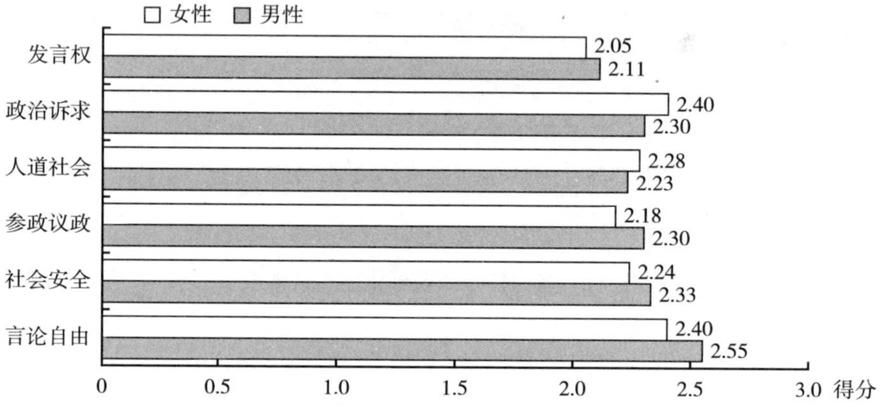

图13　不同性别的澳门公众的后物质主义价值观

六　社会认同

社会认同的测量主要包括澳门、内地、香港三地的社会认同度。具体而言，包括各地区亲切感、交往联系、未来发展信心等维度。例如，在亲切感维度，询问受访者对“我对澳门有一种亲切感”“情感上，我觉得自己离不开澳门”等表述的同意程度；在交往联系维度，询问对“我与澳门本地人相处融洽”“我的朋友中有很多是澳门本地人”等表述的同意程度；在未来发展信心维度，询问“我相信澳门会有很大发展前景”等表述的同意程度。

（一）三地整体认同度

综合2017～2019年三年的调查结果发现，澳门公众普遍看好澳门和内地的发展前景。近三年来，均有超过六成的澳门公众相信澳门有很大发展前景。随着粤港澳大湾区的发展，内地对澳门公众的吸引力增强，带动更多澳门公众到内地寻求工作、升学机会，甚至在内地长期定居。2019 年，有超六成的澳门公众相信内地有很大发展前景。相对而言，澳门公众对香港的前景看法一般，近两年有不足五成的公众相信香港有很大发展前景，较 2017 年（51.5%）下降明显（见图 14）。

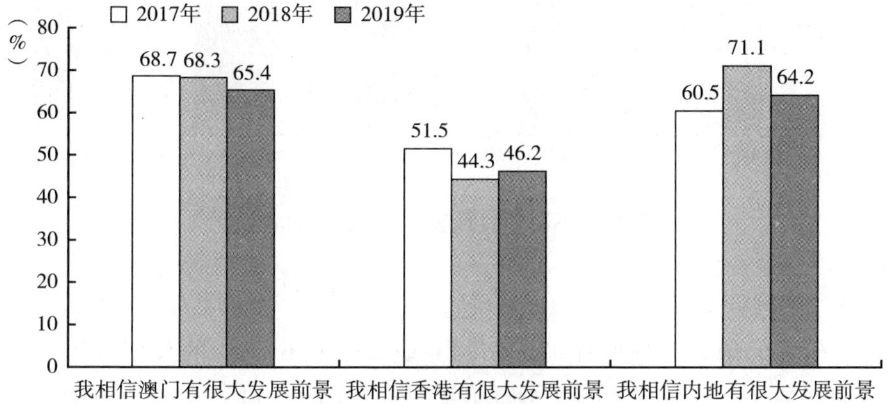

图 14　2017～2019 年澳门公众的社会认同

（二）不同年龄人群的认同度

不同的年龄段对澳门、香港和内地三地未来发展前景的认同情况存在差异。其中，年龄越高，越看好澳门未来发展前景。41～50 岁的公众对三地未来的发展都表达出更强的信心。调查发现，41～50 岁的澳门公众对澳门发展前景的认同度最高（73.3%），近七成 26～40 岁的公众对澳门的发展前景抱有较强信心。相较而言，25 岁以下的澳门青年对澳门的认同度明显较低（57.8%）。但值得注意的是，25 岁以下澳门公众对内地的前景认同度最高（70.3%），有较强的社会认同感（见图 15）。

（三）不同职业人群的认同度

不同职业的澳门青年对澳门、香港和内地三地未来发展前景的认同情况存在显著差异。总体而言，公职、教育医疗及社团领导人，专业人士及全日

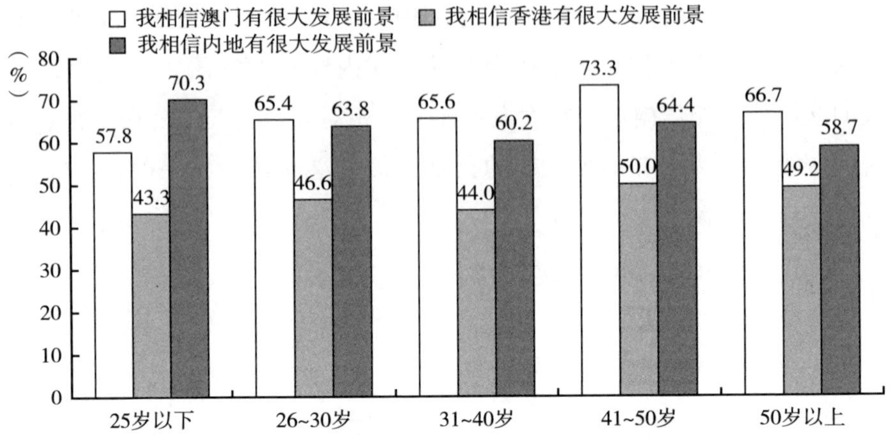

图 15　不同年龄段澳门公众的社会认同

制学生对三地的前景更为看好，其中，有近八成的全日制学生对澳门未来发展持有较强的信心，分别有 67.2% 的专业人士和 61.8% 的公职、教育医疗及社团领导人相信澳门有很大发展前景。相较而言，中小企业主对港澳未来发展前景看低，仅分别有 52.7% 的中小企业主相信澳门未来有很大发展前景和 35.8% 的中小企业主相信香港未来有很大发展前景（见图 16）。

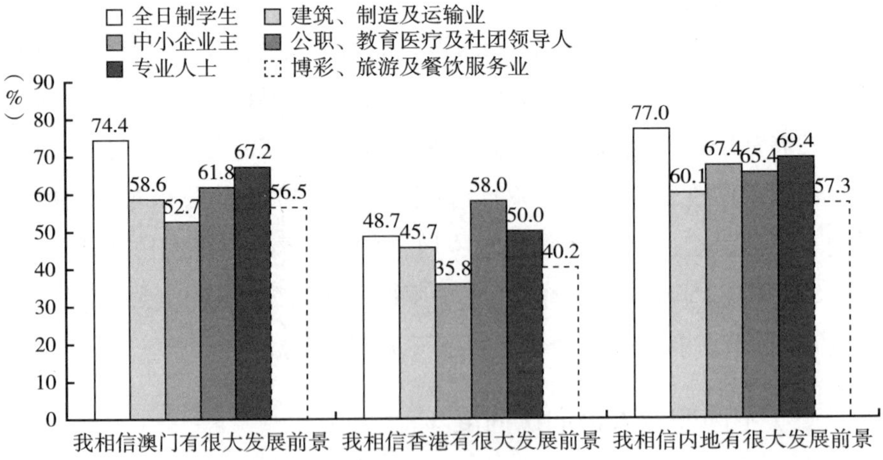

图 16　不同职业澳门公众的社会认同

七 总结

本研究通过问卷调查的方法，综合 2017～2019 年的调查结果，揭示了澳门公众的新媒体使用现状、使用动机，同时分别从社会问题关注、社会感受、价值观和社会认同四大方面，对澳门公众的社会心态规律进行了研究。研究结果可为了解新媒体背景下，澳门公众的社会心态特征以及引导和培育积极社会心态提供决策参考。本研究的主要结论如下。

（1）新媒体使用现状方面，澳门公众的网络新媒体使用较为普遍，新媒体平台种类繁多，内地新媒体产品和国际主流新媒体产品交叉使用。在新媒体使用动机方面，网络新媒体满足公众的社交、获取朋友动态、获取大众资讯、休闲娱乐等多方面的功能需求，但不同新媒体平台承担的功能各有侧重。

（2）社会心态方面，在社会认同上，澳门公众对澳门发展前景看好，青年对澳门的认同度有提升空间；在社会感受上，澳门公众安全感和幸福感强，博彩、旅游及餐饮服务业群体社会信任感有提升空间；在社会问题关注上，国际社会威胁和澳门本地气候天灾问题最受关注；在价值观上，后物质主义价值观逐渐被接纳，学历越高，越认同后物质主义价值观。

参考文献

王俊秀：《社会心态理论：一种宏观社会心理学范式》，社会科学文献出版社，2014。

杨宜音、王俊秀：《当代中国社会心态研究》，社会科学文献出版社，2013。

杨宜音：《个体与宏观社会的心理关系：社会心态概念的界定》，《社会学研究》2006 年第 4 期。

Ronald Inglehart, *Modernization and Postmodernization*, Princeton University Press, 1997.

社会问题与社会心态

Social Issues and Social Mentality

B.9

涉医新闻报道框架对受众情绪与医患信任的影响

——基于宁波市的现场实验研究*

吕小康　王 晖　汪新建　姚淑娟**

摘　要： 本研究以宁波某医院发生的真实医患纠纷新闻素材为实验材料，分别加工成视频新闻和文本新闻，每一报道形式下设三个平行单因素实验，分别探讨新闻标题风格（夸张型、反问

* 本报告受教育部人文社科基金青年项目“医患共同体建设的社会协调机制研究”（19YJC840030）和天津市哲学社会科学规划项目（主持）“天津市心理健康服务体系的实务模式探索”（TJJX18-001）资助。

** 吕小康，南开大学周恩来政府管理学院副教授，博士，硕士生导师，研究方向为社会心理学，尤其是对医学现象的社会学、心理学、人类学交叉视角研究及本土化阐释；王晖，南开大学周恩来政府管理学院硕士研究生；汪新建，南开大学周恩来政府管理学院教授，博士，博士生导师，研究方向为文化与社会心理学、医患关系与医患信任建设研究；姚淑娟，宁波市电视台记者，南开大学周恩来政府管理学院在职硕士研究生。

型、陈述型)、报道顺序（顺叙、倒叙)、报道篇幅（单篇报道、连续报道）三种报道框架元素对受众情绪和医患信任的影响。结果发现，视频和文本新闻报道中标题风格对受众情绪和医患信任水平均有显著作用：陈述型标题组受众正性情绪和医患信任水平最高，夸张型标题组易引发受众负性情绪且医患信任水平最低；视频版新闻报道顺序对医患信任水平无显著差异，文本新闻中倒叙报道组医患信任水平显著高于顺叙报道组；视频和文本新闻报道中单篇报道组医患信任水平显著高于连续报道组。

关键词： 涉医新闻　报道框架　医患关系　医患信任　宁波市

一　引言

医患关系是当下中国社会一对敏感的社会关系，而媒体在医患关系的塑造中起着不可或缺的引导作用。媒体在传播涉医新闻时会自觉或不自觉地塑造和建构医患双方的不同形象，从而影响医方和患方微妙而脆弱的信任关系。但已有涉医新闻报道研究多从报道数量、报道主题、报道语义倾向、报道体裁、报道版面分布等框架元素对医患关系的影响进行简单的描述统计，或从报道内容、报道思维、报道角度、表现形式、消息来源、报道基调等方面进行质性个案分析，而较少用精确化的控制实验对涉医新闻报道框架影响医患关系的作用机制和效应强度进行实证研究。本研究拟采用实验法，分视频报道和文字报道两种新闻报道的常见形态，探讨标题风格、报道顺序和报道篇幅这三种报道框架元素对受众情绪和医患信任水平的即时影响。

二　文献综述与研究假设

新闻报道框架本身是一个多义性的概念，兼容了不同学科的视角。本研究立足传播心理学视角，将框架元素对受众影响的本质界定为新闻信息的不同呈现方式对个体的情绪与认知的影响。其中，可能产生影响的框架元素包括标题、引语等高层次结构，也包括先前事件、主要事件等中层次结构，以及符号或话语组成形式等低层次结构。当然，一个新闻报道可能综合采用各种层次、各种类型的框架元素，其作用往往是交互性、综合性的。但基于研究需要，仍有必要独立出其中一个重要且可操作化的框架元素，在其他条件不变的情况下进行实验操纵，以深入探究各框架元素自身的作用。本研究拟先从标题风格、报道顺序和报道篇幅这三个常见的框架元素着手进行实验设计。

处在信息爆炸时代，大众的注意力变得稀缺且易转移分散，对许多新闻的浏览精简到看完题目则止。新闻标题运用适当的修辞可使标题语义集中且加强语势达到感染读者的效果。对于不同修辞风格新闻的注意力吸引效果，人们往往利用新闻的点击量等指标进行验证，但点击量无法说明浏览标题所引发的情绪及后续心理反应，因此需要其他方式验证不同标题风格的影响。

新闻标题常以陈述型和反问型的方式呈现，但某些涉医新闻标题喜欢使用夸张、离奇的修辞手法以增强文章的可读性和视觉冲击力。相比于陈述型标题而言，反问型标题抓住新闻事实个性特点使得新闻主题更加突出鲜明，引人潜心思考且增强表现力和感染力，同时反问在某些语境中可理解为明知故问，其作用相比于陈述句而言有更强烈的语气和情感成分，给人以感叹、责难、讥讽等来表达确定的意思。因此，相比于无任何修辞的陈述型标题，夸张型和反问型标题更易激活普通受众对医方的消极情绪，进而降低对医信任水平。

据此提出研究假设1：媒体通过视频或文本报道涉医新闻时，新闻标题风格（夸张型、反问型、陈述型）对医患信任水平产生显著影响，夸张型标题新闻下医患信任水平最低。

标题作为新闻报道中的首要环节有重要的引导作用，同时正文中对新闻故事情节的叙述技巧也浸润着受众认知。传播者常通过对故事原生态时间顺序做出多样化的时间畸变来重建情节结构，而故事时间的有机选择或预谋控制的操作化可以对决定故事重心起到至关重要的作用。媒介运用叙事技巧再现真实场景后，提供了受众窥探真相的单一维度，在受众本就处于理性消解、情感泛滥、意志薄弱的态势下，受众情绪极易被唤醒，出现刻板印象的标签化预设，因此不同的报道顺序对受众心理影响需进一步深入探索。

新闻报道常以顺叙和倒叙的方式进行阐述。已有研究分析发现，当新闻报道赋予弱势者话语强权时，勾勒弱势群体挑战强权的图景，会激起对立双方更广泛的社会矛盾。面对医患敏感话题时，涉医新闻按时间轴线先安排患方出场倾诉，易激起受众负面情绪泛化，使其很难跳脱出对医刻板成见标签。且以患方核心问题为切入点，后续医方立场已处于淡化模糊和边缘化状态。因此，相比于顺叙而言，以先呈现医患纠纷相互沟通对话的倒叙方式——不确定性的设悬情节会使受众不断提炼新闻精髓并揭示事实真相，不易激活受众对医消极情绪，进而提高对医信任水平。

据此提出研究假设 2：媒体通过视频或文本报道涉医新闻时，叙事顺序（顺叙、倒叙）对医患信任水平产生显著影响，倒叙方式下医患信任水平较高。

信息化浪潮下最大变革就是时效性不断增强，面对突发性、重大性和复杂性事件等新闻线索或题材，传播者将连续报道方式作为首选宠儿，以分秒为传播单位进行刻不容缓的新闻报道，来占据时效优势。相比于单篇报道，连续报道通过多篇独立篇章的有机组合形成整体强势，剧情反转效果更能增加收视率和点击率，但对一鳞半爪的信息进行加工传播后不仅会造成“信息黑洞”，且碎片化、模糊化、受众印象不深、预知信息滞后的新闻会导致舆论压力，对完成真相探究造成扭曲。因此，尤其是面对医患纠纷等敏感题材时，采取单篇完整的报道还是连续追踪报道所引发的受众对医认知值得研究。

对涉医新闻以事态进展为时间节点，开篇报道思维多是对“直击患者倾诉现场”进行切入，每篇分报道由于当下信息量不足难以聚焦于细节描写，易掩盖医患矛盾的深层原因。当受众在认知资源缺乏时，更多依赖于启发式策略和刻板印象对信息进行加工处理，加之分篇报道的间歇性特点，使受众对医难以获得累积性整体印象，进而削弱医患信任水平。基于以上，相对于连续报道，完整的单篇报道对医患纠纷事件的整体刻画更具有逻辑性、严谨性和公正性等网罗全局的优势。

据此提出研究假设3：媒体通过视频或文本报道涉医新闻时，报道篇幅（单篇、连续）对医患信任水平产生显著影响，连续报道下医患信任水平较高。

新闻报道方式多以文本报道和视频报道为主，由于纸面文字和视频文本存在质的不同，其对受众的影响方式与作用路径也就存在质的差别；即使对完全相同的新闻事件采用相同的标题和叙事顺序，人们也无法将视频信息完全无损地转为文字信息，反之亦然。因此，本研究并不考虑报道框架元素（标题风格、报道顺序和报道篇幅）与报道载体形态（视频、文本）之间的双因素交互作用实验设计，而是在视频报道和文本报道条件下，各自设立三种实验条件，去验证上述假设。

三　实验1：视频报道中的媒体框架对受众情绪与医患信任的影响

（一）实验1a：标题风格对受众情绪与医患信任的影响

1. 实验设计

实验1a采用单因素实验设计，测量三种标题风格（夸张型标题、陈述型标题和反问型标题）的实验情境下被试医患社会情绪及医患信任水平差异。

2. 被试

在宁波市小区和老年大学采用方便取样法选取近6个月有就医经历的成年人（排除医务工作者、新闻工作者及之前看过实验涉及的真实医患纠纷新闻报道者），年龄区间为31～65岁，中位数年龄43岁。剔除未通过操纵检验的被试，有效被试共57人，其中女性24人，男性33人；夸张型标题组20人，陈述型标题组19人，反问型标题组18人。被试均独立完成实验程序。

3. 实验材料编制与评估

研究以宁波电视台采编的当地某医院发生的一则真实医患纠纷的新闻素材为原始素材，按实验目的将原始素材制作成3组视频。第一组新闻标题采用夸张型风格，《史上最难说清的骨折》，在标题修辞上运用了“史上”“最”进行修饰；第二组新闻标题采用陈述型风格，《出院5年后查出骨折》，标题用词无过多修饰；第三组新闻标题采用反问型风格，《出院5年后查出骨折·到底谁之过》，用反问语气词“谁之过”来修饰。为了凸显标题的作用，标题字幕显示时长为15秒。3组视频新闻除标题外，在素材内容相同、报道时长、配音解说等方面完全相同。

视频制作完成后，聘请11位宁波市媒体从业人员以及传媒学院教育人员分别从9个维度对实验材料进行专业评估，考察实验视频材料的现实有效性。评估维度如下：①视频信息是否完整；②镜头画面是否规范；③新闻要素交代是否完整；④解说词是否清晰；⑤有无倾向性报道；⑥视频制作是否完整；⑦视频剪辑是否流畅；⑧视频材料是否达到发布水平；⑨采访有无摆拍。每位专业人士就上述问题进行是否二分回答，除第5条和第9条外，对每一题项若答“是”则视为材料在此维度上有效。3组视频材料总有效性评估结果为91%，说明这些材料符合新闻专业报道的基本规范。

4. 医患社会情绪和医患信任水平的测量工具

医患社会情绪采用吕小康、汪新建、张慧娟、刘颖、张曜和王骥开发的医患社会心态问卷里的情绪分问卷，医患信任水平采用吕小康、弥明迪、余华冉、王晖和何非开发的患方信任量表。

5. 实验程序

由经过统一培训的5名心理学专业高年级本科生主试在宁波本地社区和老年大学中招募志愿者参与实验。向被试说明实验伦理，获取知情同意后播放统一录制的指导语录音。然后要求被试从笔筒中随机抽取一支用于填写问题、外观一致但事先编号的签字笔，从而将被试随机分配至3个实验条件之一。被试随后观看在主试电脑上播放、与其实验条件匹配的视频新闻剪辑。观看完毕后，首先要求被试回答3个操纵检验题目，涉及新闻事件的医院、患者伤势和患者出院原因，3个问题的答案在视频中均有出现，认真看完视频的被试应当能够填出正确答案；3个问题完全答对者视为有效被试，否则视为无效被试，其数据在后期统计过程中予以剔除。随后，要求被试依次填写医患社会情绪问卷、医患信任水平量表和个人信息。最后回收实验问卷，解释实验目的并发放实验小礼品。

6. 结果

对三个实验组被试击中的各种社会情绪词次数进行统计，结果如表1所示。

表1　不同标题风格医患社会情绪词击中次数

标题类型＼情绪类型	正性情绪				负性情绪								中性情绪	
	友善	感激	乐观	快乐	焦虑	愤怒	恐惧	冷漠	悲伤	厌恶	怨恨	嫉妒	平静	惊讶
陈述型	7	5	5	2	5	2	2	3	3	4	2	0	10	4
反问型	9	7	4	0	10	3	3	5	3	0	0	0	12	1
夸张型	2	1	1	0	13	3	2	8	12	4	6	0	5	3

每组正性、中性、负性情绪词击中次数的百分比如图1所示。

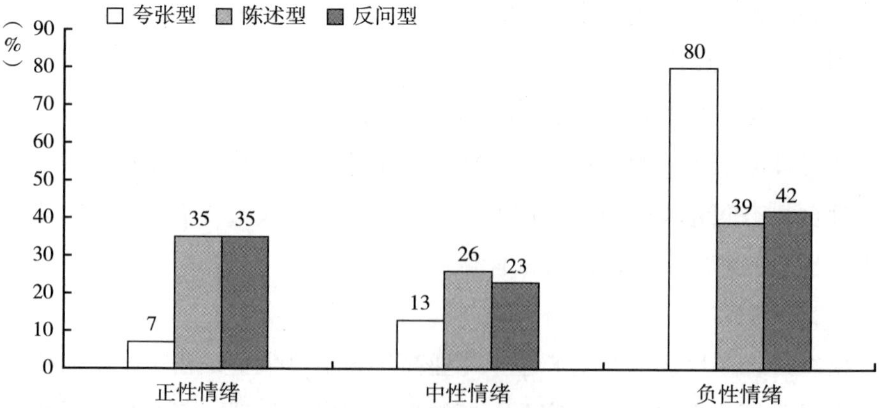

图1　三类社会情绪各击中次数百分比

对标题风格与引发情绪类型间的关系进行卡方检验，结果显示，$\chi^2 = 26.19$，$p < 0.001$，表示不同标题组三类情绪的击中总次数显著不同，不同标题组与三类情绪击中次数之间存在弱强度相关，cramer's V = 0.28，$p < 0.001$。为此，需要进一步明确何种标题类型更容易引发何种情绪。采用调整后标准残差判断各组差异，调整后标准残差绝对值大于 2 说明该数值观测频数与期望频数存在显著性差异。不同标题组正性、负性和中性情绪击中次数合计及卡方检验调整后标准残差如表 2 所示。

表 2　三类情绪击中次数合计及调整后标准残差

项目	组别	正性情绪	负性情绪	中性情绪
击中合计（调整后标准残差）	夸张型	4(-4.1)	48(4.9)	8(-1.7)
	陈述型	19(2.1)	21(-2.8)	14(1.2)
	反问型	20(2.1)	24(-2.3)	13(0.5)

从表 2 可以看出，夸张型组正性情绪调整后标准残差为 -4.1，说明被试不倾向于击中正性情绪，负性情绪调整后标准残差为 4.9，说明被试倾向于击中负性情绪；陈述型组正性情绪调整后标准残差为 2.1，说明被试倾向于击中正性情绪，负性情绪调整后标准残差为 -2.8，说明被试不倾向于击中负性情绪；反问型组正性情绪调整后标准残差为 2.1，说明被试倾向于击中正性情绪，负性情绪调整后标准残差为 -2.3，说明被试不倾向于击中负性情绪；中性情绪倾向性在三种标题类型下均无统计上的显著差异。结果表明，夸张型标题明显更容易引发负性情绪、抑制积极情绪，陈述型和反问型标题相对更容易引发正性情绪且抑制负性情绪。

单因素方差分析结果表明，不同类型的标题风格对医患信任水平有显著影响 F（56）$= 32.75$，$p < 0.001$，$\eta^2 = 0.55$。事后多重检验发现，陈述型组医患信任水平（M ± SD = 37.60 ± 5.13）显著高于反问型组（M ± SD = 27.33 ± 5.25），t（35）$= 2.01$，$p < 0.05$，Cohen's d = 0.45；陈述型组医患信任水平（M ± SD = 37.60 ± 5.13）显著高于夸张型组（M ± SD = 26.58 ± 3.73），t（37）$= 7.03$，$p < 0.001$，Cohen's d = 0.65；而

夸张型组和反问型组间医患信任水平无显著差异，$t(35) = 1.89$，$p = 0.08$（见图 2）。

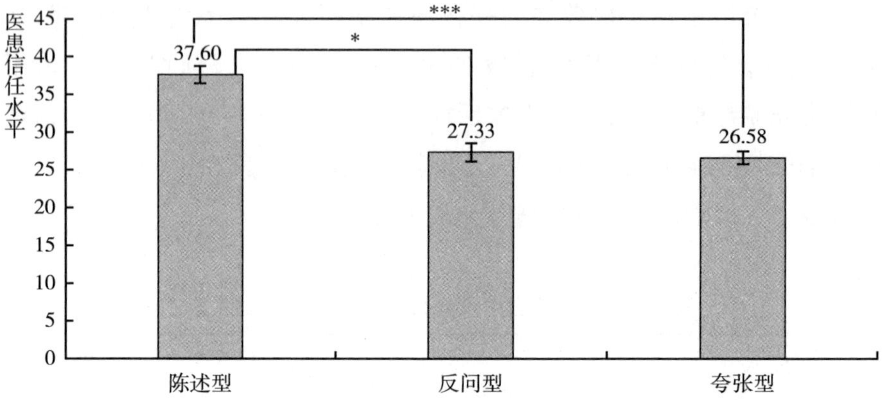

图 2　不同标题组对医患信任水平的影响

注：$*p<0.05$，$**p<0.01$，$***p<0.001$，下同。

综上，实验假设 1 在视频报道条件下得到验证。

（二）实验1b：报道顺序对受众情绪与医患信任的影响

1. 实验设计

实验 1b 采用单因素实验设计，测量两种报道顺序（顺叙、倒叙）的实验情境下被试医患社会情绪及医患信任水平差异。

2. 被试

在宁波市小区采用方便取样法选取近 6 个月有就医经历的成年人（排除医务工作者、新闻工作者及之前看过实验涉及的真实医患纠纷新闻报道者），年龄区间为 24～43 岁，中位数年龄 34 岁。剔除未通过操纵检验的被试，有效被试共 47 人，其中女性 27 人，男性 20 人；顺叙组 24 人，倒叙组 23 人。被试均独立完成实验程序。

3. 实验材料编制与评估

按照实验目的将实验 1a 提及的原始素材制作成两组视频。第一组新闻是以时间为主线的顺叙方式进行报道，即先是患者讲述加解说词，再医方讲述加解说词，最后是医患双方对峙探讨医患纠纷形成原因及事情结局；第二组是以倒叙方式进行报道，将医患双方对峙片段内容放置前面。两组视频均无标题，在素材内容、报道时长、配音解说等方面完全相同。

视频制作完成后，同实验 1a 对其现实有效性进行评估，两组视频材料总有效性评估结果为93%。

4. 医患社会情绪和医患信任水平测量工具

同实验 1a。

5. 实验程序

同实验 1a。

6. 结果

两个实验组被试的各种社会情绪词击中次数如表 3 所示。

表 3　不同报道顺序医患社会情绪词击中次数

情绪类型 / 顺序类型	正性情绪				负性情绪								中性情绪	
	友善	感激	乐观	快乐	焦虑	愤怒	恐惧	冷漠	悲伤	厌恶	怨恨	嫉妒	平静	惊讶
顺叙	4	0	1	0	12	9	4	0	9	7	4	0	10	12
倒叙	5	1	2	0	13	7	3	5	12	3	6	0	4	8

将每组正性、中性、负性情绪词击中总次数百分比进行统计如图 3 所示。

采用卡方检验分析报道顺序与情绪类型的关系，结果显示，$\chi^2=3.74$，$p=0.154$，表示不同顺序组的三类情绪击中次数无显著性差异。

为检验报道顺序对医患信任的影响，进行独立样本 t 检验，顺叙组医患信任水平（M ± SD = 26.25 ± 6.69）与倒叙组医患信任水平（M ± SD = 27.39 ±4.79）无显著性差别，$t(46)=0.449$，$p=0.506$（见图 4）。

综上，实验假设 2 在视频报道条件下未得到验证。

（三）实验1c：报道篇幅对受众情绪与医患信任的影响

1. 实验设计

实验 1c 采用单因素实验设计，测量两种报道篇幅（单篇、连续）的实

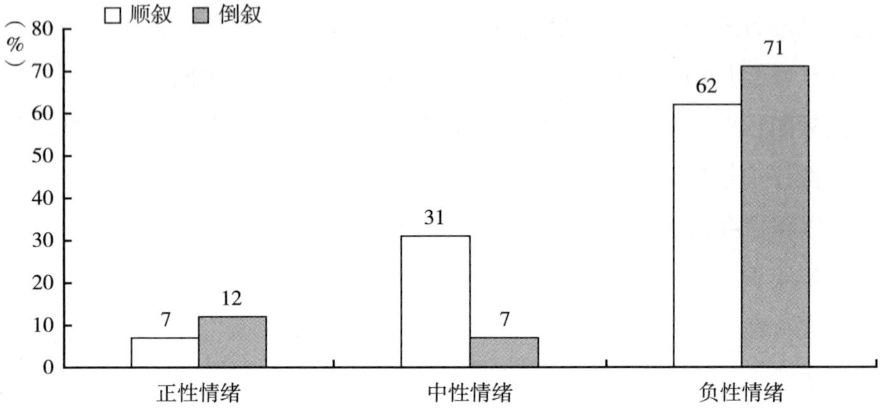

图3　三类社会情绪各击中次数百分比

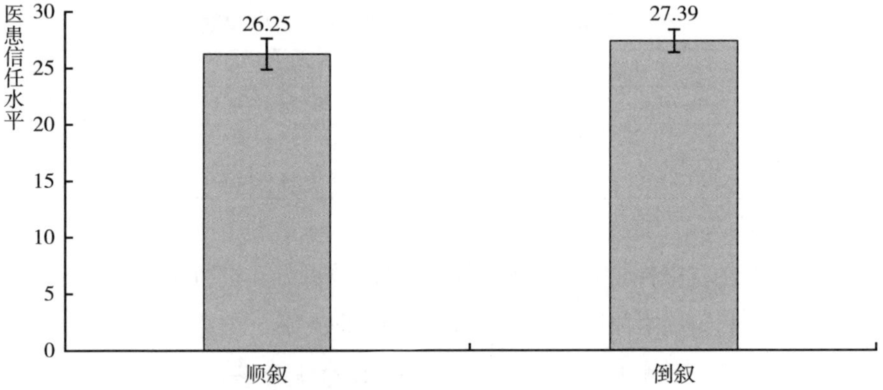

图4　不同顺序组对医患信任水平的影响

验情境下被试医患社会情绪及医患信任水平差异。

2. 被试

在宁波市小区采用方便取样法选取近6个月有就医经历的成年人（排除医务工作者、新闻工作者及之前看过实验涉及的真实医患纠纷新闻报道者）年龄区间为34～64岁，中位数年龄42岁。剔除未通过操纵检验的被试，有效被试40人，其中女性28人，男性12人；单篇组18人，连续组22

人。被试均独立完成实验程序。

3. 实验材料编制与评估

按照实验目的将实验1a提及的原始素材制作成两组视频。第一组新闻是以完整的单篇形式报道；第二组是将完整的单篇报道按照时间节点划分为三个独立分篇报道。两组视频新闻均无标题，在素材内容相同、报道时长、配音解说等方面完全相同。

视频制作完成后，同实验1a对其现实有效性进行评估，两组视频材料总有效性评估结果为91%。

4. 医患社会情绪和医患信任水平的测量工具

同实验1a。

5. 实验程序

连续报道组观看第一篇报道并回答检验题目患者伤势；间隔24小时左右被试观看第二篇报道并回答检验题目涉及纠纷的医院；再间隔24小时左右被试观看第三篇视频新闻并回答检验题目患者出院原因，然后要求被试依次填写医患社会情绪问卷、医患信任水平量表和个人信息。其他程序同实验1a。

6. 结果

两个实验组被试的各种社会情绪词击中次数如表4所示。

表4　不同篇幅医患社会情绪词击中次数

篇幅类型 \ 情绪类型	正性情绪				负性情绪								中性情绪	
	友善	感激	乐观	快乐	焦虑	愤怒	恐惧	冷漠	悲伤	厌恶	怨恨	嫉妒	平静	惊讶
单篇报道	4	7	1	1	10	8	5	2	5	2	0	0	6	3
连续报道	5	5	2	1	12	6	2	6	8	4	2	0	11	2

将每组正性、中性、负性情绪词击中总次数百分比进行统计如图5所示。

对篇幅组别与击中情绪类型关系的卡方检验结果显示，$\chi^2=0.42$，$p=0.810$，表示不同篇幅组的三类情绪击中次数无显著性差异。

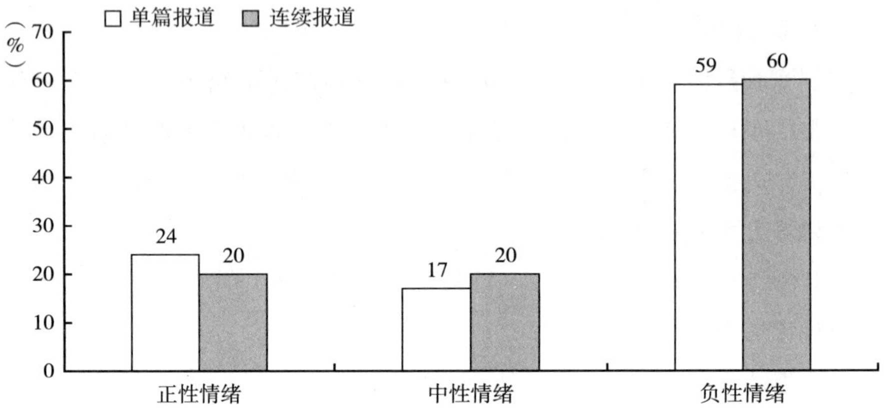

图 5　三类社会情绪各击中次数百分比

为检验报道篇幅对医患信任的影响，进行独立样本 t 检验，单篇报道组医患信任水平（$M \pm SD = 27.83 \pm 5.25$）显著高于连续报道组医患信任水平（$M \pm SD = 23.31 \pm 4.52$），$t(38) = 4.55$，$p < 0.05$，Cohen's d $= 0.45$（见图 6）。

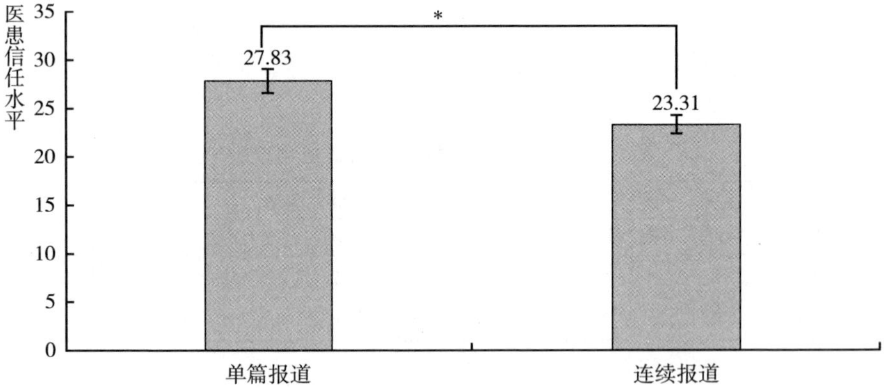

图 6　不同篇幅组对医患信任水平的影响

综上，实验假设 3 在视频报道条件下得到验证。

四　实验2：文本报道中的媒体框架对受众情绪与医患信任的影响

（一）实验2a：标题风格对受众情绪与医患信任的影响

1. 实验设计

同视频版实验 1a。

2. 被试

在问卷星数据收集平台上选取近 6 个月有就医经历的成年人（排除医务工作者、新闻工作者及之前看过实验涉及的真实医患纠纷新闻报道者），年龄区间为 21 ~ 58 岁，中位数年龄 32 岁。剔除未通过操纵检验的被试，有效被试共 80 人，其中女性 48 人，男性 32 人；夸张型标题组 27 人，陈述型标题组 28 人，反问型标题组 25 人。被试均独立完成实验程序。

3. 实验材料及评估

按照实验目的将实验 1a 提及的原始素材采写成 3 组文字新闻。3 组新闻标题风格同实验 1a。3 组文字新闻除标题外，在素材内容、文字篇幅等方面完全相同。

文字新闻采写完成后，聘请 10 位宁波市媒体从业人员以及传媒学院教育人员分别从 8 个维度对实验材料进行专业评估，考察实验文本材料的现实有效性。评估维度如下：①文本信息是否完整；②文本表达是否简洁；③新闻要素交代是否完整；④新闻结构是否严谨；⑤有无倾向性报道；⑥新闻格式是否规范；⑦新闻逻辑是否清晰；⑧文本材料是否达到发布水平。每位专业人士就上述问题进行是否二分回答，除第 5 条外，对每一题项若答“是”则视为材料在此维度上有效。3 组文字材料总有效性评估结果为 100%，说明这些材料符合新闻专业报道的基本规范。

4. 医患社会情绪和医患信任水平的测量工具

同实验 1a。

5. 实验程序

由问卷星数据收集平台在网络上招募符合实验条件的被试参与实验。指导语部分向被试说明实验伦理及相关注意事项，获取知情同意后被试被随机分配至3个实验条件之一。被试随后在指定时间内阅读完与其实验条件匹配的文字新闻。被试作答有效性检验及后续程序同实验1a。

6. 结果

对三个实验组被试击中的每种社会情绪词次数进行统计，结果如表5所示。

表5 不同标题风格医患社会情绪词击中次数

情绪类型 / 标题类型	正性情绪				负性情绪								中性情绪	
	友善	感激	乐观	快乐	焦虑	愤怒	恐惧	冷漠	悲伤	厌恶	怨恨	嫉妒	平静	惊讶
陈述型	3	4	2	0	10	12	4	3	11	5	6	0	7	17
反问型	1	1	0	0	9	17	5	2	9	8	9	0	0	14
夸张型	1	0	1	0	15	16	5	6	10	4	6	0	1	16

将每组正性、中性、负性情绪词击中总次数百分比进行统计如图7所示。

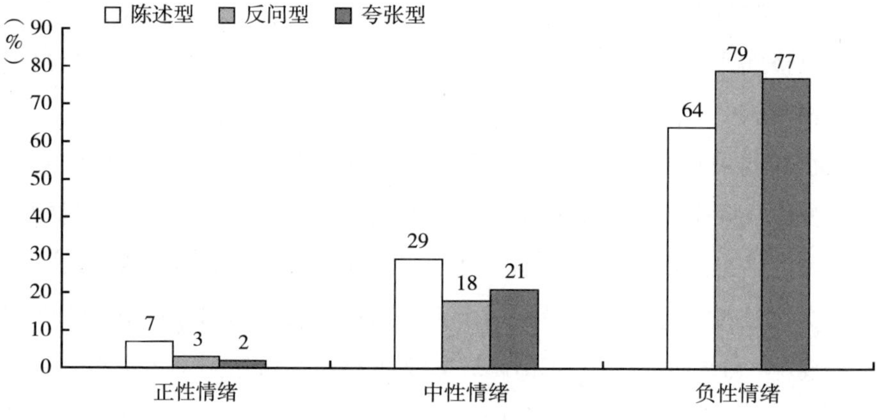

图7 三类社会情绪各击中次数百分比

对标题风格与引发情绪类型间的关系进行卡方检验，结果显示，$\chi^2 = 10.781$，$p < 0.05$，表示不同标题组的三类情绪击中次数显著不同，不同标题组与三类情绪击中次数之间存在弱强度相关，cramer's $V = 0.21$，$p < 0.05$。为

此，需要进一步明确何种标题类型更容易引发何种情绪。不同标题组正性、负性和中性情绪击中次数合计及卡方检验调整后标准残差如表6所示。

表6　三类情绪击中次数合计及调整后标准残差

项目	组别	正性情绪	负性情绪	中性情绪
击中合计/调整后标准残差	夸张型	2(−1.4)	62(1.2)	17(−0.5)
	陈述型	9(2.7)	51(−2.8)	24(1.5)
	反问型	2(−1.3)	59(1.6)	14(−1.1)

从表6可以看出，陈述型组正性情绪调整后标准残差为2.7，说明被试倾向于击中正性情绪，负性情绪调整后标准残差为−2.8，说明被试不倾向于击中负性情绪，中性情绪无显著性倾向。正性、负性和中性情绪在夸张型组和反问型组均无统计上的显著差异。结果表明，陈述型标题相对容易引发正性情绪且抑制负性情绪。

使用单因素方差分析，可发现不同类型的标题风格对医患信任产生显著性影响F（79）=6.70，$p<0.01$，$\eta^2=0.148$。事后多重检验发现，陈述型组医患信任水平（M±SD=25.46±5.29）显著高于夸张型组（M±SD=20.56±2.87），t（53）=−4.30，$p<0.001$，Cohen's d=0.84；夸张型组医患信任水平（M±SD=20.56±2.87）与反问型组（M±SD=23.16±6.24）间无显著性差异，t（50）=−1.91，$p=0.065$；陈述型组医患信任水平（M±SD=25.46±5.29）与反问型组（M±SD=23.16±6.24）间无显著性差异，t（51）=1.46，$p=0.152$，如图8所示。

综上，实验假设1在文本报道条件下得到验证。

（二）实验2b：报道顺序对受众情绪与医患信任的影响

1. 实验设计

同视频版实验1b。

2. 被试

在问卷星数据收集平台上选取近6个月有就医经历的成年人（排除医

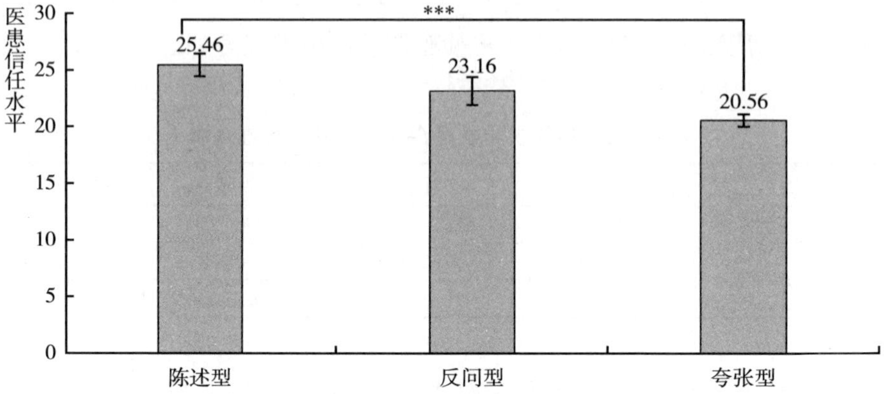

图 8　不同标题组对医患信任水平的影响

务工作者、新闻工作者及之前看过实验涉及的真实医患纠纷新闻报道者)，年龄区间为 20～56 岁的被试 60 名，中位数年龄 34 岁。剔除未通过操纵检验的被试，有效被试共 54 人，其中女性 34 人，男性 20 人；顺叙组 28 人，倒叙组 26 人。被试均独立完成实验程序。

3. 实验材料及评估

按照实验目的将实验 1b 提及的原始素材写成两组文字新闻。第一组是以顺叙方式进行报道，第二组以倒叙方式进行报道。两组新闻均无标题，在素材内容、文字篇幅等方面完全相同。

文字新闻采写完成后，同实验 2a 对其现实有效性进行评估，2 组新闻材料总有效性评估结果为 90%。

4. 医患社会情绪和医患信任水平测量工具

同实验 1a。

5. 实验程序

同实验 2a。

6. 结果

对两个实验组被试击中的每种社会情绪词次数进行统计，结果如表 7 所示。

表 7　不同报道顺序医患社会情绪词击中次数

情绪类型 / 顺序类型	正性情绪				负性情绪								中性情绪	
	友善	感激	乐观	快乐	焦虑	愤怒	恐惧	冷漠	悲伤	厌恶	怨恨	嫉妒	平静	惊讶
顺叙	5	2	3	1	9	14	3	4	10	6	8	0	6	13
倒叙	6	2	4	1	8	10	2	3	11	7	8	0	5	11

将每组正性、中性、负性情绪词击中总次数百分比进行统计如图 9 所示。

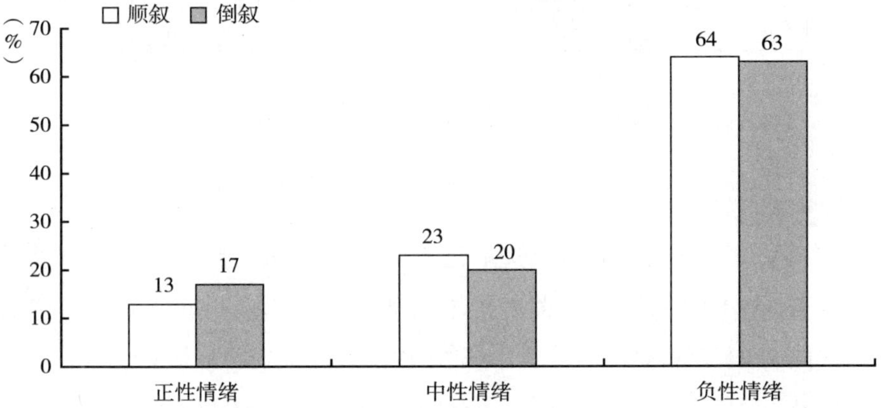

图 9　三类社会情绪各击中次数百分比

采用卡方检验分析报道顺序与情绪类型的关系，结果显示，$\chi^2=0.445$，$p=0.908$，表示不同顺序组的三类情绪击中次数无显著性差异。

为检验报道叙事顺序对医患信任的影响，进行独立样本 t 检验，倒叙组医患信任水平（$M\pm SD=25.81\pm4.19$）显著高于顺叙组医患信任水平（$M\pm SD=23.23\pm4.80$），$t(52)=-2.063$，$p<0.05$，Cohen's $d=0.40$（见图 10）。

综上，实验假设 2 在文本报道条件下得到验证。

（三）实验2c：报道篇幅对受众情绪与医患信任的影响

1. 实验设计

同视频版实验 1c。

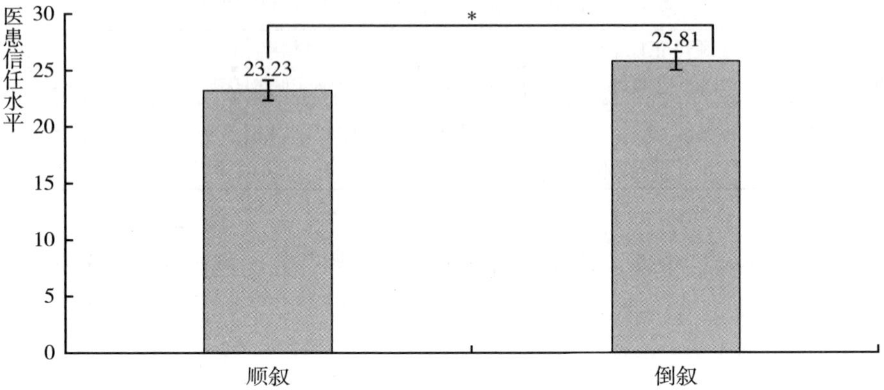

图 10 不同顺序组对医患信任水平的影响

2. 被试

在问卷星数据收集平台上选取近 6 个月有就医经历的成年人（排除医务工作者、新闻工作者及之前看过实验涉及的真实医患纠纷新闻报道者），年龄区间为 24 ~56 岁，中位数年龄 34 岁。剔除未通过操纵检验的被试，有效被试共 54 人，其中女性 30 人，男性 24 人；单篇报道组 28 人，连续报道组 26 人。被试均独立完成实验程序。

3. 实验材料及评估

按照实验目的将实验 1c 提及的原始素材采写成两组文字新闻。第一组新闻是以完整的单篇形式报道；第二组是将完整的单篇报道按照时间节点划分为三个独立分篇报道。两组文本新闻均无标题，在素材内容相同、文字篇幅等方面完全相同。

文本报道完成后，同实验 2a 对其现实有效性进行评估，两组文字材料总有效性评估结果为 89%。

4. 医患社会情绪和医患信任水平的测量工具

同实验 1a。

5. 实验程序

同实验 1c。

6. 结果

两个实验组被试击中的每种社会情绪词次数如表 8 所示。

表 8　报道篇幅对医患社会情绪词击中次数

情绪类型 / 篇幅类型	正性情绪				负性情绪								中性情绪	
	友善	感激	乐观	快乐	焦虑	愤怒	恐惧	冷漠	悲伤	厌恶	怨恨	嫉妒	平静	惊讶
单篇	5	2	3	1	9	14	3	4	10	6	8	0	6	13
连续	4	3	2	0	8	7	1	8	13	4	10	1	8	9

将每组正性、中性、负性情绪词击中总次数百分比进行统计如图 11 所示。

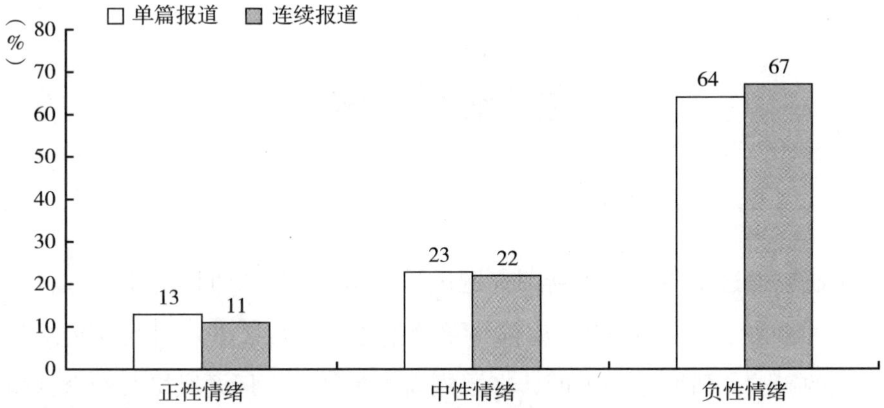

图 11　三类社会情绪各击中次数百分比

采用卡方检验分析报道篇幅与情绪类型的关系，结果显示，$\chi^2=0.127$，$p=0.980$，表示不同篇幅组的三类情绪击中次数无显著性差异。

为检验报道篇幅对医患信任的影响，进行独立样本 t 检验，单篇报道组医患信任水平（$M \pm SD = 25.50 \pm 4.42$）显著高于连续报道组医患信任水平（$M \pm SD = 22.92 \pm 4.33$），$t(52) = -2.163$，$p<0.05$，Cohen's d = 0.42（见图 12）。

综上，实验假设 3 在文本报道条件下得到验证。

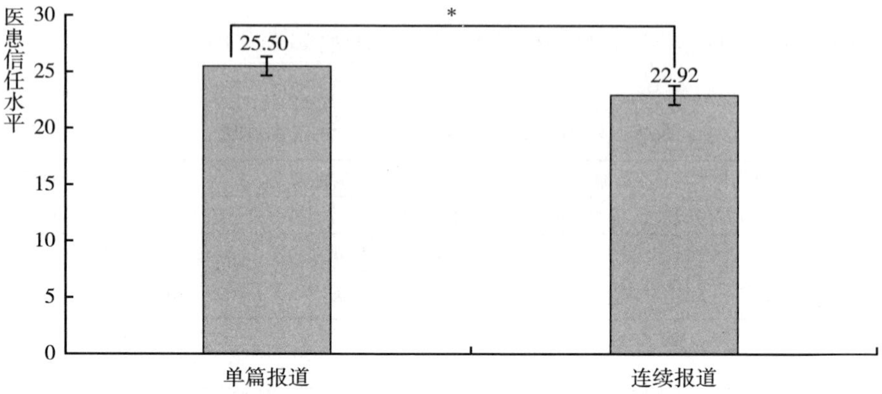

图 12　不同篇幅组对医患信任水平的影响

五　结论与讨论

（一）结论

本研究通过实验探讨了新闻标题风格（夸张型、反问型、陈述型）、报道顺序（顺叙、倒叙）、报道篇幅（单篇报道、连续报道）对受众情绪和医患信任的影响。研究结果表明，在视频新闻条件下，标题风格对受众情绪和医患信任水平均有显著性影响，夸张型标题组更容易引发受众的负性情绪、抑制正性情绪，陈述型和反问型标题组更容易引发正性情绪且抑制负性情绪，陈述型标题组医患信任水平显著高于反问型组和夸张型组；报道顺序对受众情绪和医患信任水平均无显著性影响；报道篇幅对受众情绪无显著影响但对医患信任水平产生显著影响，单篇报道组医患信任水平显著高于连续报道组。在文本新闻条件下，标题风格对受众情绪和医患信任水平均产生显著影响，陈述型标题组更容易引发正性情绪且抑制负性情绪，陈述型标题组医患信任水平显著高于夸张型组；报道顺序对受众情绪无显著影响，对医患信任水平有显著性影响，倒叙组医患信任水平显著高于顺叙组；报道篇幅对受众情绪无显著影响但对医患信任水平产生显著影响，单篇报道组医患信任水平显著高于连续报道组。研究结果支持了本研究假设 1、假设 3，研究假设 2 在文本条件下得到支持，在视频条件下未得到支持。

（二）讨论

实验结果表明，新闻报道框架在运用得当的情况下可有效提升患方对医方的信任水平。新闻标题是媒体从业人员融思想、逻辑、事实等于一体匠心独运的点睛之笔，是对受众情绪和刻板印象最具启动作用的第一刺激物。涉医新闻报道要杜绝“标题党”，但也要擅用修辞手法，于情合理地引导受众建构医患社会情绪和价值观念。相比于倒叙方式而言，以时间为主线的顺叙方式，即开篇为患方的诉求易引发受众脱离事件原因和之后情势发展的思维定式，更易造成医患间信任水平降低。但在视频版涉医新闻中，叙事方式对医患信任的影响差异不显著，这可能是因为相比于文字版新闻视频画面切换较快，首因效应尚不稳定以及思维定式尚未形成，也可能是视频新闻虽有助于受众对新闻内容有多方位理解，但视频中对信息的隐藏式内嵌处理，使得受众对重要信息和细节发生认知遗漏或理解偏差等原因。连续报道这种离散化、碎片化甚至分篇新闻带有情绪化的叙事模式，在极大程度上满足了信息量爆炸时代受众对简短、支离破碎、语焉不详但让人及时行乐的内容需求，更容易产生对医不利的舆论场，削弱医患之间的信任。

媒介作为风险社会建构的主体之一，是为社会各种风险利益攸关者搭建风险论述竞争的话语平台。尤其是涉及医患新闻时，媒介要是秉着“嗜好冲突”的特性，以及报道话语策略对医患纠纷或医疗事故甚至是伤医等事件的原因知觉和解释稍有差池，一旦激发受众负性情绪，将对医形成巨大的舆论压力；抑或是媒介在新闻报道中字里行间将事件归因和归责于医方，不仅是对医方污名化的一种方式，更是破坏医患信任的一把锋利的匕首。在涉医新闻报道时，无论是视频报道还是文本报道，在新闻标题、叙事顺序、报道篇幅等方面要更加谨慎，在不失公允的情况下如实地展现事实原貌，尽可能提升医方形象，提升医患信任水平，促进医患关系和谐发展。

当然，涉医报道的新闻框架当中影响医患信任的元素不只是标题风格、叙事顺序和报道篇幅，今后的研究可以深度挖掘新闻框架中影响医患信任的因素并进行补充完善。同时，不同框架元素通常会组合运用在一则新闻报道中，其中是否存在交互效应，也需进一步验证。再有，目前实验研究还多停留于主观报告的方式研究新闻框架元素操纵对被试的影响，这容易引发“社会赞许性效应”，使被试自觉或不自觉地倾向于提供其认为应当提供而不是客观所想的答案。因此，后续研究还可采用眼动研究等方式采集数据，使研究结论更具客观性。

参考文献

陈阳：《框架分析：一个亟待澄清的理论概念》，《国际新闻界》2007 年第 4 期。

陈臻：《浅述进行广播连续报道和系列报道应注意的问题》，《新闻研究导刊》2017 年第 9 期。

李敬：《传播学领域的话语研究——批判性话语分析的内在分野》，《国际新闻界》2014 年第 7 期。

刘艳春、董洁：《网络时评标题设计策略探析——基于“人民时评”标题语言的多维度计量研究》，《江汉学术》2017 年第 5 期。

吕小康、弥明迪、余华冉、王晖、何非：《中国医患信任量表编制与信效度检验》，《中国社会心理学评论》2019 年第 2 期。

吕小康、汪新建、张慧娟、刘颖、张曜、王骥：《中国医患社会心态问卷的初步编制与信效度检验》，《心理学探新》2019 年第 1 期。

马原：《批评性话语分析视角下反转新闻的话语表达与意义建构》，《江淮论坛》2018 年第 1 期。

史芬茹、陈绂：《言语行为视角下的现代汉语反问句研究》，《语言文字应用》2018 年第 3 期。

汪新建、王骥：《医患纠纷媒体报道框架及其对医患信任的影响——以〈人民日报〉和〈健康报〉为例》，《南京师大学报》（社会科学版）2018 年第 1 期。

王丽丽、顾广欣：《大学出版社微博传播分析及发展策略》，《出版科学》2016 年第 5 期。

徐虹：《新闻评论标题运用修辞手法探析》，《信阳师范学院学报》（哲学社会科学版）2018 第 6 期。

杨娜、冉永平：《新闻时评话语中是非断言问句的语用研究》，《外语研究》2017 第3期。

杨亚平、王沛、尹志慧、陈庆伟、冯夏影：《刻板印象激活的无意图性及其大脑神经活动特征》，《心理学报》2015 年第 4 期。

余玉、王雨瑶：《试论医患报道的网络呈现、舆情偏差与矫正路径》，《广西师范学院学报》（哲学社会科学版）2018 年第 5 期。

喻季欣：《让“亮点”在有“层次”的递进中聚焦——从近年“中国新闻奖”系列报道一等奖获奖作品说起》，《新闻与写作》2017 年第 8 期。

臧国仁：《新闻媒体与消息来源——媒介框架与真实建构之论述》，三民书局，1999。

曾庆香：《新媒体语境下的新闻叙事模式》，《新闻与传播研究》2014 年第 11 期。

张结海：《负面事件新闻报道的媒体框架建构——一个认知 - 情绪的事后解释模型》，《现代传播》（中国传媒大学学报）2016 年第 11 期。

Green, M. C., Brock, T. C., & Kaufman, G., “Understanding Media Enjoyment: The Role of TransportationInto Narrative Worlds,” *Communication Theory* (2004).

Haberman, S. J., “The Analysis of Residuals in Cross-classified Tables,” *Biometrics* (1973).

Podsakoff, P. M., MacKenzie, S. B., & Podsakoff, N. P., “Sources of Method Bias in Social Science Research and Recommendations on How to Control It,” *Annual Review of Psychology* (2012).

B.10

个体和社会维度的社会公平感研究*

高文珺**

摘　要： 本研究从个体和社会两个维度分析了人们的社会公平感现状及其与社会经济地位的关系，其中，个体维度社会公平感指人们对于个人境遇公平性的感知，社会维度公平感包含权利公平、机会公平和规则公平三个方面。数据来源于2017年社会心态调查（CASS-Intellvision Social Mentality Survey 2017）的22669份居民数据。结果发现，调查对象的社会公平感普遍偏低，机会公平最受质疑。客观社会经济地位越高，越觉得社会公平；主观社会阶层认同处于中上阶层的调查对象社会公平感最强，底层认同的调查对象社会公平感最弱。

关键词： 社会公平感　社会经济地位　权利公平　机会公平　规则公平

一　引言

对公平正义的追求贯穿于人类社会发展过程之中，公平的社会环境是促进社会良性有序发展的基石。在社会心态研究中发现，社会公平感会产

---

* 项目来源：国家社会科学基金青年项目“社会共识形成和作用机制研究”（项目批准号：14CSH001）。

** 高文珺，中国社会科学院社会学研究所助理研究员，博士，中国社会科学院社会学研究所社会心理学研究中心助理研究员，中国社会科学院社会心理与行为实验室助理研究员，研究方向为社会心理学。

生广泛的社会心理效应，影响人们的生活满意度、社会情绪和社会信任感等（高文珺，2015）。党和政府对社会公平一直高度重视，在党的十八大报告中提出，“加紧建设对保障社会公平正义具有重大作用的制度，逐步建立以权利公平、机会公平、规则公平为主要内容的社会公平保障体系，努力营造公平的社会环境，保证人民平等参与、平等发展权利”（新华网，2013）。党的十九大报告中，在阐释人民日益增长的美好生活需要时，强调了公平的重要性，指出“人民美好生活需要日益广泛，不仅对物质文化生活提出了更高要求，而且在民主、法治、公平、正义、安全、环境等方面的要求日益增长”。报告在谈到保障和改善民生问题时，提出“保障群众基本生活，不断满足人民日益增长的美好生活需要，不断促进社会公平正义，形成有效的社会治理、良好的社会秩序，使人民获得感、幸福感、安全感更加充实、更有保障、更可持续”（新华网，2017）。可见，提升民众社会公平感，满足其对公平正义的需要，对新时代的社会治理、社会发展和建设都具有重要意义。那么，如何去衡量人们对于社会公平状况的感知？社会公平感现状如何？又会受到哪些因素的影响？本报告将逐一对此进行分析。

（一）社会公平感的衡量

本研究认为，对于社会公平感的衡量，可以从两个维度进行。一是个体维度，主要指人们对于自身境遇公平与否的判断，比如人们认为自己的生活水平和个人努力比起来是否公平。二是社会维度，指人们对于社会环境公平性的理解，如人们对于教育、司法、收入分配、社会保障、医疗、就业、干部选拔等方面公平性的感知。人们对这些方面的公平感知可进一步对应前述党的十八大报告中的三种公平，即权利公平感知、机会公平感知和规则公平感知。“权利公平”是指基本权利不能因为出身、职业、财富等不同而区别对待，所有公民都能按照宪法和法律的规定平等地享有权利和履行义务，任何公民都不能被排除在法律所赋予的权利之外。“机会公平”强调每一个社会个体在拥有获得各种资源的机会、施展才华抱负以发展自我的机会以及参与政治、经济和社会事务的机会上都是均等的，没有人享有特殊优待。“规则公平”是指人们在从事各种经济与社会活动过程中，不仅与之相关的各种规则本身及其制定的程序要凸显公平，而且在规则面前人们一律平等，规则包括所有的法律、政策、制度和规定（吴涛，2013）。

（二）社会经济地位与社会公平感

已有研究发现，社会经济地位会影响人们的公平感知，但结果存在矛盾。“结构地位决定论”认为社会经济地位越高，越认为自身所得是公平的，一些研究发现也支持了这一假设（张海东，2004；孙明，2009）。另有一些研究则发现，社会经济地位与公平感之间并不是线性的关系，受教育程度、收入越高的人，社会公平感可能越低（马磊、刘欣，2010；李骏、吴晓刚，2012；孟天广，2012；高文珺，2015）。本研究将同时分析主客观社会经济地位对于公平感的影响。

二　研究方法

（一）调查对象

本研究数据来源于社会心态调查（CASS-IntellVision Social Mentality Survey 2017），由中国社会科学院（CASS）社会学研究所社会心理学研究中心和智媒云图（IntellVision）在2017年合作完成。获得有效成人问卷22669份，问卷有效率为93.0%。其中，男性12897人，占56.9%，女性9772人，占43.1%。年龄范围是18～70岁，平均年龄27.38±8.28岁。调查对象来自北京、安徽、福建、甘肃、广东、广西、贵州、海南、河北、河南、黑龙江、湖北、湖南、吉林、江苏、江西、辽宁、内蒙古、宁夏、青海、山东、山西、陕西、上海、四川、天津、西藏、新疆、云南、浙江和重庆31个省、自治区和直辖市。调查对象具体情况参见表1。

表1　样本基本情况（N=22669）

单位：人，%

属性	类别	人数	百分比
性别	男	12897	56.9
	女	9772	43.1
受教育程度	小学及以下	366	1.6
	初中	1915	8.4
	高中/中专/职高/技校	6573	29.0
	大专	5550	24.5
	大学本科	7248	32.0
	研究生及以上	1017	4.5
城市类别	一线城市	3031	13.4
	新一线城市	4005	17.7
	二线城市	3900	17.2
	三线城市	4499	19.8
	四线城市	4562	20.1
	五线及以下城市	2672	11.8

（二）测量工具

1. 社会公平感的测量

个体维度的社会公平感，询问人们认为自己的生活水平、收入水平和个人努力比起来是否公平。社会维度的社会公平感，从权利公平、机会公平和规则公平几个方面衡量人们如何理解社会大环境的公平程度。具体而言，通过人们对义务教育、政治权利、公共医疗和社会保障几方面的公平程度感知来测量权利公平感，从人们对就业机会、地区待遇、城乡待遇和财富分配等方面的公平程度感知来测量机会公平感，从人们对司法与执法、财政和税收政策以及党政干部选拔几个方面的公平程度感知来衡量规则公平感。除此之外，还询问了调查对象对于社会总体公平程度的感知。均采用7点量表计分，1表示非常不公平，7表示非常公平，分数越高，公平感越高。分析中采用量表均分。

2. 客观社会经济地位测量

参照以往研究（高文珺，2017），本研究对客观社会经济地位的测量，包括传统的受教育程度、个人月收入和职业，并新增了住房变量。其中，职业的测量参照人力资源和社会保障部对国家职业资格管理的分类，将职业分为国家机关、党群组织、企业、事业单位负责人，专业技术人员，办事人员和有关人员，商业、服务业人员，农、林、牧、渔、水利业生产人员，生产、运输设备操作人员及有关人员，军人和不便分类的其他从业人员八个大类，同时，将最后一类其他从业人员进一步区分为自由职业者和其他两类，最终分析了九类职业。

新增住房变量根据调查对象的基本住房情况，拥有自建房、经济适用房和商品房都被视为拥有自有住房，编码为1；而租房、住单位宿舍、公租房或借住父母和他人之房则都被视为没有自有住房，编码为0。除此之外，住房方面还对居住环境进行了测量，询问调查对象所居住的社区类型，包括未经改造的老城区、单一或混合的单位社区、保障性住房社区、普通商品房社区、别墅区或高级住宅区和新近由农村社区转变过来的城市社区（村改居、村居合并或城中村）六类。

3. 主观社会阶层测量

主观社会阶层采用国内外研究中常用的阶梯量表测量（Adler et al.，2000），给调查对象呈现从1到10数字标注的阶梯图案，1代表处于社会的最底层，10代表处于社会的最上层，让调查对象报告自己目前处于哪个等级。

三　研究结果

（一）社会公平感的基本特点

1. 个体维度社会公平感——付出与收获公平吗？

在本研究中，个体维度的社会公平感分析的是人们如何看待自己所处境遇与自己的付出相比的公平性。为便于理解，将选择代表不同程度不公平选项的调查对象都归类为选择不公平，将选择代表不同程度公平选项的调查对象都归类为选择公平。结果显示（见表2），超过三成的人认为自己的收入和自己的教育背景、工作能力等相匹配，四成的人认为自己的生活水平现状与自己的努力相比是公平的。不过同时有32.0%的人认为自己的收入与自己的能力不相匹配，28.9%的人认为自己的生活水平与自己的付出相比并不公平。从均值看，7点量表计分，中间值为4，调查对象对于自己收入、生活水平与付出相比公平性的判断并不高，略高于中立立场，即认为自己当前的付出与回报相比还算公平的人相对多些。

表2　个体维度社会公平感情况（N＝22669）

单位：%

类别	不公平百分比	中立百分比	公平百分比	均值
收入与付出相比公平性	32.0	32.7	35.3	4.01
生活水平与付出相比公平性	28.9	30.4	40.7	4.16

2. 社会维度的社会公平感——社会环境公平吗?

本研究分析了人们对于社会环境中各种制度和现状的公平程度感知。结果如表3所示，整体上7点计分，4为中间值，从均值来看，在三种公平类型上，人们的权利公平感知最强，表示更多人认为权利相关方面的公平程度偏向于公平。其次是规则公平感，得分接近中间值，人们的态度比较中立。最低的是机会公平感，得分低于中间值，表明更多人认为每个人获取机会方面的公平程度偏向于不公平。总体上，更多人偏向于认为社会不公平。

表3　社会维度社会公平感情况（N＝22669）

单位：%

公平类别	公平条目	不公平百分比	中立百分比	公平百分比	条目均值	类别均值
权利公平	义务教育	24.7	26.5	48.8	4.38	4.18
	政治权利	29.4	29.4	41.2	4.18	
	公共医疗	28.9	29.6	41.5	4.17	
	养老等社会保障	33.0	30.1	36.9	4.00	

续表

公平类别	公平条目	不公平百分比	中立百分比	公平百分比	条目均值	类别均值
机会公平	工作与就业机会	37.7	28.9	33.4	3.90	3.74
	不同地区间待遇	45.3	27.9	26.8	3.65	
	城乡间待遇	42.7	30.2	27.1	3.70	
	财富及收入分配	43.3	28.6	28.1	3.69	
规则公平	司法与执法	28.3	32.5	39.2	4.16	3.98
	财政和税收政策	29.3	38.9	31.8	3.99	
	党政干部选拔	36.3	36.2	27.5	3.80	
总体公平	总体社会公平	43.1	22.7	34.2	3.80	3.80

具体看每个公平判断领域，权利公平方面，调查对象对于义务教育的公平程度评价最高，48.8%的调查对象认为义务教育公平，不到四分之一的调查对象认为义务教育不公平。其次，对于公民政治权利和公共医疗，均有超过四成的人表示是公平的，有接近三成的人表示是不公平的，表明更多的人认为公民政治权利和人们享受公共医疗的权利还是比较公平的。最后，对于养老等社会保障，超过三分之一（36.9%）的调查对象认为是公平的，接近三分之一（33.0%）的调查对象认为不公平，表明对于社会保障的公平性，调查对象中存在一定争议。

机会公平方面，在不同地区间待遇上，觉得不公平的人数是最多的，45.3%的调查对象认为不公平，26.8%的调查对象认为公平。其次是财富及收入分配和城乡间待遇，都有超过四成（43.3%和42.7%）的调查对象认为不公平，不到三成（28.1%和27.1%）的调查对象认为公平。最后，对于工作与就业机会，还是认为不公平的人数比例相对更多，37.7%的调查对象表示不公平，33.4%的调查对象表示公平。这些分析结果表明，更多调查对象认为不同地区之间、城乡之间所获得的待遇和机会是不公平的，人们获得财富的机会也偏向于不公平，工作与就业机会的平等性也受到较多调查对象的质疑。

规则公平方面，人们眼中的司法与执政的公平性相对较高，近四成（39.2%）的调查对象认为公平，不到三成（28.3%）的调查对象认为不公平。

财政和税收政策上则存在争议，认为公平（31.8%）和认为不公平（29.3%）的人数比较接近。在党政干部选拔上，认为不公平的人数比例相对更多，超过三分之一（36.3%）的调查对象认为不公平，27.5%的调查对象认为公平。这些结果表明，相对来说，调查对象对于现行司法政治制度公平性的认可程度较高，对于财政和税收政策公平性的判断基本处于中立水平，对于党政干部选拔制度的公平性感知略偏向于不公平。

在社会总体公平程度的感知上，超过四成调查对象认为社会不公平，34.2%的调查对象认为社会公平。表明调查对象对于社会公平的整体感知偏向于不公平。

（二）客观社会经济地位与社会公平感

1. 受教育程度与社会公平感

采用方差分析的方法，比较受教育程度不同的调查对象在个体维度和社会维度社会公平感上的差异，结果分别见表4、图1和表5、图2。表4和图1结果显示，调查对象对个人境遇公平性的判断，随受教育程度不同有所变化，基本呈现受教育程度越高，个体维度社会公平感越强，即越认为自己的付出和回报成正比。具体而言，大专及以下受教育程度的调查对象中，更多人认为自己的收入和自己的教育背景、工作能力、资历比起来是不公平的，而大学本科、研究生及以上受教育程度的调查对象则倾向于认为回报与付出相比是公平的。初中及以下受教育程度的调查对象中，更多人认为自己的生活水平和自己的努力比起来是不公平的。高中及以上受教育程度的调查对象中，则更多人认为自己的生活水平和努力是匹配的。

表5和图2的结果显示，总体上，调查对象的权利公平感、机会公平感、规则公平感以及总体的社会公平感知，大多随着受教育程度的增加而有所提升，但变化幅度不大。进一步比较分析发现，差异主要表现在小学及以下受教育程度的调查对象各方面的公平感最低，多认为权利享有、发展机会和社会规则等都不公平，对社会总体公平性的感知也较低，这种差异也可能与其人数较少有关。其次是初中受教育程度的调查对象。其他受

教育程度的调查对象之间差异并不明显。从个体维度和社会维度社会公平感的分析结果看，受教育程度与人们对个体维度社会公平的感知关系相对更为紧密。

表 4　个体维度社会公平感的受教育程度差异（N＝22669）

受教育程度	个体收入/付出公平性	个体生活水平/付出公平性
小学及以下	3.66	3.73
初中	3.85	3.97
高中/中专/职高/技校	3.99	4.14
大专	3.96	4.10
大学本科	4.09	4.25
研究生及以上	4.21	4.36
F 值	24.876***	32.629***

注：*** $p<0.001$，** $p<0.01$，下同。

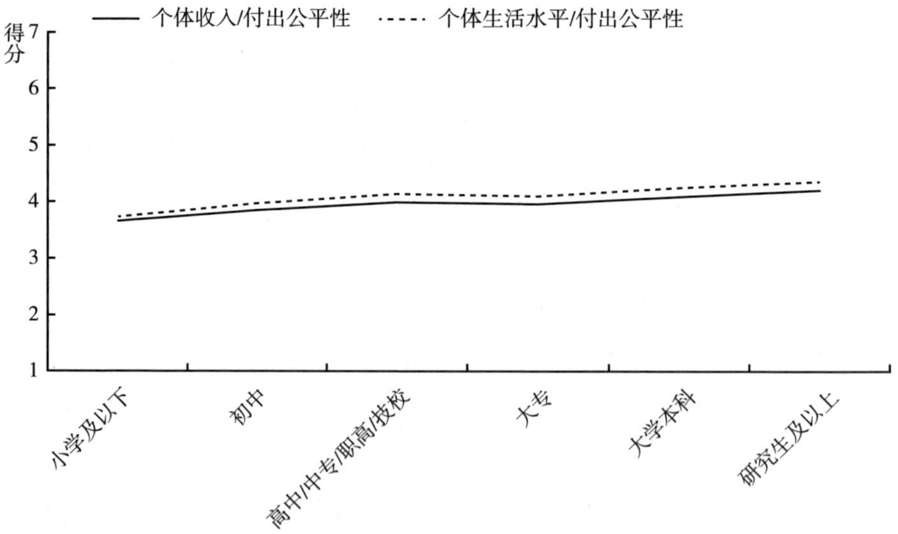

图 1　不同受教育程度调查对象的个体维度社会公平感

表5 社会维度社会公平感的受教育程度差异（N=22669）

受教育程度	权利公平	机会公平	规则公平	总体公平
小学及以下	3.85	3.56	3.66	3.45
初中	4.03	3.72	3.86	3.55
高中/中专/职高/技校	4.20	3.81	4.02	3.73
大专	4.16	3.71	3.96	3.75
大学本科	4.24	3.72	4.01	3.94
研究生及以上	4.18	3.80	4.00	4.04
F值	17.402***	7.546***	12.672***	46.638***

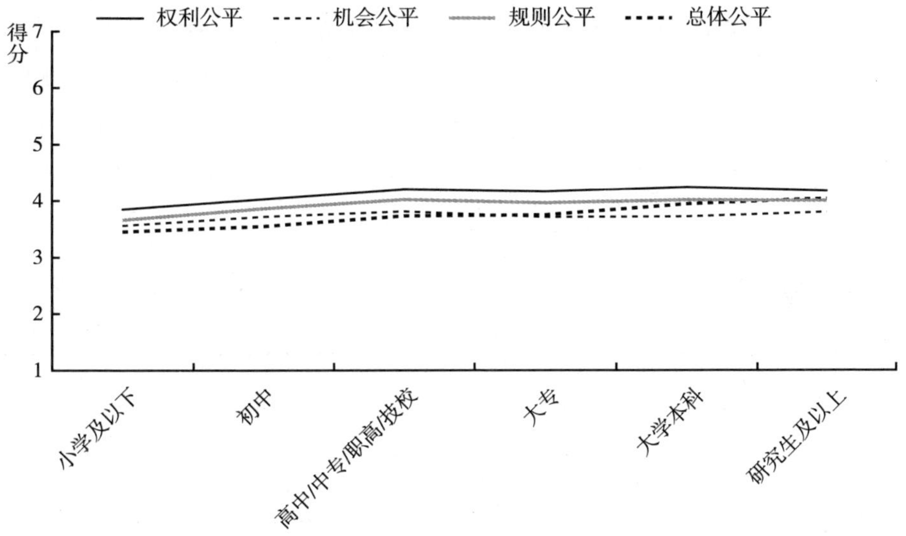

图2 不同受教育程度调查对象的社会维度社会公平感

2. 收入水平与社会公平感

将个人月收入划分为低收入（47.3%）、中下收入（26.5%）、中等（19.5%）、中上收入（3.9%）和高收入（2.7%）五个等级，方差分析比较收入不同的调查对象在个体维度和社会维度上社会公平感的差异，结果分别见表6、图3和表7、图4。

根据对个体维度社会公平感的分析发现（见表6和图3），个人月收入越多，越是认为自己的收入与付出相比是公平的。进一步比较分析发现，低收入调查对象更多认为自己的收入与自己的教育背景和能力相比，不是很公平；中下收入的调查对象对此的公平感知次之。中等收入、中上收入和高收入调查对象对此的公平感知没有显著差异，更可能认为自己的收入与自己的条件相比，是比较公平的。而月收入越多的调查对象，越倾向于认为自己的生活水平与自己的努力相比是公平的。具体比较分析发现，低收入和中下收入的调查对象对于生活水平和付出相比的公平性判断是更偏向于公平的，但公平感知的程度相对偏低，低于中等收入、中上收入和高收入的调查对象。

表6　个体维度社会公平感的月收入差异（N＝22669）

个人月收入	个体收入/付出公平性	个体生活水平/付出公平性
低收入	3.90	4.06
中下收入	4.01	4.14
中等收入	4.19	4.32
中上收入	4.27	4.42
高收入	4.22	4.35
F值	57.865***	47.863***

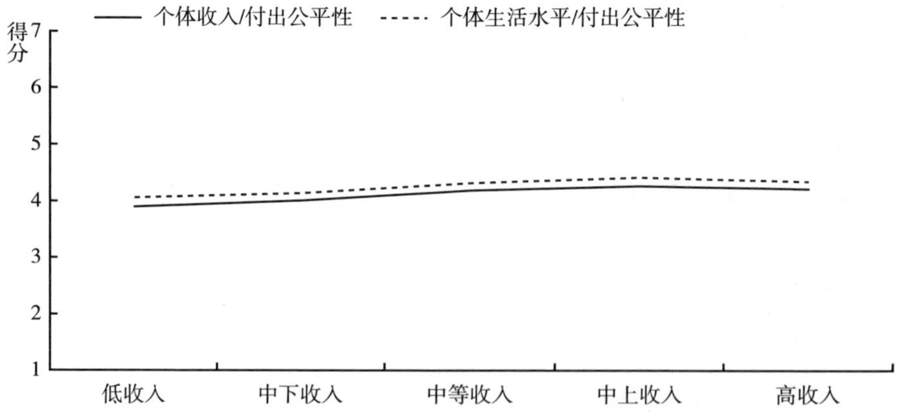

图3　不同收入调查对象的个体维度社会公平感

对社会维度社会公平感的分析则发现（见表7和图4），月收入不同的调查对象的权利公平感和规则公平感没有明显差异，在机会公平感知和总体社会公平感知上存在一定差异。对于机会公平感来说，收入越高，公平感知越强，具体而言，低收入调查对象认为机会不公平的程度最强，中等收入范围内调查对象认为机会不公平的程度较弱，高收入调查对象的机会不公平感相对最弱。同样，对于社会总体的公平感知，低收入调查对象的总体社会公平感最低，认为不公平的程度相对最强，中等收入范围内调查对象社会总体公平感相对高些，但仍更多偏向于不公平的感知，高收入调查对象的社会公平感相对最强，但也只是接近中间值，还是略偏向于不公平的感知。

表7　社会维度社会公平感的月收入差异（N＝22669）

个人月收入	权利公平	机会公平	规则公平	总体公平
低收入	4.20	3.68	3.98	3.71
中下收入	4.18	3.76	3.97	3.82
中等收入	4.16	3.85	4.00	3.92
中上收入	4.15	3.79	3.96	3.92
高收入	4.27	3.92	4.07	3.98
F值	2.086	18.121***	1.230	25.088***

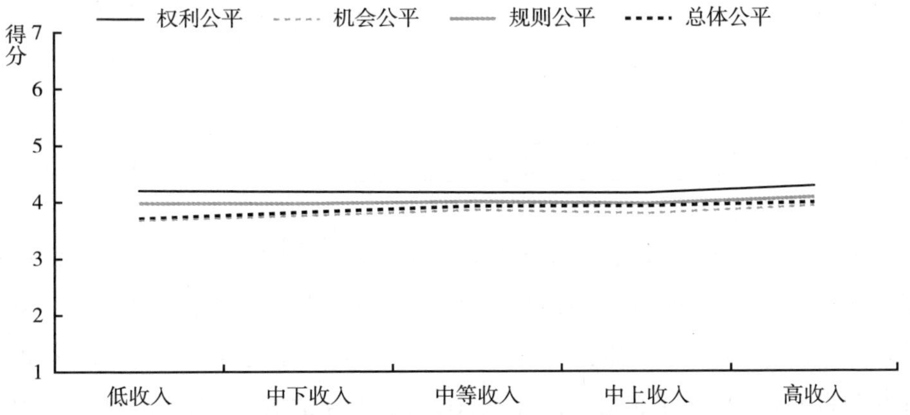

图4　不同收入调查对象的社会维度社会公平感

3. 职业与社会公平感

采用方差分析的方法，比较职业不同的调查对象在个体维度和社会维度社会公平感的不同。对个体维度社会公平感的分析显示（见表8和图5），不同职业类型的个体维度社会公平感存在差异，国家机关、党群组织、企事业单位负责人，军人，专业技术人员，办事人员和有关人员对于收入和付出相比的公平性评价最高，其次是商业、服务业人员和自由职业者，生产、运输设备操作人员及有关人员，农、林、牧、渔、水利业生产人员的收入/付出公平性评价最低，更多认为自己的收入和自身的教育背景、能力相比，偏向于不公平。单位负责人对于生活水平和付出相比的公平性感知最高，其次是军人、办事人员和有关人员、专业技术人员等，其更多认为自己的生活水平与自己的努力相匹配，生产、运输设备操作人员及有关人员以及农、林、牧、渔、水利业生产人员的生活水平/付出公平感知最低。

表8　个体维度社会公平感的职业差异（N=22669）

职业	个体收入/付出公平性	个体生活水平/付出公平性
国家机关、党群组织、企业、事业单位负责人	4.13	4.36
专业技术人员	4.05	4.21
办事人员和有关人员	4.05	4.23
商业、服务业人员	4.01	4.18
农、林、牧、渔、水利业生产人员	3.93	4.07
生产、运输设备操作人员及有关人员	3.89	3.97
军人	4.13	4.22
自由职业者	4.02	4.18
其他职业	3.98	4.10
F值	5.213***	11.922***

对社会维度社会公平感的分析显示（见表9和图6），权利公平感方面，从事生产、运输设备操作的调查对象权利公平感最低，其他职业的调查对象之间差异不显著。机会公平感方面，生产、运输设备操作人员的机会公平感最低，单位负责人的机会公平感最高，其他职业调查对象的机会公平感居中。规则公平感方面，生产、运输设备操作人员的规则公平感最低，单位负责人、军人、

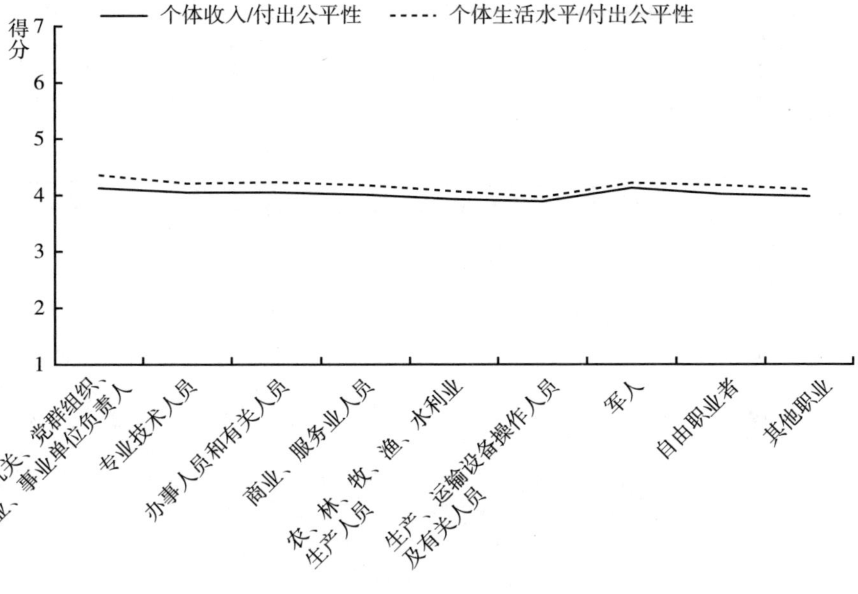

图5　不同职业的个体维度社会公平感

自由职业者的规则公平感较高，其他职业调查对象居中。社会整体公平感方面，生产、运输设备操作人员，农、林、牧、渔、水利业生产人员，自由职业者，商业、服务业人员的社会总体公平感都较低，单位负责人和军人的社会总体公平感较高，办事人员和有关人员、专业技术人员的社会总体公平感居中。

表9　社会维度社会公平感的职业差异（N = 22669）

职业	权利公平	机会公平	规则公平	总体公平
国家机关、党群组织、企业、事业单位负责人	4.23	3.96	4.07	3.97
专业技术人员	4.16	3.75	3.96	3.87
办事人员和有关人员	4.18	3.77	3.98	3.89
商业、服务业人员	4.16	3.78	3.97	3.77
农、林、牧、渔、水利业生产人员	4.16	3.81	3.95	3.70
生产、运输设备操作人员及有关人员	4.00	3.61	3.79	3.67
军人	4.33	3.83	4.05	3.98
自由职业者	4.28	3.69	4.04	3.81
其他职业	4.20	3.76	4.03	3.73
F 值	11.204***	7.827***	9.474***	9.259***

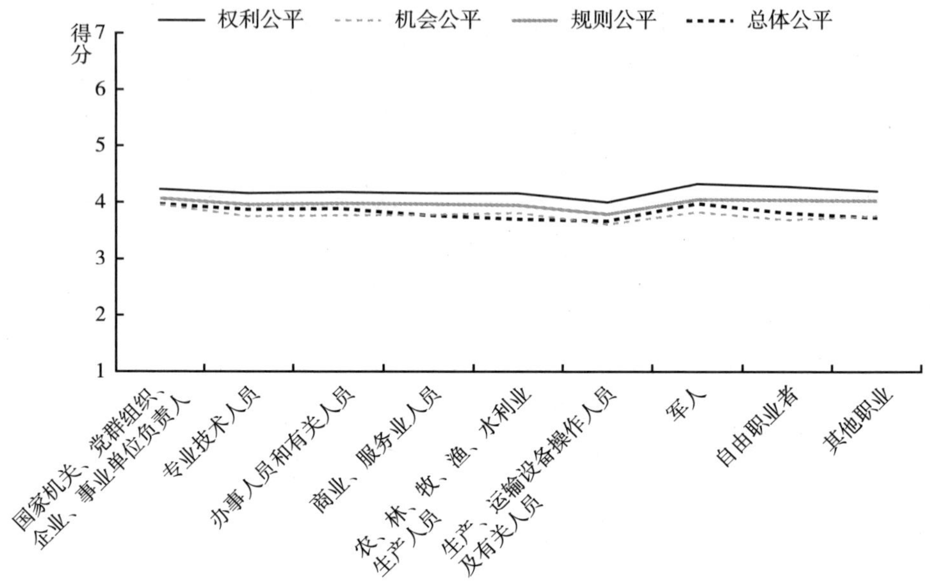

图 6　不同职业的社会维度社会公平感

4. 住房与社会公平感

(1) 自有住房与社会公平感

通过 t 检验比较有无自有住房的调查对象个体维度和社会维度社会公平感的差异，结果见表 10。从表中看，无论是个体维度还是社会维度的公平感知，有自有住房的调查对象社会公平感都要比无房的调查对象要高。

表 10　有无住房与社会公平感（N = 22669）

比较项目	住房情况	平均值	t 值
个体收入/付出公平性	无房	3.93	-9.108***
	有房	4.08	
个体生活水平/付出公平性	无房	4.09	-8.233***
	有房	4.23	
权利公平	无房	4.16	-2.836**
	有房	4.21	
机会公平	无房	3.68	-8.314***
	有房	3.82	

续表

比较项目	住房情况	平均值	t 值
规则公平	无房	3.95	-3.690***
	有房	4.01	
总体公平	无房	3.74	-6.303***
	有房	3.85	

（2）居住社区和社会公平感

采用方差分析的方法，比较居住在不同社区的调查对象在个体维度和社会维度社会公平感上的差异。对个体维度社会公平感的分析表明（见表11和图7），居住在别墅区或高级住宅区的调查对象对于收入和付出相比的公平性感知最高；其次，居住在普通商品房社区的调查对象的收入/付出公平感也相对较高；再次是居住在保障性住房社区、单位社区、农村社区转变过来的城市社区和农村的调查对象的收入/付出公平感水平，其公平感知略偏向于不公平；最后是居住在老城区的调查对象对于收入和付出相比的公平性感知最低，更多认为收入与自己的教育背景、能力相比不公平。居住在别墅区或高级住宅区的调查对象对于生活水平与自己努力相比的公平性感知最强，居住在普通商品房社区、保障性住房社区和农村社区转变过来的城市社区的调查对象生活水平/付出公平感知也较强，其次是居住在单位社区和农村的调查对象，居住在未经改造的老城区的调查对象生活水平/付出公平感知最低，更多偏向于不公平的感知。

表11　个体维度社会公平感的社区差异（N=22669）

社区	个体收入/付出公平性	个体生活水平/付出公平性
未经改造的老城区	3.85	3.95
单一或混合的单位社区	3.94	4.07
保障性住房社区	3.97	4.18
普通商品房社区	4.10	4.25
别墅区或高级住宅区	4.41	4.52
新近由农村社区转变过来的城市社区（村改居、村居合并或城中村）	4.00	4.16
农村	3.92	4.07
F值	31.320***	33.463***

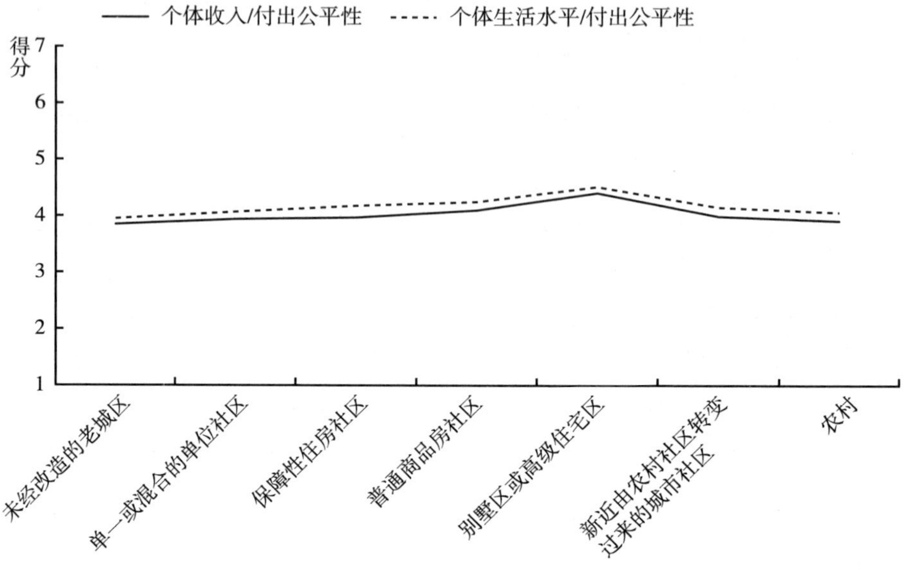

图7　不同社区的个体维度社会公平感

对社会维度社会公平感的分析表明（见表12和图8），对于权利公平感，居住在别墅区或高级住宅区的调查对象权利公平感最高，居住在未经改造的老城区的调查对象权利公平感最低，居住在其他社区的调查对象权利公平感居中。对于机会公平感，居住在别墅区或高级住宅区的调查对象机会公平感最高，其次是居住在保障性住房社区和普通商品房社区的调查对象，居住在农村和农村社区转变过来的城市社区的调查对象机会公平感紧随其后，居住在未改造的老城区和单位社区的调查对象机会公平感最低。对于规则公平感，同样是居住在别墅区或高档住宅区的调查对象规则公平感最强，居住在未经改造的老城区的调查对象规则公平感最低，其他社区调查对象居中。对于社会总体的公平感知，居住在别墅区或高级住宅区的调查对象社会总体公平感知程度最高，其次是居住在普通商品房社区的调查对象，居住在未经改造的老城区的调查对象总体公平感最低，居住在其他社区的调查对象差异不明显。

表 12　社会维度社会公平感的社区差异（N = 22669）

社区	权利公平	机会公平	规则公平	总体公平
未经改造的老城区	4.04	3.56	3.82	3.66
单一或混合的单位社区	4.13	3.62	3.94	3.78
保障性住房社区	4.22	3.86	4.07	3.74
普通商品房社区	4.21	3.81	4.02	3.89
别墅区或高级住宅区	4.32	4.00	4.16	4.04
新近由农村社区转变过来的城市社区（村改居、村居合并或城中村）	4.20	3.75	3.98	3.77
农村	4.19	3.70	3.96	3.72
F 值	8.996***	22.967***	13.674***	17.669***

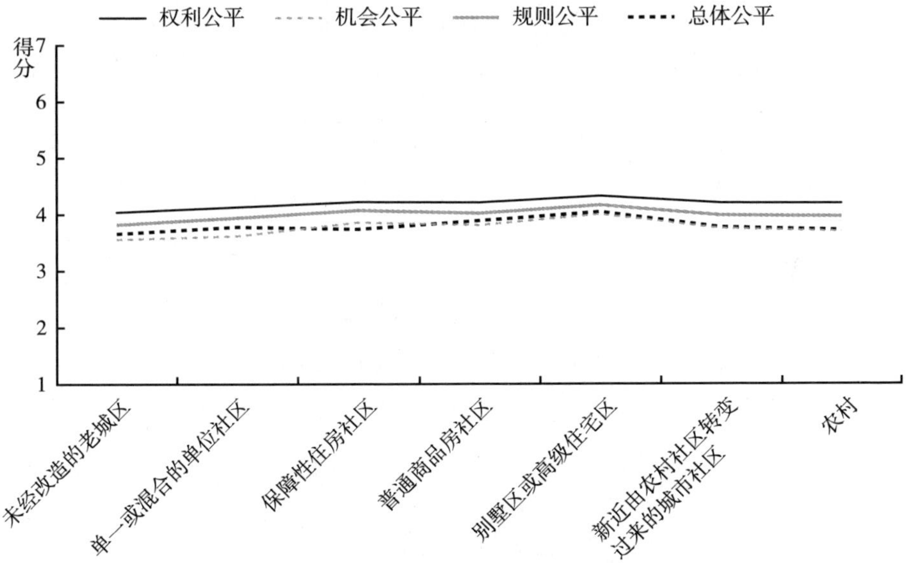

图 8　不同社区的社会维度社会公平感

（三）主观社会阶层与社会公平感

为便于理解成果，分析中，将 10 点计分的主观社会阶层划分为五类，分别是底层（11.9%）、中下层（37.7%）、中层（40.5%）、中上层

(7.9%）和上层（2.1%）。方差分析比较主观社会阶层不同的调查对象在个体维度和社会维度上社会公平感的差异。个体维度社会公平感的分析结果显示（见表13和图9)，认为自己处于中上层的调查对象对于收入和自己教育背景、工作能力相比的公平程度感知最强，其次是上层和中层认同的调查对象，中下层认同的调查对象收入/付出公平感知较低，底层认同的调查对象收入/付出公平感知最低，更多认为自己的收入与自己的付出相比，并不公平。认为自己处于中上层、中层和上层的调查对象对于生活水平与个人努力相比的公平程度感知都比较高，中下层认同的调查对象生活水平/付出公平性感知居中，底层认同的调查对象生活水平/付出公平性感知最低，更多认为自己所处生活水平与自己的努力相比，偏向于不公平。

表13 个体维度社会公平感的主观社会阶层差异（N=22669)

主观社会阶层	个体收入/付出公平性	个体生活水平/付出公平性
底层	3.54	3.67
中下层	3.87	4.01
中层	4.21	4.35
中上层	4.33	4.51
上层	4.14	4.42
F值	223.935***	234.457***

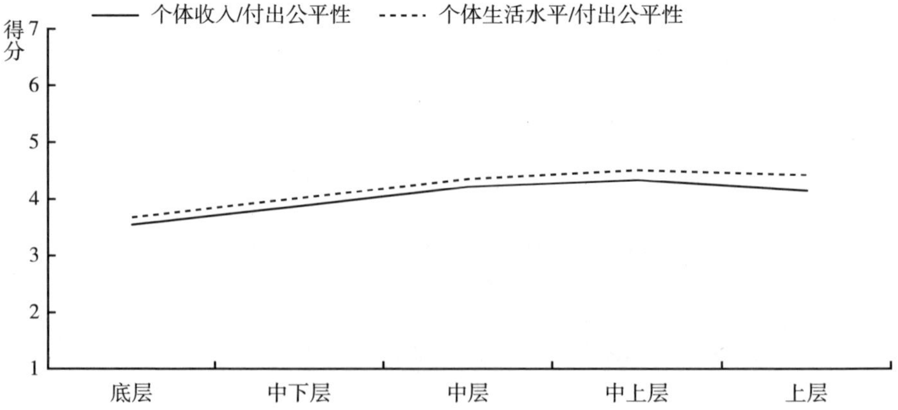

图9 不同主观社会阶层的个体维度社会公平感

社会维度社会公平感的分析结果显示（见表 14 和图 10），对于权利公平感，调查对象的权利公平感程度按照中上层认同、中层认同、上层认同、中下层认同和底层认同的顺序依次递减，中上层认同的调查对象权利公平感最强，底层认同的调查对象权利公平感最弱，认为社会权利不公平。对于机会公平感，中上层和上层的机会公平感较强，偏向于认为社会上机会公平；而中层、中下层和底层的社会公平感强度逐渐减弱，都偏向于认为社会上机会不公平；对于规则公平，呈现类似的规则公平感强度由中上层认同、中层认同、上层认同、中下层认同到底层认同逐一递减的规律，其中，中层及以上认同的调查对象认为社会现行规则偏向于公平，而中下层和底层认同的调查对象则偏向于认为社会规则不公平。社会整体的公平感方面，依然呈现相同的由中上层认同、中层认同、上层认同、中下层认同到底层认同的递减模式，其中，中上层和中层认同的调查对象更多偏向于认为社会整体是公平的，而上层、中下层和底层认同的调查对象则更多偏向于认为社会整体不公平。

表 14　社会维度社会公平感的主观社会阶层差异（N＝22669）

主观社会阶层	权利公平	机会公平	规则公平	总体公平
底层	3.77	3.33	3.56	3.31
中下层	4.09	3.58	3.86	3.66
中层	4.34	3.94	4.16	4.00
中上层	4.45	4.13	4.29	4.12
上层	4.20	4.03	4.03	3.85
F 值	179.786***	232.809***	195.294***	202.577***

四　讨论与结论

（一）社会公平感知整体不强，机会公平感知最弱

根据本研究的分析结果，在个体维度方面，超三成的调查对象认为自己的收入与自己的教育背景和工作能力相比是公平的，自己的生活水平与自己

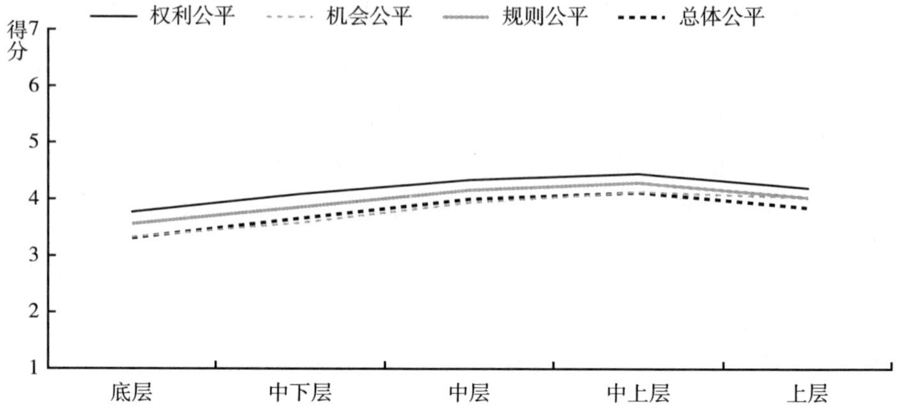

图 10　不同主观社会阶层的社会维度社会公平感

努力相比是公平的，也就是付出与收获相匹配。但仍有三成左右的调查对象认为自己的收获和付出相比并不公平。在社会维度方面，在权利、机会、规则等方面的公平程度感知上，相比较而言，调查对象的权利公平感最强，较多的调查对象认为在义务教育、政治权利、公共医疗和养老等社会保障方面，人们享有的权利是公平的，其中，对于养老等社会保障的公平性性质的质疑相对较多。规则公平感知强度排在第二位，人们对于司法与执法规则的公平感知相对强些，对于财政和税收政策的公平性感知有争议，认为公平和不公平的人数比例相近，而对于党政干部选拔的规则，则有更多人偏向于认为不公平。机会公平感最低，无论是对于工作与就业机会，还是对于财富及收入分配、不同地区间待遇和城乡间待遇，调查对象大多认为不公平，也就是说调查对象对于获得工作、相同财富和待遇的机会的公平性存在较大质疑。而最后，调查对象对于社会整体的公平程度判断也更多趋向于认为不公平。从个体维度和社会维度的比较看，调查对象对于社会环境的公平感知更低，对于个体遭遇的公平感知相对高些。

（二）客观社会经济地位与社会公平感知相关联，社会经济地位越高，社会公平感越强

本研究探讨了客观社会经济地位和社会公平感知之间的关系，分析了受

教育程度、收入、职业、住房这些社会经济地位指标与不同维度社会公平感知之间的关联。结果发现，整体上，受教育程度高、收入高、职业声望高、有房、居住在高档社区的调查对象，个体维度和社会维度的社会公平感都更高，也就是客观社会经济地位越高，社会公平感越强。从经济地位指标的差异强度看，收入、有无住房和居住环境与公平感，尤其是个体维度的公平感关联更为紧密些。

（三）主观社会阶层与社会公平感知相关联，关联程度高于客观社会经济地位

本研究发现，主观社会阶层不同的调查对象，个体维度和社会维度的社会公平感存在显著差异，大体表现为中上层及中层认同的调查对象社会公平感较高，在对个体维度和社会维度社会公平感领域的比较上，都偏向于认为个人遭遇和社会环境公平，而底层认同的调查对象社会公平感则较低，无论是个人遭遇，还是社会环境，都偏向于认为不公平。从差异强度看，主观社会阶层不同所造成的社会公平感差异，要比客观社会经济地位所造成的社会公平感差异更明显。

参考文献

高文珺：《城市居民主观社会阶层特点分析》，载王俊秀主编《中国社会心态研究报告（2017）》，社会科学文献出版社，2017。

高文珺：《社会公平感特点及社会心理效应》，载王俊秀主编《中国社会心态研究报告（2015）》，社会科学文献出版社，2015。

李骏、吴晓刚：《收入不平等与公平分配：对转型时期中国城镇居民公平观的一项实证分析》，《中国社会科学》2012 年第 3 期。

马磊、刘欣：《中国城市居民的分配公平感研究》，《社会学研究》2010 年第 5 期。

孟天广：《转型期中国公众的分配公平感：结果公平与机会公平》，《社会》2012 年第 6 期。

孙明：《市场转型与民众的分配公平观》，《社会学研究》2009 年第 3 期。

吴涛:《以党的十八大精神为指导,努力实现“三个公平”》,《中共贵州省委党校学报》2013 年第 1 期。

《为什么全面深化改革必须以促进社会公平正义、增进人们福祉为出发点和落脚点》,新华网,http://news.xinhuanet.com/politics/2013 - 11/25/c _ 118278452.htm,2013 年 11 月 25 日。

《习近平:决胜全面建成小康社会 夺取新时代中国特色社会主义伟大胜利——在中国共产党第十九次全国代表大会上的报告》,新华网,www.xinhuanet.com//2017 - 10/27/c_ 1121867529.htm,2017 年 10 月 27 日。

张海东:《城市居民对社会不平等现象的态度研究》,《社会学研究》2004 年第 6 期。

Adler, N. E., Epel, E. S., Castellazzo, G., Ickovics J. R., “Relationship of Subjective and Objective Social Status with Psychological and Physiological Functioning: Preliminary Data in Healthy, White Women”, *Health Psychology*, 19 (2000).

B.11 创业心态区域和城市比较研究

应小萍*

摘 要： 社会心态视角下的创业心态研究民众在创新创业中体验到的具有弥散性，并具有一定群体共享性特征的社会心境状态。本报告对创业心态的研究具体体现在创业倾向、创业能力和创业环境感知三个层面。基于2016~2017年创业心态调查数据，将8359名未创业者的城市信息，按地理方位划分为东北、环渤海、中部、东南、西南和西北六个地区；按不同发展水平划分为一线城市、新一线城市、二线城市、三线城市、四线及以下城市五类；按地域上集中分布的大城市聚集划分为城市群。比较分析了六大地区、不同发展水平城市、一线城市北上深广，以及长三角、珠三角和京津冀三大城市群民众的创业心态，进而比较分析了长三角、珠三角和京津冀三大城市群中不同性别、年龄、受教育程度和户籍人群的创业心态。

关键词： 创业心态　城市发展水平　城市群

一　引言

本报告是继创业心态2016~2017年度报告（陶雪婷、应小萍，2017）

* 应小萍，中国社会科学院社会学研究所副研究员，博士，硕士生导师，中国社会科学院社会学研究所社会心理学研究中心副研究员，中国社会科学院社会心理与行为实验室副研究员，研究方向为社会心理学。

之后，分析比较创业心态在不同区域及城市间异同的又一报告。报告基于六大地区、不同发展水平城市、城市群等划分方法，分析创业心态的区域和城市比较结果，探讨创业心态的特征，选取“创业心态调查 2016 ~ 2017”中的 8359 名未创业者作为被调查者，从社会心态角度研究民众在创新创业中体验到的具有弥散性的社会心境状态（应小萍，2016）。在本报告中将创业心态界定为三个层面，创业倾向、创业能力和创业环境感知，而其中创业能力又包括创业资源感知、创业安全感、创新自我效能感、日常创造性。

继 2014 年在达沃斯夏季论坛开幕式上李克强总理提出“大众创业、万众创新”，2019 年 6 月 5 日在国务院常务会议上再次提出将“双创”引向深入的措施。[①] 2019 年 6 月 13 ~ 19 日举行了全国“大众创业、万众创新”活动周，以浙江杭州为主会场，设北京、深圳、上海、成都、武汉、合肥、西安和沈阳八个分会场，并向各省区市的 37 个分会场进行同步直播，全面展示各地“双创”发展成果，激发民众创新创业创造活力。[②] 随着“双创”的深入，结合各地的发展水平，开展适合地方的创新创业活动是大趋势。这为我们探讨创业心态的区域和城市的特点提供了现实与实践的依据。

《中国区域创新能力评价报告》是每年发布、具有连续性的年度研究报告，利用大量政府发布的与创新相关的公开统计数据，在对国家区域创新能力进行追踪分析的同时，也对各省（自治区、直辖市）的区域创新能力进行每年排名和历年排名变化分析，报告有助于地方政府了解本地区创新能力发展，也为学习其他地区的优秀创新活动提供了一个平台。创新能力的区域比较为创业心态的地域和城市比较提供了依据。

六大地区由东北、环渤海、中部、东南、西南和西北地区组成。东北地区即东三省，黑龙江省、吉林省和辽宁省。环渤海地区为北京市、天津市、

① 参见中国政府网会议新闻（http：//www. gov. cn/guowuyuan/cwhy/20190605c17/index. htm）和新闻解读（https：//m. thepaper. cn/newsDetail_ forward_ 3612138）。

② 以山西和河北的双创活动周为例（http：//www. sx. xinhuanet. com/2019 - 06/14/c _ 1124620676. htm 和 http：//www. he. xinhuanet. com/xinwen/2019 - 06/13/c _ 1124615662. htm）。

河北省和山东省四省市。东南地区为上海市、江苏省、浙江省、福建省和广东省五省市。中部地区将河南省、湖北省、湖南省、安徽省和江西省五个省份包括在内。西南地区包括重庆市、四川省、云南省、海南省、贵州省、广西壮族自治区、西藏自治区。西北地区包括山西、陕西、甘肃、宁夏、内蒙古、新疆和青海。

一线、二线、三线、四线、五线城市等不同发展水平城市划分虽然不是学术概念，但已被媒体广泛使用，将城市粗略分类用于分析城市经济状况（倪鹏飞、李肃，2015）。不同发展水平城市的划分根据第一财经发布的《中国城市商业魅力排行榜 2016》的城市名单，将全国 338 个地级以上城市依据商业资源集聚度、城市枢纽性、城市人活跃度、生活方式多样性和未来可塑性五大指标划分为一线城市、新一线城市、二线城市、三线城市、四线城市和五线城市。一线城市四个，北京、上海、深圳和广州。新一线城市 15 个，包括两个直辖市、七个省会城市以及六个经济发达计划单列市，成都、杭州、武汉、天津、南京、重庆、西安、长沙、青岛、沈阳、大连、厦门、苏州、宁波、无锡。二线城市 30 个，包括福州、合肥、郑州、哈尔滨、佛山、济南、东莞、昆明、太原、南昌、南宁、温州、石家庄、长春、泉州、贵阳、常州、珠海、金华、烟台、海口、惠州、乌鲁木齐、徐州、嘉兴、潍坊、洛阳、南通、扬州、汕头。三线城市 70 个；四线城市 90 个，五线城市 129 个，本报告将四线和五线城市合并为“四线及以下城市”进行分析。

城市群是由在地域上集中分布的若干大城市和特大城市聚集而来，也因而成为分析区域发展、预测未来城市与区域演化发展趋势的依据。本报告选取的十大城市群在目前中国城市化研究中应用较广，选取作为城市化主导力量的长三角、珠三角、京津冀城市群对创业心态进行比较分析（曾鹏、毕超，2015；黄洁、吝涛、张国钦、李新虎，2014）。京津冀城市群包括一线城市北京、天津，河北省的二线城市石家庄、保定，三线城市唐山、廊坊、秦皇岛、沧州，四线城市张家口、承德。长三角城市群包括一线城市上海，江苏和浙江的新一线城市南京、杭州、宁波、苏州和无锡，江苏和浙江的二线城市常州、南通、嘉兴、绍兴、台州，江苏和浙江的三线城市扬州、泰州、镇江、湖州，浙江的四线城市舟山。珠三角城市群包括一线城市深圳和广州，广东的新一线城市东莞，二线城市佛山、中山、惠州，三线城市珠海、江门、肇庆。

二　研究方法

（一）调查对象

创业心态调查在问卷宝 App 上发布，数据收集时间为 2016 年 11 月 20 日至 2017 年 2 月 20 日，选取工作状态为非创业，并有所在城市信息的有效样本 8395 人。其中男性 4367 人，占全体被调查者的 52.0%，女性 4028 人，占 48.0%；18 ~28 岁 4821 人，占 57.4%，28 岁以上 3574 人，占 42.6%；受教育程度为专科及以下的为 4659 人，占 55.5%，本科及以上 3736 人，占 44.5%；本地户籍 6077 人，占 72.4%，外地户籍 2318 人，占 27.6%。

（二）创业心态的测量

创业心态的测量包括创业倾向、创业能力和创业环境感知三个方面，共六个变量（陶雪婷、应小萍，2017）。

1. 创业倾向

创业倾向变量包括三个题项：创业兴趣、三年内创业可能性和创业准备。采用李克特 5 点量表自我评价创业倾向状况，1 代表“完全不符合”，5 代表“完全符合”；三题的内部一致性系数 0.782，创业倾向的测量信度较好，符合心理学测量标准；得分越高表示创业倾向越高。

2. 创业能力

创业能力包括四个变量：创业资源感知、创业安全感、创新自我效能感和日常创造性。

创业资源感知包括四个题项：自我评价具有创业所需资金、社会资源、项目和管理能力的情况（师保国、李俊、王黎静、应小萍，2017），采用李克特5点量表，1代表“完全不符合”，5代表“完全符合”，四题的内部一致性系数0.850，信度较好，得分越高表示个体对创业资源的感知越好。

创业安全感是将创业风险感知两题项反向计分后得到（丛中、安莉娟，2004），两题的皮尔逊相关系数为0.577，得分越高表示被调查者感知到创业安全感越高。

创新自我效能感包括六题项（Tierney，Farmer，2002，2011），采用李克特5点量表，从1“完全不符合”到5“完全符合”自我评价能否根据自己所拥有的能力去完成创新工作的自信程度；量表的内部一致性系数0.828，信度较好；得分越高表示自我创新效能感越强。

日常创造性包括七题项，采用李克特5点量表，从1“从不”到5“总是”自我评价个体在日常生活中创造性行为发生的频率。量表的内部一致性系数0.862，信度较好；分数越高表示被调查者的日常创造性越高。

3. 创业环境感知

创业环境感知包括两题项，采用李克特5点量表对环境适合创业和当前创业机会进行评价，两题的皮尔逊相关系数为0.513，得分越高表示个体对创业环境的感知越好。

（三）区域和城市划分

将8395名受调查者的所在城市根据六大地区划分后，东南地区占41.7%，中部地区占17.4%，环渤海地区占17.0%，西南地区占10.0%，西北地区占7.6%，东北地区占6.4%。

根据城市发展水平划分进入此次报告分析的被调查者的所在城市，一线城市占全体的18.3%，新一线城市占17.0%，二线城市占20.9%，三线城市占18.4%，四线及以下城市占25.4%。

在本报告中，参与创业心态调查的非创业者来自长三角城市群的1119人，珠三角城市群1512人，京津冀城市群723人。

三　结果分析

采用单因素方差分析和事后检验比较分析创业心态在六大地区、不同发展水平城市、城市群中的差异；并在长三角、珠三角和京津冀城市群，用独立样本 t 检验比较分析创业心态在不同性别、年龄、受教育程度和户籍群体间的差异（Maes，J.，Leroy，H.，Sels，L.，2014）。

（一）六大地区

1. 创业倾向

从图 1 可见，六大地区民众的创业倾向得分按高低排序，依次为西北地区、环渤海地区、东北地区、西南地区、东南地区和中部地区。创业倾向分数均在 1 ~5 的中间分 3 分以上，西北地区民众的创业倾向较高，超过总体分数，中部地区和东南地区民众的创业倾向较低，未超过总体分数。经单因素方差分析显示，六大地区民众创业倾向分数不存在显著差异。显示民众的创业积极性和为创业所做的准备处在中等水平，且在六大地区之间没有大的差别，地理位置没有影响民众的创业倾向。

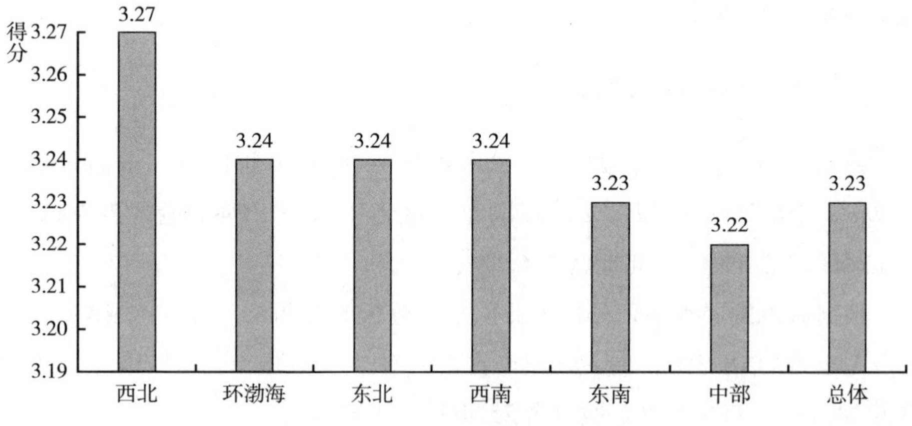

图 1　六大地区的创业倾向

2. 创业能力

六大地区民众的创业资源感知按得分高低排序，依次为东南地区、东北地区、西南地区、环渤海地区、西北地区、中部地区（见图2左上）。六大地区民众的创业资源感知分数均较低，低于1~5分的中间分3分。单因素方差分析和事后检验显示，东南地区、东北地区、环渤海地区民众的创业资源感知分数显著高于中部地区。显示六大地区民众的创业资源感知均不高，东部地区民众比中部民众在心理上感知到具有更好创业所需要的资金、项目和管理能力等资源。

六大地区民众的创业安全感按得分高低排序，依次为东北地区、环渤海地区、西北地区、东南地区、中部地区、西南地区（见图2右上）。东北地区民众的创业安全感相对于其他地区最高，也是唯一高于1~5分中间分3分的，其他五个地区民众的创业安全感得分虽然低于但接近3分。单因素方差分析和事后检验显示，东北地区民众的创业安全感显著高于东南、中部和西南地区。表明六大地区的创业安全感均在中等程度，不高也不低。

六大地区民众的创新自我效能感分数均超过了3分，按得分高低排序，依次为东北地区、环渤海地区、西北地区、东南地区、中部地区、西南地区（见图2左下）。单因素方差分析和事后检验显示，东北地区民众的创新自我效能感显著高于其他五个地区；环渤海地区民众的创新自我效能感接近西北地区民众，但显著高于东南地区、中部地区、西南地区；西北地区民众的创新自我效能感只显著高于西南地区。表明东北地区民众对自己处理创新工作的能力具有较高的自信，而西南地区民众对自我处理创新工作能力的自信相对较弱。

六大地区民众的日常创造性分数均低于2.5分，低于1~5分的中间分3分，按得分高低排序，依次为西北地区、东南地区、环渤海地区、东北地区、中部地区和西南地区（见图2右下）。经单因素方差分析显示，六大地区民众的日常创造性不存在显著差异。表明参与本次调查的民众日常创造性均较低，且六大地区间民众在日常创造性上不存在显著差别。

总体而言，在六大地区中，中部地区民众的创业能力感知较差相较于其他地区排在最后，东北地区民众的创业能力感知较好，排在其他地区之前。

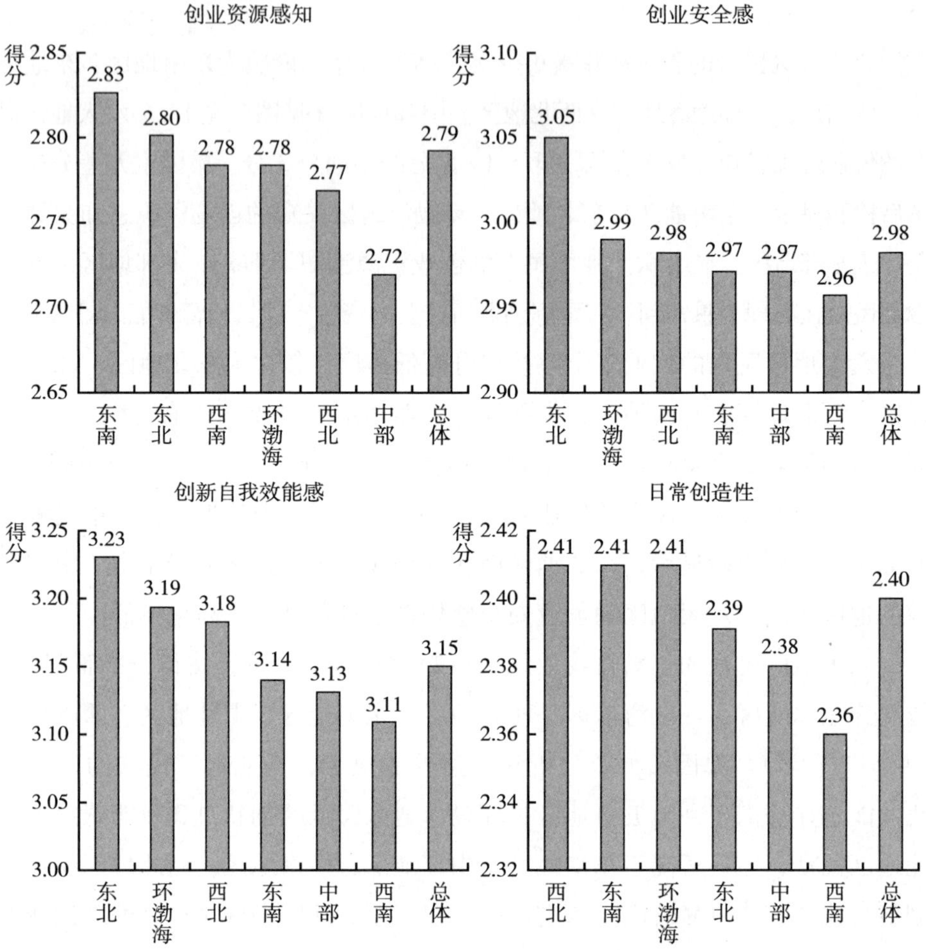

图 2　六大地区的创业能力

3. 创业环境感知

六大地区民众的创业环境感知按得分高低排序，依次为西北地区、环渤海地区、东南地区、西南地区、东北地区、中部地区（见图 3）。单因素方差分析和事后检验分析显示，中部地区民众对创业环境的感知最差，低于总体平均数，但只和东南地区存在显著差异（$p<0.05$）；其他地区民众的创业环境感知得分不存在显著差异。表明六大地区民众均对目前的创业环境和创业机会感知介于不好不坏之间，稍高于 1 ~5 分的中间分 3 分。

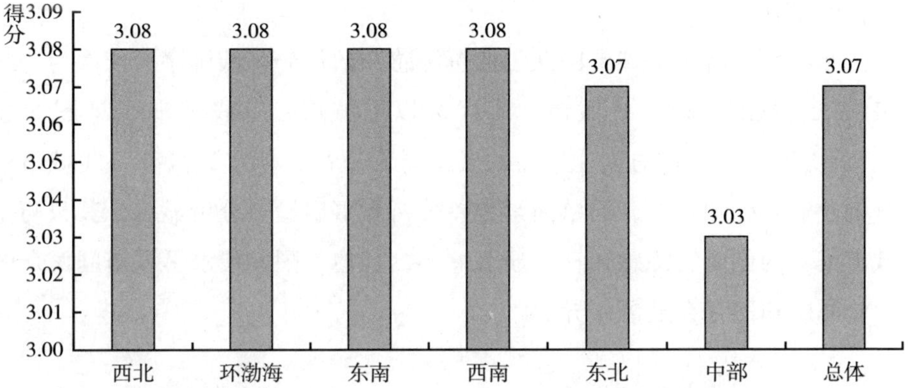

图 3　六大地区的创业环境感知

（二）不同发展水平城市

1. 创业倾向

按不同城市发展水平划分后的城市类别，民众的创业倾向按得分高低排序，依次为四线及以下城市、新一线城市、三线城市、二线城市、一线城市（见图 4）。经单因素方差分析，五类城市民众的创业倾向无显著差异。表明不同发展水平城市民众的创业倾向没有受城市发展水平影响，五类城市均具有一定的创业倾向，超过中间分 3 分。

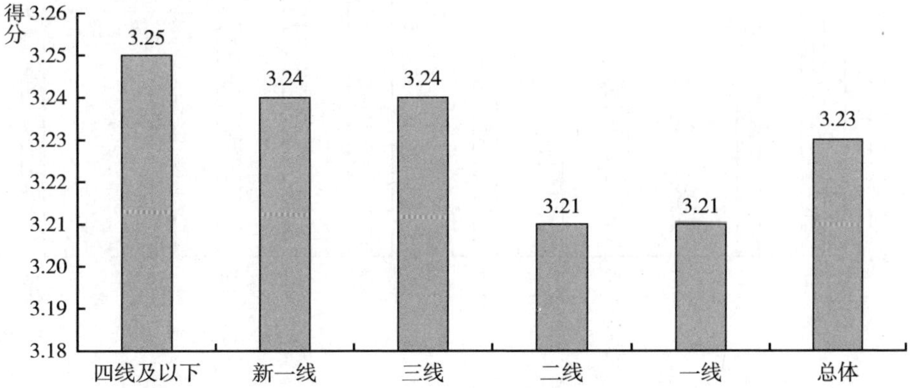

图 4　不同发展水平城市的创业倾向

2. 创业能力

按照不同发展水平城市民众创业资源感知的得分高低排序，依次为一线城市、二线城市、新一线城市、四线及以下城市、三线城市（见图5左上）。五类城市民众均对创业所需的资源感知不高，低于3分。三线城市民众对创业资源感知最差，但单因素方差分析和事后检验分析显示，其只与一线城市民众的创业资源感知存在显著差异，其他不同发展水平城市间民众的创业资源感知不存在显著差异。

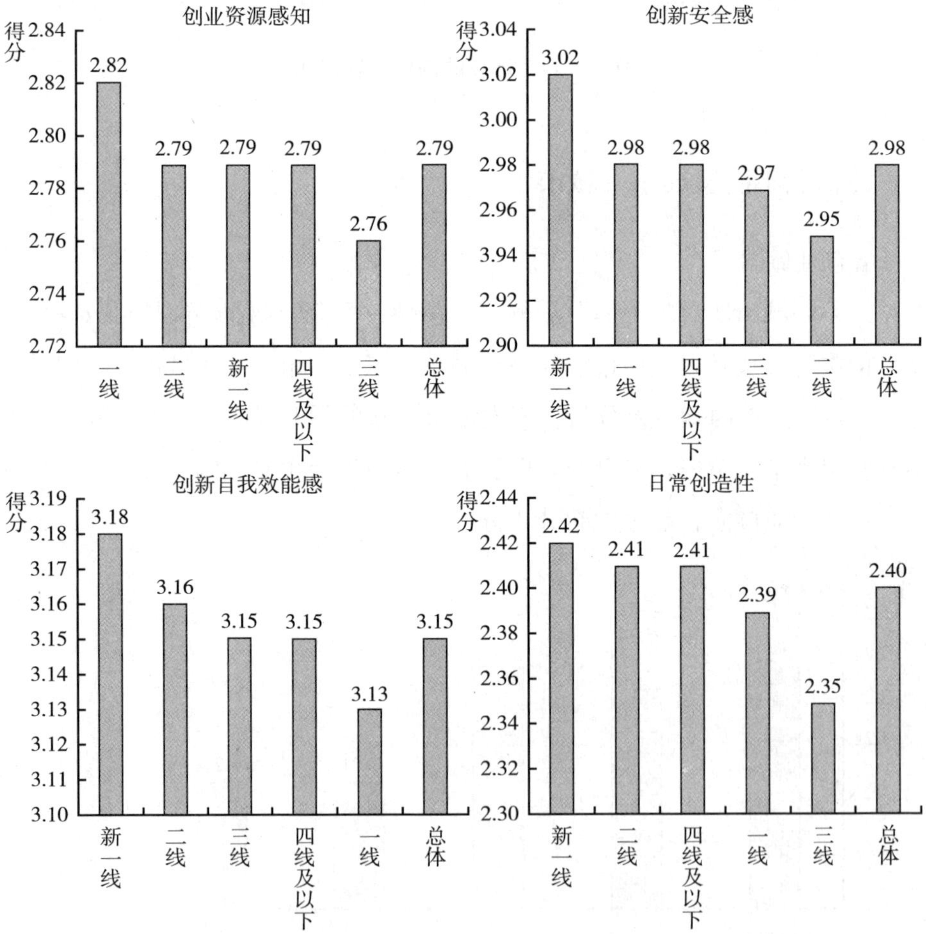

图5　不同发展水平城市的创业能力

按不同发展水平城市民众的创新安全感得分高低排序，依次为新一线城市、一线城市、四线及以下城市、三线城市、二线城市（见图5右上）。五类城市民众的创新安全感均得分不高，只有新一线城市民众的创新安全感高于3分，其他类城市虽然接近3分但都低于3分。单因素方差分析和事后检验显示，二线城市民众的创业安全感只显著低于新一线城市，一线城市、三线城市、四线及以下城市之间不存在显著差异。

不同发展水平城市民众的创新自我效能感按得分高低排序，依次为新一线城市、二线城市、三线城市、四线及以下城市、一线城市（见图5左下）。单因素方差分析和事后检验显示，新一线城市民众的创新自我效能感比一线城市显著更高。

日常创造性按得分高低排序，依次为新一线城市、二线城市、四线及以下城市、一线城市、三线城市（见图5右下）。单因素方差分析和事后检验显示，三线城市民众的日常创造性最低，显著低于新一线城市、二线城市和四线及以下城市。

3. 创业环境感知

五类城市中，民众的创业环境感知得分均高于1~5分中间分3分，按得分高低排序，依次为一线城市、新一线城市、四线及以下城市、三线城市、二线城市（见图6）。单因素方差分析和事后检验显示，一线城市、新一线城市、四线及以下城市民众对创业环境的感知显著高于二线城市。二线城市和三线城市民众的创业环境感知均低于总体均分，且两者间无显著差异。

总体而言，在不同发展水平的五类城市中，创业倾向无显著差异。三线城市民众的创业能力感知较差，特别是落后于新一线城市。新一线城市的经济发展紧追一线城市之后，反映在民众的创业心态上，新一线城市民众的创业能力也不输于一线城市的民众。特别是反映能否完成创新行为的自信程度的创新自我效能感，一线城市民众反而最差，显著低于新一线城市。新一线城市在展示自我活力的同时，也向一线城市提出挑战。二线和三线城市虽然经济发展水平高于四线及以下城市，但其民众的创业能力感知却并没有好于

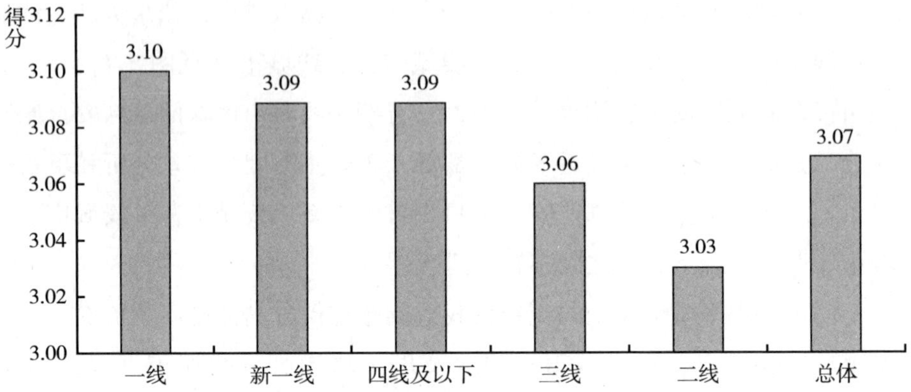

图 6　不同发展水平城市的创业环境感知

四线及以下城市。一线城市和新一线城市提供了较好的创业环境和创业机会，民众也感受到这种机会。四线及以下城市民众和一线、新一线民众均有较好的创业环境感知，一方面说明“大众创业、万众创新”的发展，另一方面也对二线和三线城市的创新创业发展环境提出了更高的要求。

（三）一线城市北上深广

以上分析可以看到，一线城市的创业心态状况并没有和经济水平类似，领先于其他城市。对四个一线城市做进一步分析，比较北上深广四个特大城市之间在创业心态上的差异，并和总体 8395 人的均分做比较。

1. 创业倾向

如图 7 所示，经单因素方差分析发现，北上深广四个特大城市的民众在创业倾向上不存在显著差异，从创业倾向的得分高低排序看，广州第一、深圳第二、上海和北京排在其后。但从图 7 中可以看到北京民众的创业倾向（3. 16）低于所有参与此次调查民众的总体均分（3. 23）。

2. 创业能力

一线四大城市民众创业资源感知得分按高低排序，依次为广州、深圳、上海和北京（见图 8 左上）。经单因素方差分析和事后检验分析，北京民众的创业资源感知最差，显著低于广州和深圳。

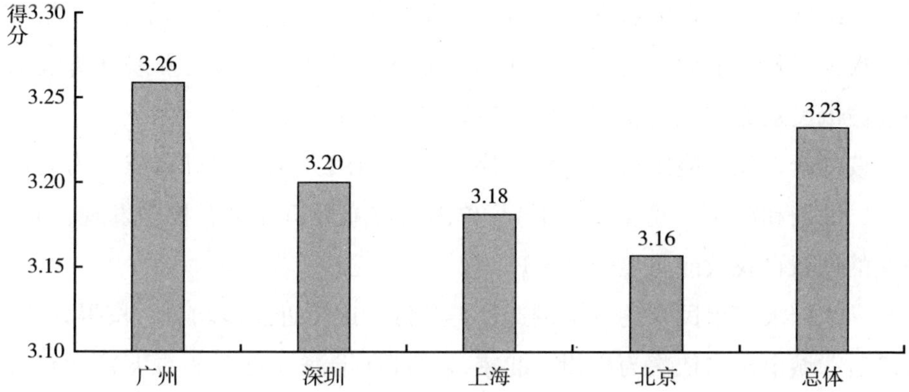

图 7　一线城市北上深广的创业倾向

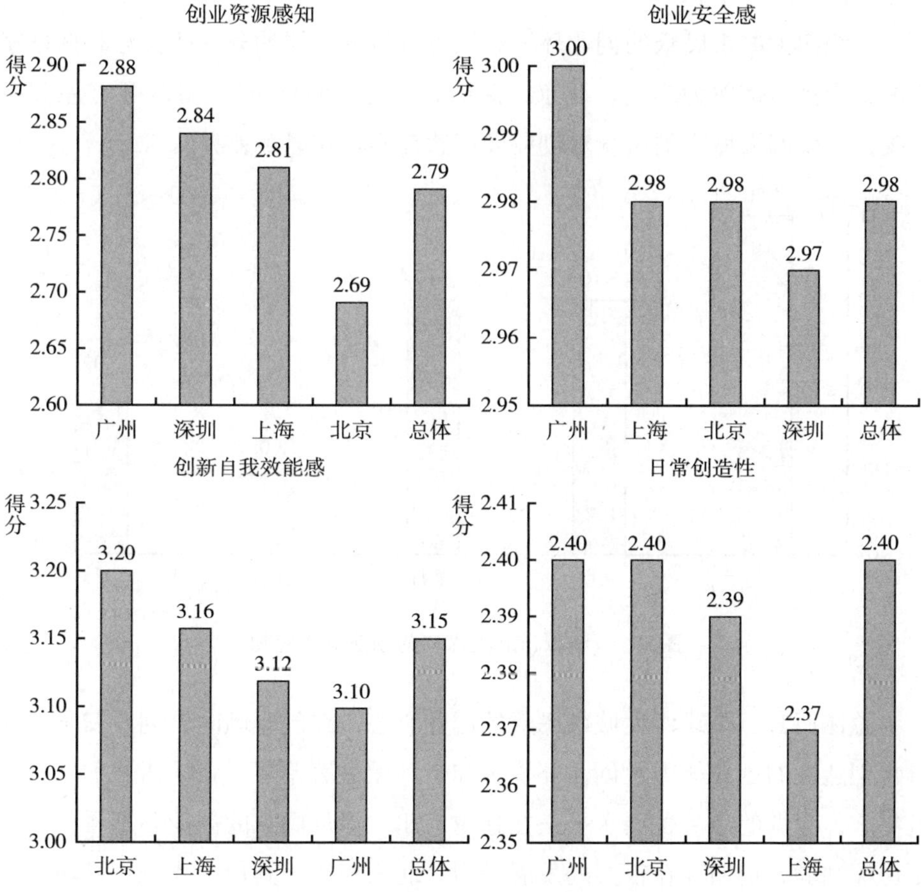

图 8　一线城市北上深广的创业能力

一线城市民众在创新安全感得分上和总体均分持平，按高低排序后，排名依次为广州、上海、北京和深圳（见图 8 右上），单因素方差分析显示，四大城市民众之间的创新安全感无显著差异。

按创新自我效能感得分高低排序后，一线四大城市的排名依次为北京、上海、深圳和广州（见图 8 左下），单因素方差分析和事后检验发现，北京民众的创新自我效能感显著高于广州。

一线四大城市民众的日常创造性得分低于或接近总体均分，按得分高低排序后，城市排名依次为广州、北京、深圳和上海（见图 8 右下），经单因素方差分析发现，北上深广民众之间的日常创造性无显著差异。

3. 创业环境感知

一线四大城市民众的创业环境感知得分接近总体均分，按得分高低排序后的城市排名依次为广州、北京、深圳和上海（见图 9），单因素方差分析发现，一线四大城市间民众对创业环境感知不存在显著差异。

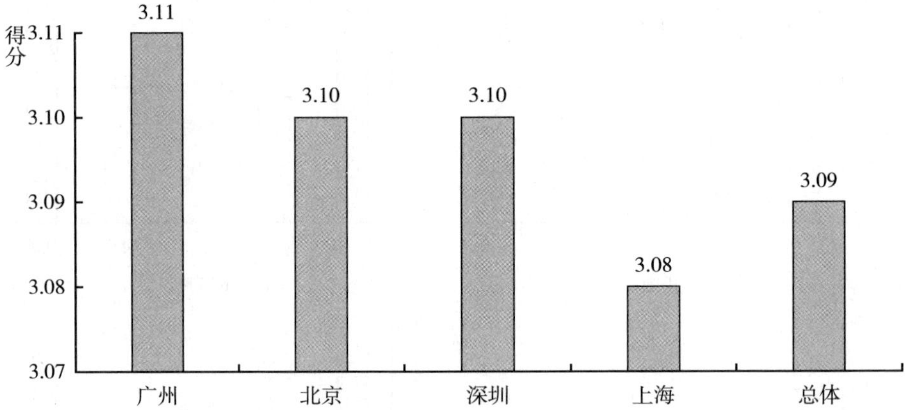

图 9　一线城市北上深广的创业环境感知

总体而言，一线四大城市民众的创业心态，在创业倾向、创业安全感和日常创造性的创业能力及创业环境感知上均无显著差异。就广州来看，虽然近年来，深圳的经济发展水平正在超越广州，但从民众的创业心态看，其并不比深圳弱，仍旧存在很大的发展潜力。北京相比于其他一线三大城市，虽然在创新自我效能感上排在首位，但在创业资源感知上排名垫底且低于总体均分，在创业倾向和创业环境感知方面也没有好于其他一线三大城市。对于北京的这种现象，需要进一步深入分析北京的创业政策，以及民众对创业行业和创业期望的相关数据；深入分析也将有助于研究创业心态中各成分之间的内在关系，如深入探讨创新自我效能感和创业资源感知之间的内在机制。

（四）长三角、珠三角和京津冀城市群

1. 创业倾向

长三角、珠三角和京津冀城市群民众在创业倾向上得分持平（见图10），经单因素方差分析，三个城市群之间不存在显著差异。经独立样本 t 检验分析发现，长三角城市群民众在创业倾向上存在显著的性别差异，男性创业倾向显著高于女性，更愿意考虑在近期创业并为创业做了较好的准备；珠三角和京津冀城市群虽然男性创业倾向也高于女性群体，但不存在显著差异。年龄和受教育程度对三大城市群的创业倾向产生影响。京津冀和长三角城市群外地民众的创业倾向显著高于本地民众；而珠三角城市群本地和外地民众的创业倾向基本持平。

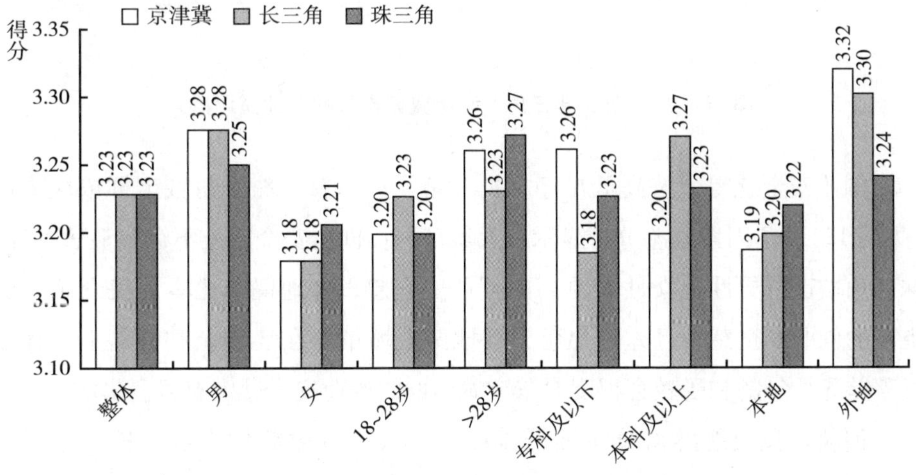

图10　长三角、珠三角、京津冀城市群的创业倾向

2. 创业能力

按创业资源感知得分高低排名，珠三角城市群、长三角城市群、京津冀城市群依次降低（见图 11），但单因素方差分析显示三大城市群民众在创业资源感知上不存在显著差异。长三角城市群男性比女性有更高的创业倾向，且差异显著；珠三角和京津冀城市群不存在显著性别差异。珠三角城市群 28 岁以上群体的创业倾向高于 18～28 岁群体；其他两个城市群不存在年龄差异。珠三角城市群本地民众比外地民众感受到更为充分的创业资源，且差异显著；其他两个城市群不存在户籍差异。三大城市群均不存在受教育程度差异。

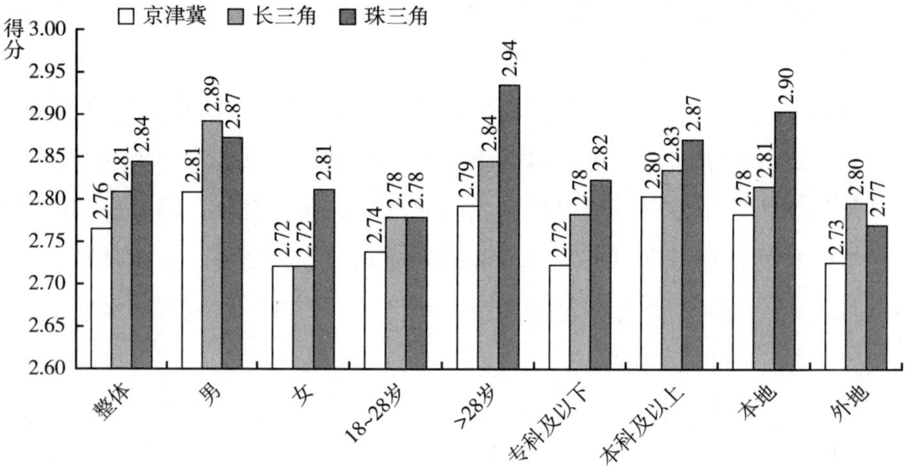

图 11　长三角、珠三角、京津冀城市群的创业资源感知

创业安全感得分按高低排序，长三角、京津冀、珠三角城市群依次降低（见图 12），单因素方差分析显示三大城市群在创新安全感上不存在显著差异。珠三角城市群男性比女性有更高的创业安全感，外地民众比本地民众感受到更高的创业安全感，且差异显著，其他两个城市群在性别上和户籍上不存在显著差异。年龄和受教育程度对三个城市群的创业安全感没有显著影响。

创新自我效能感得分按高低排序，依次为京津冀城市群、长三角城市群、珠三角城市群（见图 13），单因素方差分析和事后检验分析发现，京津冀城市群和长三角城市群民众的创新自我效能感均高于珠三角城市群，且差

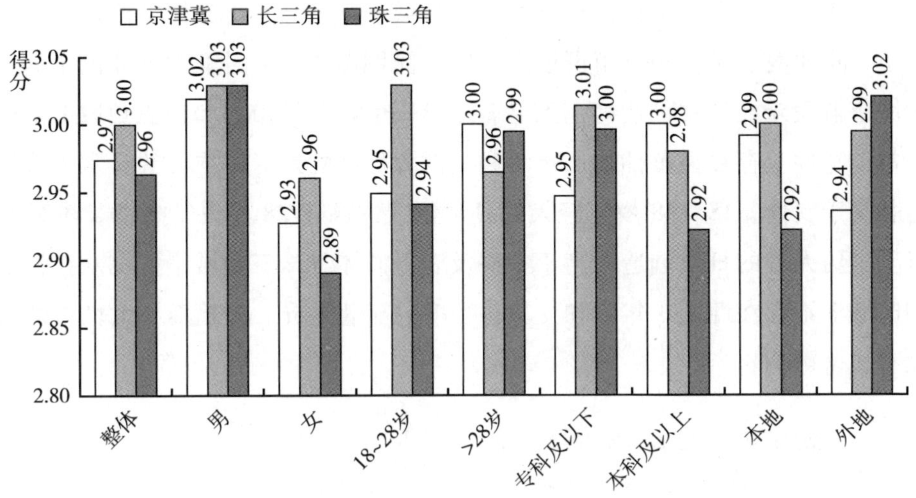

图 12　长三角、珠三角、京津冀城市群的创业安全感

异显著。珠三角城市群民众的创新自我效能感存在显著的年龄差异，年龄越大越对自己进行创新活动的能力保持高自信；其他两个城市群民众的创新自我效能感不存在年龄差异。京津冀、长三角和珠三角三大城市群中均存在显著的受教育程度差异，受教育程度越高创新自我效能感越高。性别和户籍对三个城市群民众的创新自我效能感均没有显著影响。

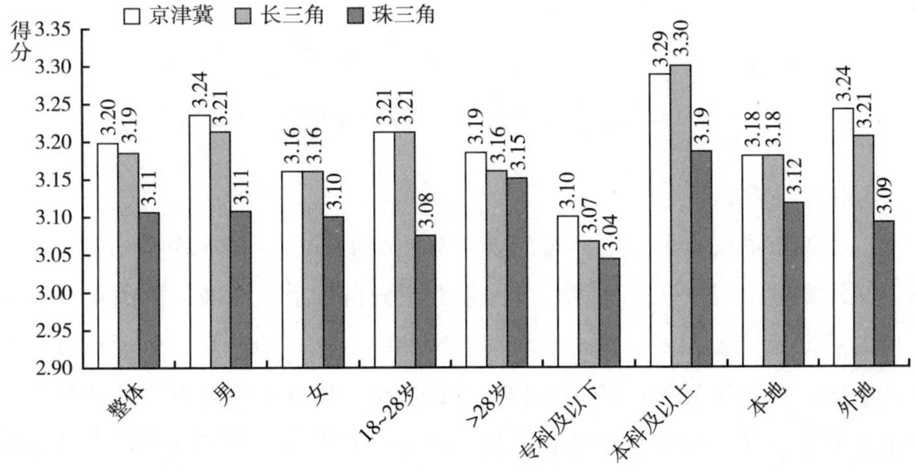

图 13　长三角、珠三角、京津冀城市群的创业自我效能感

三大城市群日常创造性得分均较低且低于2.5分，得分按高低排序，珠三角、京津冀、长三角城市群依次降低（见图14），单因素方差分析显示三大城市群民众在日常创造性上无显著差异。京津冀城市群和长三角城市群在日常创造性上存在显著性别、年龄和受教育程度的差异，男性的日常创造性显著高于女性，18～28岁年轻人的日常创造性高于28岁以上人群，本科及以上学历人群的日常创造性高于专科及以下群体。珠三角城市群民众在日常创造性上不存在性别、年龄和受教育程度的显著差异。户籍对三大城市群均没有显著影响。

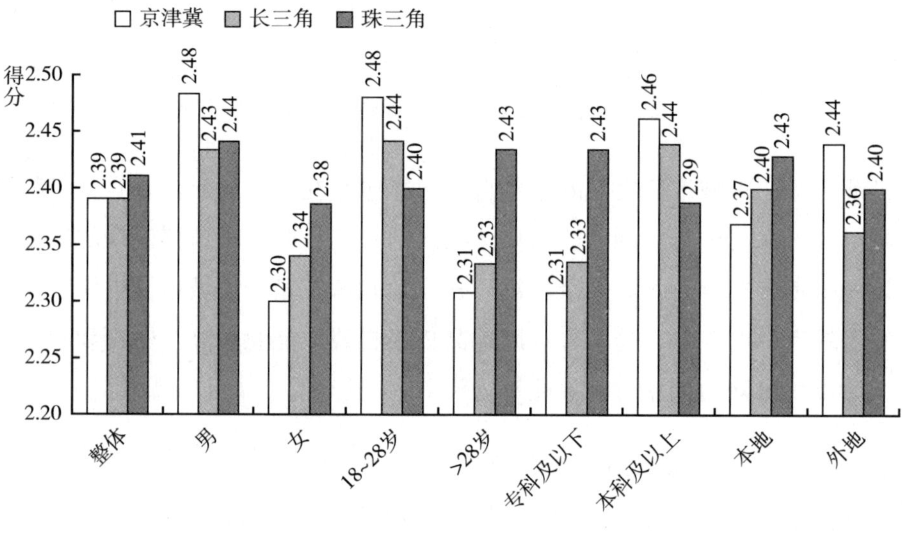

图14　长三角、珠三角、京津冀城市群的日常创造性

3. 创业环境感知

三大城市群民众的创业环境感知得分按高低排序，依次为长三角、珠三角、京津冀城市群（见图15），单因素方差分析显示三大城市群民众对创业环境的感知无显著差异。珠三角城市群本地民众比外地民众对创业环境有更好的感知，且差异显著；长三角和京津冀城市群民众对创业环境的感知在户籍上无显著差异。性别、年龄和受教育程度对三个城市群民众的创业环境感知均无显著影响。

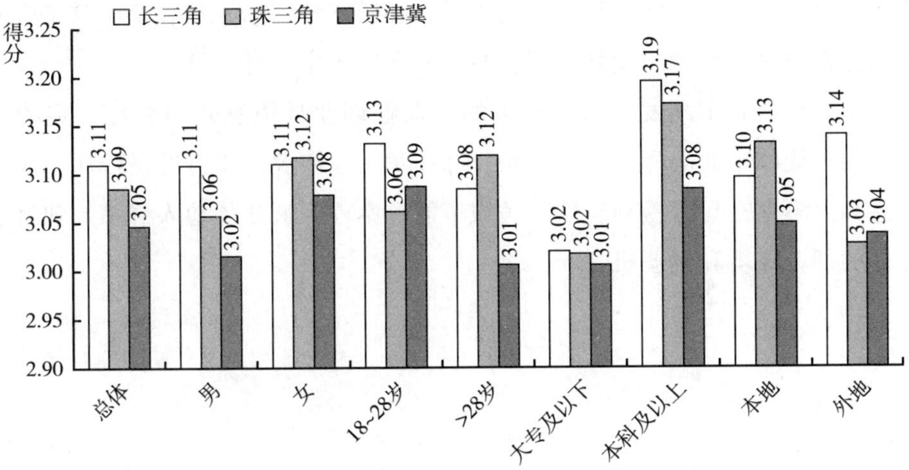

图 15　长三角、珠三角、京津冀城市群的创业环境感知

总体而言，长三角、珠三角和京津冀三大城市群在创业心态上的差异并不显著，创业倾向、创业环境感知均不存在显著差异；创业能力方面除了创新自我效能感存在差异，三大城市群的民众在创业资源感知、创业安全感、日常创造性上不存在显著差异。对不同性别、年龄段、受教育程度、户籍群体进行比较分析后发现，三大城市群民众的创业心态在不同人群中存在不同程度的差异。

四　结论

通过基于六大地区，不同发展水平城市，一线城市北上深广，长三角、珠三角和京津冀三大城市群民众的创业心态分析，得到以下初步结论。

不同地区、不同发展水平城市、北上深广一线城市、三大城市群民众在创业倾向上不存在显著差异。长三角城市群的男性比女性、外地人群比本地人群有更高的创业倾向。京津冀城市群外地人群比本地人群有更高的创业倾向。

对创业能力的区域和城市比较分析后发现，民众的创业能力在不同地理区域和不同发展水平城市存在一定差异，在长三角、珠三角和京津冀城市群内也存在性别、年龄、受教育程度和户籍上的一定差异。

不同地区和不同发展水平城市的民众在创业环境感知上存在一定的差异，而一线城市北上深广和长三角、珠三角、京津冀城市群的民众在创业环境感知上不存在显著差异。珠三角城市群的本地人群比外地人群感受到目前更好的创业环境和创业机会。

参考文献

丛中、安莉娟：《安全感量表的初步编制及信度、效度检验》，《中国心理卫生杂志》2004 年第 2 期。

倪鹏飞、李肃：《中国二、三线城市的竞争力比较研究》，《理论学刊》2015 年第 3 期。

师保国、李俊、王黎静、应小萍：《越敢创新，越可能创业：创新效能感对大学生创业倾向的预测作用》，《河南师范大学学报》（哲学社会科学版）2017 年第 4 期。

陶雪婷、应小萍：《2016～2017 年创业心态调查报告》，载王俊秀主编《中国社会心态研究报告（2017）》，社会科学文献出版社，2017。

应小萍：《心理安全视角的女性创业心态分析》，《哈尔滨工业大学学报》（社会科学版）2016 年第 6 期。

Maes, J., Leroy, H., Sels, L., "Gender Differences in Entrepreneurial Intentions: A TPB Multi-group Analysis at Factor and Indicator Level", *European Management Journal*, 5 (2014).

Tierney, P., & Farmer, S. M., "Creative Self-Efficacy: Its Potential Antecedents and Relationship to Creative Performance", *Academy of Management Journal*, 6 (2002).

Tierney, P., & Farmer, S. M., "Creative Self-efficacy Development and Creative Performance over Time", *The Journal of Applied Psychology*, 2 (2011).

Abstract

This book is the eighth annual report of the Blue Book of Social Mentality, issued by Center for Social Psychological Studies (CSPS), Institute of Sociology, Chinese Academy of Social Science (CASS). Authors are from research institute and college, such as CASS, Southwest University, Macau University of Science and Techology, and Nankai University. The book is divided into four sections: general report, needs for a better life and sense of happiness, special survey, social issues and social mentality.

In the section of needs for a better life and sense of happiness, this book pointed out that people's sense of fulfillment would enhance the needs of a better life. When individuals perceived their higher socioeconomic status, their life satisfaction was higher. Family or individual income and employment were the two most important stress factors affecting subjective well-being. The book proposed that meeting needs for a better life was mutual promotion with the improvement of sense of happiness, fulfillment, and security. In order to effectively improve individuals' experiences of a better life, the book proposed that on one hand we could improve individuals' income and employment from the material level, on the other hand we could optimize individuals' cognitive evaluation of the fulfillment. Reducing the pressure of life had become an effort to meet the needs of a better life. By means of enhancing sense of fulfillment and experiences of a better life, we could eventually acheive individuals' sense of happiness.

In the section of special survey, this book focused on three topics: public mental health, privacy and personal information protection, and Macao public social mentality. The overall mental health of the sample was good. On the positive side, individuals' personal growth and positive relationship scores were higher, and on the negative side, the stress status score was higher. The respondents in Macao had the highest sense of identity towards Macao. Macao's public were high in sense of safety, followed by sense of trust and happiness, and relatively low in sense of weak and being deprived. Most people were concerned about personal information, pay attention to online privacy and focus on privacy protection. They also inclined to share personal information, which leaded to increase digital risk behavior, but many people had low satisfaction with personal information protection.

In the section of social issues and social mentality, this book indicated that medical news framing could efficently enhance doctor-patient trust level when using properly. Video news and text news were suitable for adopting declarative headlines. A single reporting improved doctor-patient trust level compared with continuous reporting. Text news were suitable for adopting reverse chronological reporting. The social fairness perception ot participants in this book was generally low, and the fairness of opportunities was the most questionable. The higher the objective socio-economic status was, the more social fairness is perceived. Participants who identified as upper middle class had the strongest social fairness perception, and the participants who identified as lower class had the weakest social fairness perception. The entrepreneurial mentality report indicated that foreigners had a higher entrepreneurial tendency than the locals in Yangtze River Delta metropolitan area and Beijing-Tianjin-Hebei metropolitan area, and they also felt a better entrepreneurial environment and entrepreneurial opportunities in Pearl River Delta metropolitan area. The book proposed that people's feeling of social fairness and justice were the prerequisites for improving the people's better life.

Keywords: Social Mentality; Security; Subjective; Well-Being; the Sense of Gain

Contents

Ⅰ General Report

Abstract: The research which has surveyed about 15000 respondents using four research methods including vocabulary association and classification, compilation scale and questionnaire was used to preparation of the "Needs for a Better Life Scale" . The study found that the structure of people's needs for a better life were divided into three dimensions that including individual material, family and interpersonal relationship, and national and social environment. Family relations and national social dimensions were more important. Needs for a better life was highly correlated with the sense of acquisition, security and well-being. Through the changes of social mentality indicators such as security, happiness, acquisition, fairness and life pressure in the survey data for more than ten years, the paper analyzed the factors that affecting needs for a better life and its trends. The enlightenment and policy suggestions for these results to meet the needs for a better life are also put forward.

Keywords: Needs for a Better Life; Social Mentality; Sense of Security; Sense of Gain; Sense of Happiness

Ⅱ Needs for a Better Life and Sense of Happiness

Abstract: "Sense of gain" is a social demand that people expect to develop equity, justice and meet their needs for a better life. It is closely related to the continuous pursuit and satisfaction of people's needs for a better life. Based on the mental representation of the concepts of sense of gain and needs for a better life, this report used the data of CASS-IntellVision Better Life Survey 2019, to investigate the current situation of the public's sense of gain and needs for a better life, to test their significant differences in gender, age, level of education, income, etc, and to exolore the influences of sense of gain on the needs for a better life. The results showed that people's overall sense of gain and needs for a better life were both high, and there were significant differences in demographic variables. At the same time, there was a significant correlation between each dimension of sense of gain and each dimension of needs for a better life. Further research found that various dimensions of sense of gain could positively predict the overall needs for a better life. Specifically, gaining content, gaining environment and gaining path had significant positive effects on needs for a better life at all levels, but the impacts of gaining sharing and gaining experience were different.

Keywords: Sense of Gain; Better Life; Needs for a Better Life; Social Class

Abstract: This study analyzes how demographic variables and different grading cities interactly influence individual's sense of stress, and how sense of stress affects individual's subjective well-being. The analysis was conducted using the large sample sampling data of the CASS-IntellVision Social Mentality Survey 2017. The results showed that men in first-tier cities, new first-tier and second-tier cities were under greater pressure, and women in first-tier cities were more stressed; individuals with monthly income below 7, 000 yuan would be under greater pressure in first-tier cities; family or individual income and employment were the two most important stress factors affecting people's subjective well-being; the influence of the sense of stress on subjective well-being between different grades cities had commonalities and characteristics. Sense of stress are particularly important in the process of urbanization.

Keywords: Graded Cities; Sense of Stress; Subjective Well-being

B. 4 The Influencing Factors on Marital Satisfaction

Li Yuan / 061

Abstract: Marriage is an important part for one's happy life. Marital satisfaction emphasizes the perception and experience of marriage. It is the individual's subjective feeling of marriage life and the relationship between spouses. This study analyzed the impact of gender, age, geographical location, individual socioeconomic factors, personal values (family values, materialistic values) on marital satisfaction. The results showed, the marital satisfaction of Chinese people was 5.37 ±1.24. There were significant gender differences in marital satisfaction, and the overall trend was that male's satisfaction was higher than female's. Compared with men under 50 years of age, men over 50 years of age had an upward trend in marital satisfaction. For the male population, the first-tier cities had the lowest marital satisfaction, while the new-first-tier and third-tier cities had the highest marital satisfaction. For the female population, there was no significant difference in marital satisfaction among different city development types. Generally, there was a positive relationship between socioeconomic status factors and marital satisfaction. Emphasizing family values positively affected marital satisfaction, while emphasizing material pursuits negatively affected marital satisfaction.

Keywords: Marital Satisfaction; Values; Gender

B. 5 The Influence of Sense of Socioeconomic Status Gain on Life Satisfaction

Abstract: The sense of gain is a comprehensive concept, including gain, cognition and evaluation. Sense of gain is the cornerstone of well-being and an important condition for shaping happiness. We define the compound subjective and objective socioeconomic status as the perceived socioeconomic status index (PSSI), this gain sense of socioeconomic status index is influenced by social psychological process, and sharp happiness. This paper explored the relationship between PSSI and life satisfaction by analysis of 2, 628 adults data. We found that the PSSI could predict life satisfaction, and the higher PSSI, the higher people's life satisfaction is perceived. The brothers and sisters condition, car-owning and age moderated the relationship between the gain sense of socioeconomic status and happiness. Appropriate socioeconomic status enhancement and group specificity should be considered when helping people to optimize their sense of gain.

Keywords: Life Satisfaction; Sense of Gain; Perceived Socioeconomic Status Index

Ⅲ Special Survey

B. 6 Public Mental Health Survey

Liu Xiaoliu, Wang Junxiu / 095

Abstract: The party and the state clearly pointed out the importance of mental health in the "Health China 2030" Outline. In recent years, the assessment of the people's mental health level has focused on the overall sample and its negative aspects. This study is more comprehensive. The land examines the mental health of the people from both positive and negative aspects, and distinguishes the mental health of different groups through the macro level of the regional and urban development level and the micro level of gender, birth age, education level and monthly income. The results showed that the overall mental health of the sample was good, and the positive and negative aspects of mental health were closely related. On the positive side, the individual's personal growth and positive relationship scores were higher, and on the negative side, the stress status score was higher. At the macro level, individuals in different regions and different levels of urban development had certain differences in their mental health. At the micro level, individuals with different genders, birth years, education levels, and monthly incomes also had certain differences in their mental health.

Keywords: Mental Health; Positive Mental Health; Negative Mental Health

B. 7 Investigation Report on Privacy and Personal Information Protection

Wang Junxiu, Zhang Shu / 119

Abstract: Through questionnaire survey, this study obtained the current situation of people's privacy and personal information protection. The study found that people paid more attention to privacy and personal information and had strong privacy protection behaviors, but meanwhile digital risk behaviors were increasing. People weren't exclusive the data sharing behavior and its role in the smooth running of society. Based on the findings of the study, some policy suggestions were put forward to strive to create a harmonious and healthy social environment for the use of personal data.

Keywords: Privacy Protection; Privacy Security; Personal Privacy Security

B. 8 Macao Public New Media Use and Social Mentality Survey 2019

Li Huiyin, He Yunhuan and Liang Jianfeng / 145

Abstract: It is of great significance to explore the current use of new media and social mentality characteristics of the public in the context of the widely use and rapid development of new media. However, the existing research evidence has mainly concentrated on the mainland of China and has less attention to Hong Kong and Macao. Therefore, this research investigated the new media use and social mentality (including four parts: social issues concern, social feelings, values and social identity) of the public in Macao. Results showed: ①New media became widely used in Macao's public, and it has already been described as the main tool and mean for socializing in public, getting friends' dynamics and public information, and even on entertainment. ②With regard to the social issues concern, threats from international community and the local weather disasters were the focus of concern. ③In terms of social feelings, Macao's public were high in sense of safety, followed by sense of trust and happiness, and relatively low in sense of weak and being deprived. ④When it came to values, post-materialist values were gradually accepted, the higher in level of education, the more likely they were to have the post-materialist values. ⑤In terms of social identity, the respondents in Macao had the highest sense of identity towards

Macao, and the sense of identity towards the mainland had surpassed Hong Kong.

Keywords: New Media; Social Mentality; Social Identity; Values; Macao

Ⅳ Social Issues and Social Mentality

Abstract: Using real doctor-patient dispute materials from a hospital located in Ningbo as the experimental video news and text news respectively, three parallel single-factor experiments were designed to validate the influence of news headline styles (hyperbole type, rhetorical type, statement type), reporting sequence (chronological, reverse chronological) and report length (single story, continuous report) on audience's emotion and doctor-patient trust level. Results showed that the headline styles in video and text news reports had significant effects on both the audience's emotion and doctor-patient trust. Specifically, the highest level of positive emotion and doctor-patient trust in the declarative group, while the exaggerated title group induces negative emotion and the lowest level of doctor-patient trust. There was no significant difference in doctor-patient trust level in the reporting sequence group in the video news. However, the level of doctor-patient trust in the reverse chronological reporting group was significantly higher than it is in the chronological reporting group in the text news. The level of doctor-patient trust in the single reporting group was significantly higher than it is in the continuous news group in both the video and text news reports. Therefore, media reports should carefully frame the news of doctor-patient disputes which may easily lead to disputes that may undermine the trust between doctors and patients.

Keywords: Medical News; Reporting Framework; Doctor-patient Relationship; Doctor-patient Trust; Ningbo City

B. 10 Research on Social Fairness Perception in Individual and Social Dimensions

Abstract: This study analyzes the status quo of people's social fairness perception and its relationship with socioeconomic status from the two dimensions of individual and society. The individual dimension of social fairness perception involves perceptions of the fairness of personal circumstances. The social dimension of fairness perception includes rights fairness, opportunity fairness and institution fairness. The data of 22, 669 residents coming from CASS-IntellVision Social Mentality Survey 2017 was analyzed. The results showed that the social fairness perception was generally low, and the fairness of opportunities was the most questionable. The higher the objective socio-economic status was, the more social fairness was perceived. Participants who identified as upper middle class had the strongest social fairness perception, and the participants who identified as lower class had the weakest social fairness perception.

Keywords: Social Fairness Perception; Socioeconomic Status; Rights Fairness; Opportunity Fairness; Institution Fairness

B. 11 Entrepreneurial Mentality based on Comparative Analysis of Areas and Cities

Abstract: The study of entrepreneurial mentality aims to explore the social mood state that people have experienced the shared characteristic during the process of innovation and entrepreneurship. In this report, entrepreneurship mentality is defined as three facets, entrepreneurial orientation, entrepreneurial abilities and entrepreneurial environment. Based on the analysis of data from entrepreneurial Mentality Survey 2016 ~ 2017, 8359 non-entrepreneurs was collected and their cities were recoded. The report showed the extent of entrepreneurial mentality among six types of areas, among cities with different urban development level and among Yangtze River Delta metropolitan area, Beijing-Tianjin-Hebei metropolitan area, Pearl River Delta metropolitan area. The differences on the scores of entrepreneurial mentality on gender, the degree of education, age and Hukou were also showed within the above three large urban agglomerations.

Keywords: Entrepreneurship Mentality; Urban Development Level; Urban Agglomeration

皮书起源

“皮书”起源于十七、十八世纪的英国，主要指官方或社会组织正式发表的重要文件或报告,多以“白皮书”命名。在中国,“皮书”这一概念被社会广泛接受，并被成功运作、发展成为一种全新的出版形态，则源于中国社会科学院社会科学文献出版社。

皮书定义

皮书是对中国与世界发展状况和热点问题进行年度监测，以专业的角度、专家的视野和实证研究方法，针对某一领域或区域现状与发展态势展开分析和预测，具备原创性、实证性、专业性、连续性、前沿性、时效性等特点的公开出版物，由一系列权威研究报告组成。

皮书作者

皮书系列的作者以中国社会科学院、著名高校、地方社会科学院的研究人员为主，多为国内一流研究机构的权威专家学者，他们的看法和观点代表了学界对中国与世界的现实和未来最高水平的解读与分析。

皮书荣誉

皮书系列已成为社会科学文献出版社的著名图书品牌和中国社会科学院的知名学术品牌。2016 年，皮书系列正式列入“十三五”国家重点出版规划项目；2013~2019 年，重点皮书列入中国社会科学院承担的国家哲学社会科学创新工程项目;2019 年,64 种院外皮书使用“中国社会科学院创新工程学术出版项目”标识。

中国皮书网

（网址：www.pishu.cn）

发布皮书研创资讯，传播皮书精彩内容
引领皮书出版潮流，打造皮书服务平台

栏目设置

关于皮书：何谓皮书、皮书分类、皮书大事记、皮书荣誉、皮书出版第一人、皮书编辑部

最新资讯：通知公告、新闻动态、媒体聚焦、网站专题、视频直播、下载专区

皮书研创：皮书规范、皮书选题、皮书出版、皮书研究、研创团队

皮书评奖评价：指标体系、皮书评价、皮书评奖

互动专区：皮书说、社科数托邦、皮书微博、留言板

所获荣誉

2008年、2011年，中国皮书网均在全国新闻出版业网站荣誉评选中获得“最具商业价值网站”称号；

2012年，获得“出版业网站百强”称号。

网库合一

2014年，中国皮书网与皮书数据库端口合一，实现资源共享。

S 基本子库
UB DATABASE

中国社会发展数据库（下设 12 个子库）

全面整合国内外中国社会发展研究成果，汇聚独家统计数据、深度分析报告，涉及社会、人口、政治、教育、法律等 12 个领域，为了解中国社会发展动态、跟踪社会核心热点、分析社会发展趋势提供一站式资源搜索和数据分析与挖掘服务。

中国经济发展数据库（下设 12 个子库）

基于“皮书系列”中涉及中国经济发展的研究资料构建，内容涵盖宏观经济、农业经济、工业经济、产业经济等 12 个重点经济领域，为实时掌控经济运行态势、把握经济发展规律、洞察经济形势、进行经济决策提供参考和依据。

中国行业发展数据库（下设 17 个子库）

以中国国民经济行业分类为依据，覆盖金融业、旅游、医疗卫生、交通运输、能源矿产等 100 多个行业，跟踪分析国民经济相关行业市场运行状况和政策导向，汇集行业发展前沿资讯，为投资、从业及各种经济决策提供理论基础和实践指导。

中国区域发展数据库（下设 6 个子库）

对中国特定区域内的经济、社会、文化等领域现状与发展情况进行深度分析和预测，研究层级至县及县以下行政区，涉及地区、区域经济体、城市、农村等不同维度。为地方经济社会宏观态势研究、发展经验研究、案例分析提供数据服务。

中国文化传媒数据库（下设 18 个子库）

汇聚文化传媒领域专家观点、热点资讯，梳理国内外中国文化发展相关学术研究成果、一手统计数据，涵盖文化产业、新闻传播、电影娱乐、文学艺术、群众文化等 18 个重点研究领域。为文化传媒研究提供相关数据、研究报告和综合分析服务。

世界经济与国际关系数据库（下设 6 个子库）

立足“皮书系列”世界经济、国际关系相关学术资源，整合世界经济、国际政治、世界文化与科技、全球性问题、国际组织与国际法、区域研究 6 大领域研究成果，为世界经济与国际关系研究提供全方位数据分析，为决策和形势研判提供参考。

法律声明